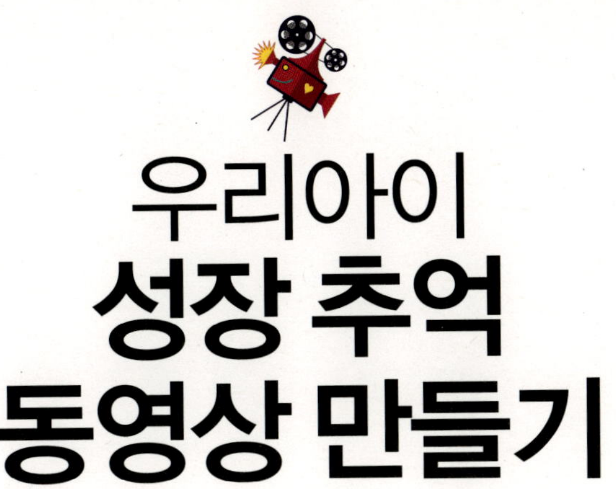

우리아이
성장 추억
동영상 만들기

우리아이 성장 추억 동영상 만들기

초판 인쇄일 2015년 6월 15일
초판 발행일 2015년 6월 22일

지은이 김성욱
발행인 박정모
등록번호 제9-295호
발행처 도서출판 혜지원
주소 (413-120) 경기도 파주시 회동길 445-4(문발동 638) 302호
전화 031)955-9221~5 팩스 031)955-9220
홈페이지 www.hyejiwon.co.kr

기획 진행 엄진영
디자인 김성혜
영업마케팅 김남권, 황대일, 서지영
ISBN 978-89-8379-859-6
정가 17,000원

이 도서의 국립중앙도서관 출판예정도서목록(CIP)은 서지정보유통지원시스템 홈페이지(http://seoji.nl.go.kr)와
국가자료공동목록시스템(http://www.nl.go.kr/kolisnet)에서 이용하실 수 있습니다.(CIP제어번호: CIP2015015213)

우리아이
성장 추억
동영상 만들기

혜지견

시작하기 전에

성장 동영상은 흔히 돌잔치 때 상영을 위한 목적으로 제작하지만 아이의 성장 과정을 기록으로 남겨두기 위해서도 많이 제작합니다. 아이의 초음파 사진부터 신생아, 돌 때까지의 기록을 사진과 동영상으로 만들게 되며 보통 일정 비용을 지불하고 업체에 의뢰하게 됩니다.

업체에서 제작하는 동영상은 다양한 효과로 인해 화려하고 고급스럽다는 장점은 있지만 준비된 샘플의 구성에 따르게 되므로 사진의 배치 순서가 마음에 들지 않을 수 있으며 자막 또한 일정한 틀을 따르게 되므로 꼭 담고 싶은 내용을 표현할 수 없는 아쉬움도 따르게 됩니다.

본서는 사진이나 동영상 편집에 대해 특별한 전문 지식이 없는 보통 엄마가 우리 아이의 성장 동영상을 직접 제작하는데 무리가 없도록 아주 기초적인 부분부터 다루고 있는 학습서입니다. 전문 업체에서 제작한 영상에 비해 화려해보이지 않을 수 있으나 엄마의 의도대로 자유롭게 구성할 수 있다는 점, 아이를 위해 직접 만들었다는 점에서 더욱 뜻 깊은 영상이 되지 않을까요?

본서에서 설명하고 있는 부분을 충분히 학습한다면 비록 돌잔치 영상 뿐 아니라 계속 커가는 아이의 모습이나 가족의 일상을 영상으로 만들어 소중한 기록으로 남길 수 있을 것입니다.

공장에서 대량으로 상품을 찍어내듯 만들어지는 성장 동영상보다,
조금 수고스럽기는 하지만
엄마의 손에서 만들어져 사랑이 듬뿍 담긴 우리 아이만의 성장 동영상 제작!
그 무엇보다 값진 선물로 평생 기억될 것입니다.

물론! 아빠가 만드셔도 좋습니다.

본서에서 다루고 있는 자료의 다운로드와 학습 도중 궁금한 점에 대한 질문은
독자를 위한 카페인 http://cafe.naver.com/babyvideo365를 이용해주시기 바랍니
다.

2015 봄, 저자 김 성 욱

차례

01
CHAPTER

아이 동영상 제작을 위해
무엇이 필요할까요?

아이의 성장 동영상 제작을 위해서는 자료를 얻기 위한 촬영 장치와 이를 통해 저장된 자료를 바탕으로 편집과 효과를 적용하기 위한 컴퓨터와 프로그램 등이 필요합니다. 요즘은 별도의 고가 장비를 사용하지 않아도 기본적으로 가정에서 보유하고 있는 기기들로 충분히 제작을 할 수 있어 부담없이 원하는 결과를 얻을 수 있습니다.

1. 자료를 얻기 위한 촬영기기

아이의 성장 과정을 담은 성장 동영상이나 가족 동영상 등은 사진이나 동영상 등을 자료로 사용하기 때문에 당연히 이러한 자료의 준비를 위한 카메라가 필요합니다.

작은 크기의 컴팩트 디지털 카메라, DSLR 카메라, 미러리스 카메라, 스마트폰 등 다양한 기기를 통해 사진 촬영이 가능하지만 아무래도 항상 휴대하고 다니는 스마트폰으로 찍게 되는 경우가 많을 것입니다. 디지털 카메라로 찍은 사진보다 화질은 다소 떨어질 수 있으나 앞으로 살펴보게 될 사진 촬영에 있어서의 주의할 점만 충분히 숙지한다면 성장 동영상 제작에 사용되는 자료로서는 부족하지 않은 사진을 얻을 수 있습니다. 사진은 물론 동영상도 최근 출시된 스마트폰이라면 충분히 괜찮은 화질로 촬영할 수 있습니다.

컴팩트 디지털 카메라

DSLR 카메라

미러리스 카메라

캠코더

스마트폰

촬영된 사진이나 동영상으로 성장 동영상을 제작하기 위해서는 컴퓨터가 필요합니다. 동영상 작업은 일반적인 문서 작성, 인터넷 서핑, 사진 작업에 비해 컴퓨터 성능에 따른 작업의 쾌적함과 효율이 확연히 달라지므로 가급적 높은 사양의 컴퓨터를 사용하는 것이 바람직합니다. 컴퓨터 사양과 관련된 부분은 앞으로 자세하게 살펴볼 것입니다.

영상 제작을 위한 프로그램은 다양하지만 그 기능이나 사용 편리성 등을 감안한 최적의 프로그램을 사용할 것입니다. 비교적 낮은 사양의 시스템에서도 가볍게 구동되며 사용자가 자유롭게 원하는 작업을 할 수 있습니다. 단순히 동영상 편집에 대한 학습을 하는 것이 아니라 성장 동영상 제작에 필요한 구성을 비롯하여 여러 요소를 쉽고 상세하게 익힐 수 있도록 할 것입니다.

노트북 PC　　　　　　　　　　데스크톱 PC

CHAPTER 02

동영상 재생을 위한 다양한 기기들

제작이 완료된 동영상은 다양한 기기를 통해 재생할 수 있습니다. 성장 동영상은 돌잔치 때, 뷔페와 같은 행사장에서의 상영을 위해 제작하는 경우가 많지만 주변에서 흔히 볼 수 있는 기기를 통해 재생함으로써 아이의 소중한 모습을 언제나 감상할 수 있습니다.

1. 컴퓨터

컴퓨터에서는 윈도우에 기본적으로 포함된 "윈도우 미디어 플레이어"를 통해 완성된 동영상 파일을 재생할 수 있습니다. 하지만 보다 편리하게 다양한 형태의 동영상 파일의 재생을 위해서 "곰플레이어"나 "다음팟 플레이어" 등 별도의 프로그램을 설치해 사용하는 것이 좋습니다. 이들 프로그램은 인터넷에서 무료로 다운받아 사용할 수 있습니다.

윈도우 미디어 플레이어에서의 동영상 재생

다음팟 플레이어에서의 동영상 재생

스마트폰이나 태블릿 등의 휴대용기기에서도 기본적으로 설치되어 있는 비디오 재생 앱을 통해 동영상을 재생할 수 있습니다. 물론 컴퓨터에서 작업하여 완성된 동영상을 이러한 기기에 복사해주어야 합니다.

DVD를 통해 TV에서 동영상을 재생하려면 완성된 동영상 파일을 DVD에 레코딩해야 합니다. 컴퓨터에 DVD 레코더가 장착되어 있어야 하며 레코딩을 위한 프로그램이 필요합니다. 이러한 과정은 본서의 마지막 부분에서 다루게 될 것입니다. 일부 돌잔치 장소에서는 DVD 플레이어를 통해서만 동영상 상영을 하기 때문에 이 경우 반드시 DVD 제작이 필요합니다. 따라서 사전에 뷔페 등 돌잔치 업체에 문의하여 USB 메모리에 동영상 파일만 복사해가면 되는 것인지, DVD로 제작해가야 하는 것인지 알아두어야 합니다.

DVD 플레이어

집에서 동영상을 감상하기 위해서라면 굳이 DVD가 필요하지 않습니다. 최근에 출시되는 TV는 기본적으로 자체적으로 동영상을 재생할 수 있는 기능이 포함되어 있기 때문입니다. 즉, 완성된 동영상이 복사되어 있는 USB 메모리를 TV의 USB 포트에 삽입하고 TV 리모컨에서 외부 입력 버튼을 눌러 동영상이 저장되어 있는 외부 저장장치를 선택하면 해당 동영상을 곧 바로 재생할 수 있습니다.

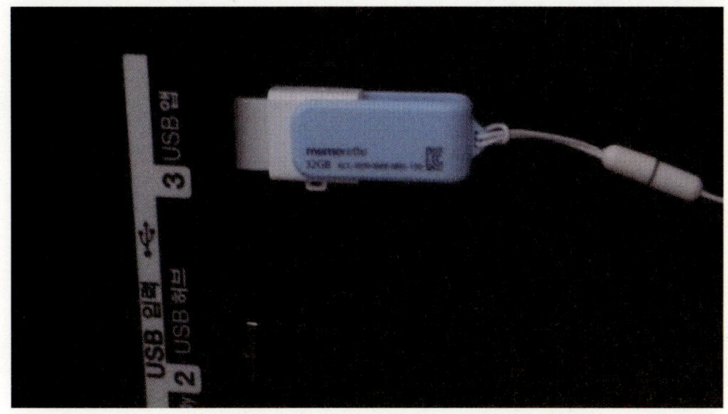
동영상이 저장된 메모리 카드를 TV의 USB 포트에 삽입

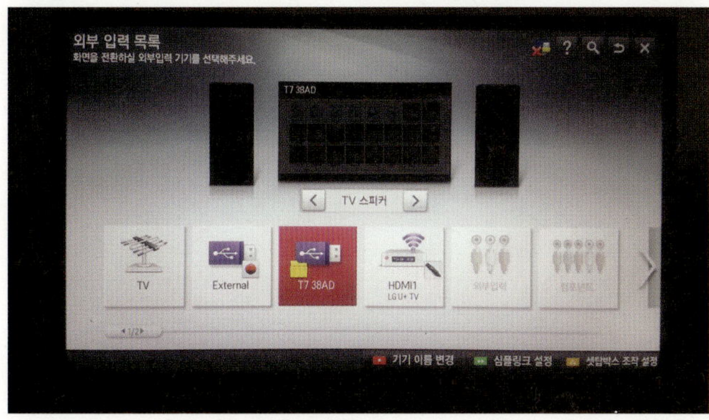

외부 입력 목록에서 해당 저장 장치를 선택

TV를 통해 동영상이 재생됩니다.

03
CHAPTER

사진 촬영 전에
살펴보아야 할 것들

사실상 요즘 상당수의 사진은 스마트폰으로 촬영하고 있는 실정입니다. 피처폰이라고 하는 과거의 휴대폰과 비교할 수 없을 만큼 화질이 좋아지기는 했지만 무턱대고 찍는다면 상황에 따라 만족스럽지 못한 결과를 얻을 수도 있습니다. 필수적으로 알아두어야 할 설정 항목과 주의할 점을 살펴보겠습니다.

01. 앱 목록에서 '카메라'를 터치하여 카메라가 실행되면 [설정] 아이콘을 터치합니다. 본서에서는 삼성 갤럭시 시리즈 중 한 기종을 기준으로 설명합니다. 타사 폰이라면 아이콘의 형태나 설정 항목 이름이 다소 다를 수 있지만 비슷한 이름으로 표시되고 있으므로 어렵지 않게 찾을 수 있을 것입니다.

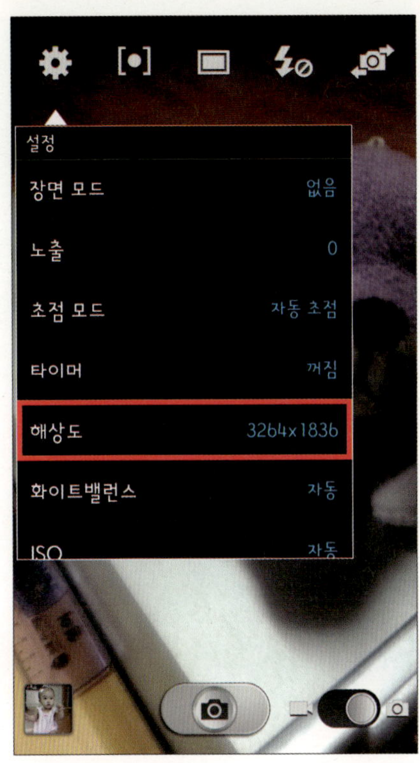

02. 먼저 사진의 해상도 항목을 터치합니다.

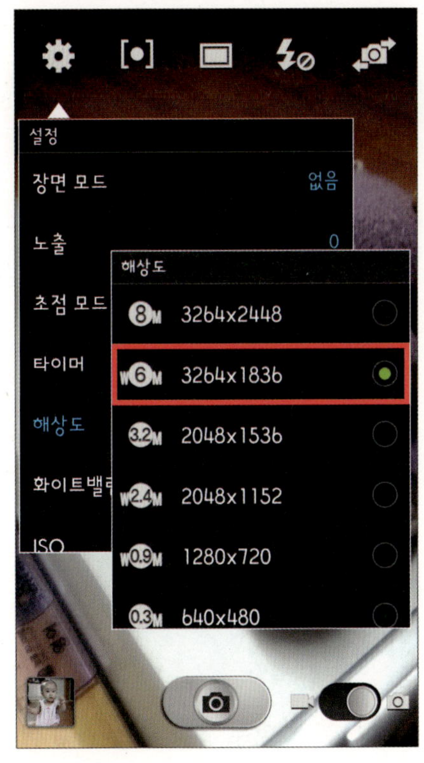

03. 해상도 목록이 나타나면 가장 위나 두 번째 항목 정도를 선택합니다. 동영상에 제작되는 사진은 FULL HD 정도의 해상도면 충분하나 사진을 다른 용도로 사용하게 될 경우를 고려하여 가급적이면 폰이 지원하는 최대 해상도나 바로 아래 단계 정도로 설정하는 것이 좋습니다.

▶ **참고하세요!**

FULL HD란 1920x1080 해상도를, HD란 1280x720 해상도를 가리킵니다. 동영상 제작에는 이 정도의 해상도가 가장 많이 사용되지만 사진을 컴퓨터에서 단독으로 살펴보거나 편집 등의 작업을 감안하여 충분히 큰 해상도로 촬영되도록 하는 것이 좋습니다.

04. 카메라 화면에서 촬영 모드 버튼을 동영상쪽으로 드래그합니다.

05. 동영상 촬영 화면이 나타나면 설정 아이콘을 터치합니다.

06. 설정 메뉴가 나타나면 앞에서 사진 해상도를 설정할 때와 같이 해상도 항목을 터치합니다.

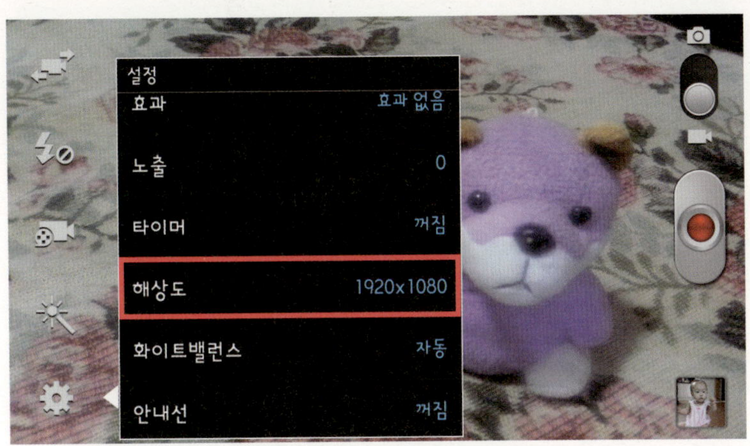

07. 해상도 메뉴가 나타나면 [1920x1080]이나 [1280x720]을 선택합니다. 기본적으로 이 둘 중 하나가 선택되어 있겠지만 확실하게 확인해두는 것이 좋습니다. 성장 동영상 작업 의뢰를 위해 보내온 사진이나 동영상을 보면 이러한 해상도 설정이 잘못되어 극히 좋지 않은 화질을 갖는 경우가 종종 있습니다. 소중한 순간을 열악한 화질로 촬영하게 되는 실수를 범한다면 마음 아프겠죠?

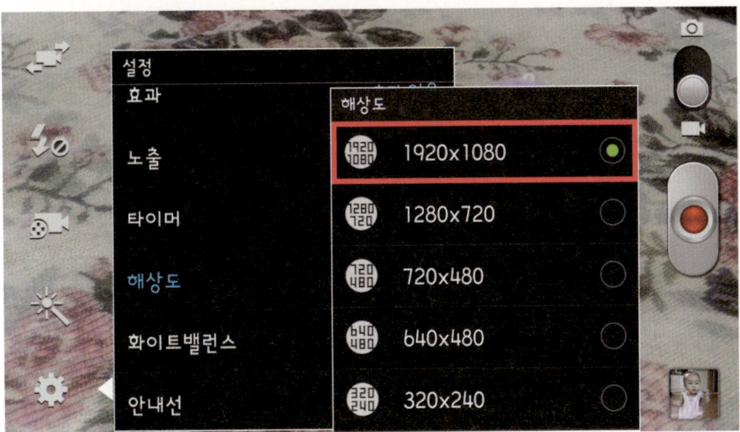

가급적이면 촬영되는 사진이나 동영상 등은 별도의 메모리 카드에 저장되게 하는 것이 좋습니다. 내장 메모리 용량이 적은 일부 폰의 경우 촬영된 사진으로 인해 여유 공간이 작아서 원하는 앱을 설치하지 못하는 경우가 발생할 수 있으며 폰을 떨어뜨려 고장나게 되면 저장된 사진을 잃게 될 수도 있기 때문입니다.

① 폰의 전원을 끈 후, 뒤 커버를 열고 마이크로 SD 메모리를 삽입구에 삽입합니다. 꽂는 방향이 삽입구 위에 그림으로 표시되어 있으므로 이것을 참조하도록 합니다.

② 전원을 켠 후 카메라 앱을 실행 시키고 설정 메뉴에서 [저장소]를 선택합니다.

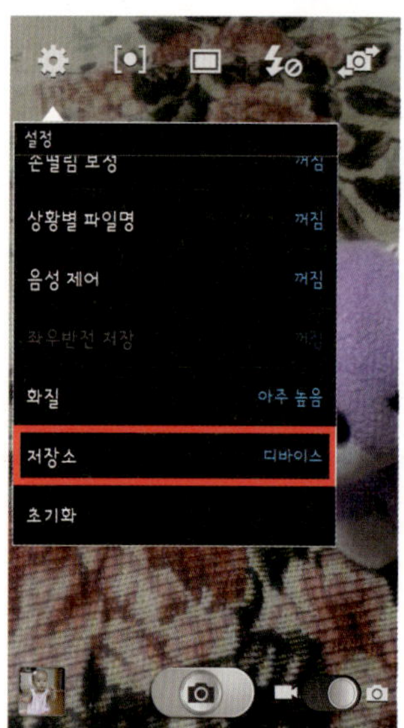

③ 저장소 메뉴가 나타나면 [메모리 카드]를 선택합니다. 이제부터 촬영되는 사진은 메모리 카드에 저장됩니다.

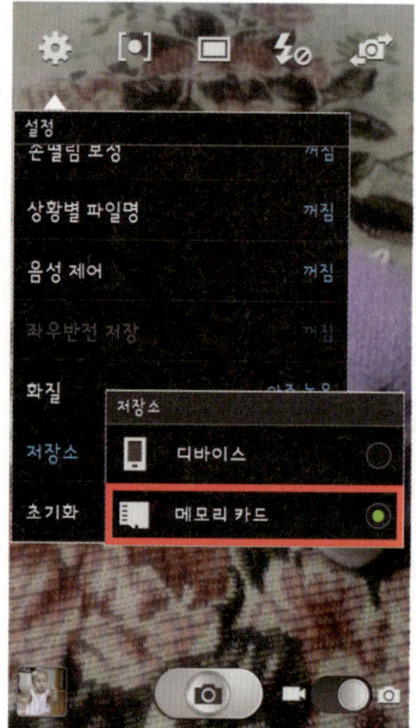

08. 인형의 사진을 보면 매우 어둡게 찍힌 것을 볼 수 있습니다. 역광 상태, 즉 피사체의 뒤쪽에서 빛이 비치는 상태에서 찍은 사진입니다. 아이 사진에서도 종종 볼 수 있는데 밝은 야외에서도 햇빛을 등지고 찍은 경우나 그늘에서 찍은 경우 이렇게 피사체가 어둡게 찍힐 수밖에 없습니다.

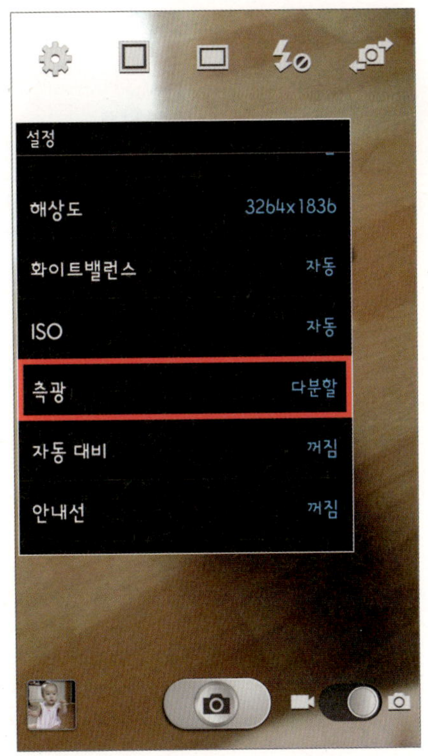

09. 따라서 이러한 환경에서 피사체, 즉 아이의 얼굴 부분이 보다 밝게 촬영되게 하려면 측광 방식을 변경해주어야 합니다. 앞에서 동영상 설정을 손대기 위해 동영상 촬영 화면에 있다면 다시 사진 촬영 모드 버튼을 눌러 사진 촬영 화면으로 돌아와 설정 버튼을 터치하고 설정 메뉴에서 [측광]을 선택합니다.

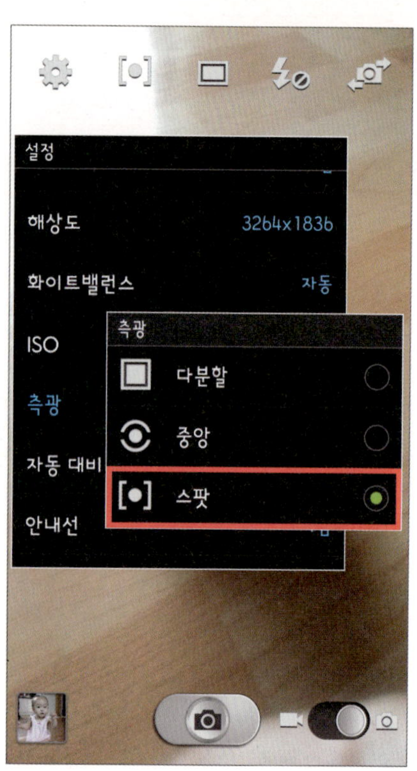

10. 측광 메뉴가 나타나면 [스팟]을 선택합니다.

11. 이제 사진 촬영 화면에서 동일한 환경, 즉 역광이나 다소 어두운 곳에 있는 피사체를 터치하여 초점을 맞추고 촬영하면 이전에 비해 주 피사체가 훨씬 밝게 촬영되는 것을 볼 수 있습니다. "스팟" 측광은 초점이 맞은 영역의 밝기를 기준으로 촬영하므로 어두운 주 피사체를 보다 밝게 찍게 된 것입니다.

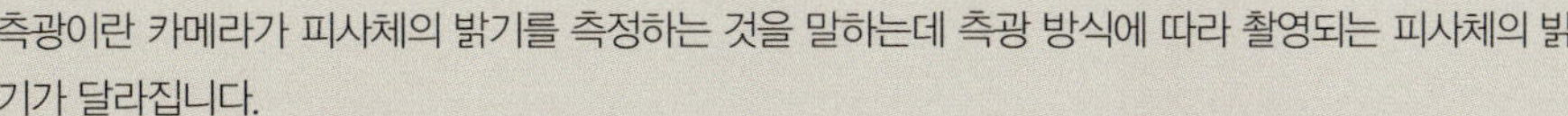

▶ 측광이란 카메라가 피사체의 밝기를 측정하는 것을 말하는데 측광 방식에 따라 촬영되는 피사체의 밝기가 달라집니다.

❶ 다분할 : 화면을 여러 영역으로 분할하여 각 영역의 밝기를 계산(측광)한 후, 전체적인 평균값으로 밝기(노출)를 결정합니다. 따라서 전체적으로 밝기 차이가 크지 않은 경우 사용하는 것이 좋습니다. 주 피사체와 다른 영역의 밝기가 현저하게 다른 경우에는 주 피사체가 적절한 밝기로 촬영되지 않습니다.

❷ 중앙 : 화면 전체 영역에 대한 밝기를 참고하되 다분할 측광 방식보다 중앙 영역에 더 비중을 두어 측광합니다. 주 피사체가 중앙 영역을 비교적 크게 차지하고 있는 경우에 적합니다.

❸ 스팟 : 초점 영역의 작은 영역을 기준으로 측광합니다. 배경과 주 피사체의 밝기가 큰 경우 사용합니다. 다른 측광 방식보다 주 피사체의 밝기를 적절하게 촬영할 수 있습니다.

다음은 동일한 환경에서 동일한 피사체를 각각 다른 측광 방식으로 촬영한 결과입니다. 역광 상태, 즉 빛이 아이의 뒤에서 비치는 상태이므로 배경 부분은 밝고 아이 얼굴은 다소 어둡지만 스팟으로 아이 얼굴 부분을 터치하여 초점을 맞추어 촬영한 것이 보다 나은 결과를 보여줍니다. 단, 어두운 영역이 밝게 촬영됨에 따라 그 보다 밝은 배경 부분은 너무 밝아져(노출 오버) 잘 보이지 않을 수 있습니다.

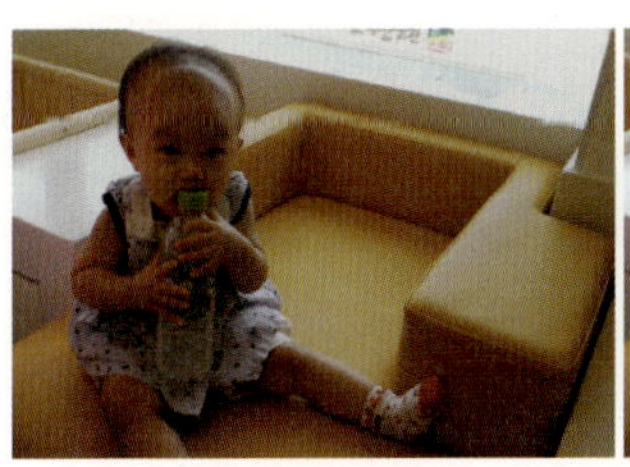

다분할 측광

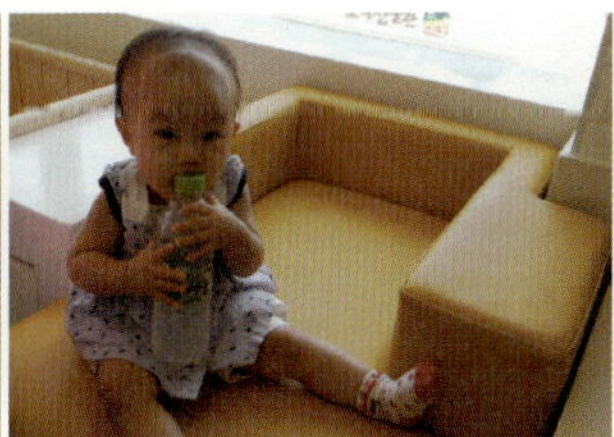

중앙 측광

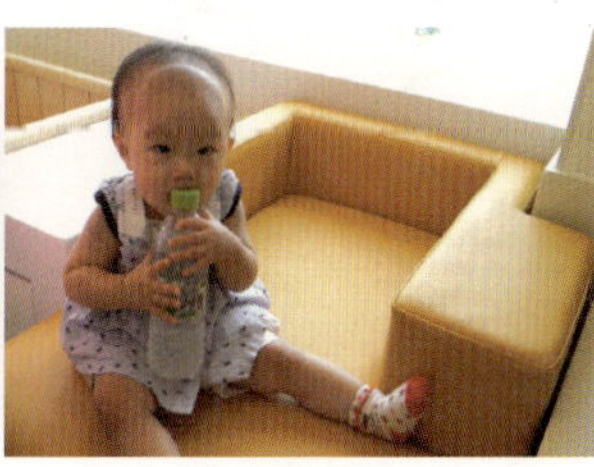

스팟 측광

o4
CHAPTER

폰에서 뚝딱!
사진 보정하기

사진 보정을 위한 앱은 셀 수 없을 정도로 많지만 그 중 Snapseed는 편리하게 다양한 기능을 사용할 수 있으며 결과도 뛰어나서 많은 사용자들에게 호평받고 있는 앱입니다. 무료이며 구글 플레이 스토어에서 'snapseed'로 검색하여 설치하면 됩니다.

01. Snapseed를 실행하고 처음 화면에서 [사진 열기]를 터치합니다.

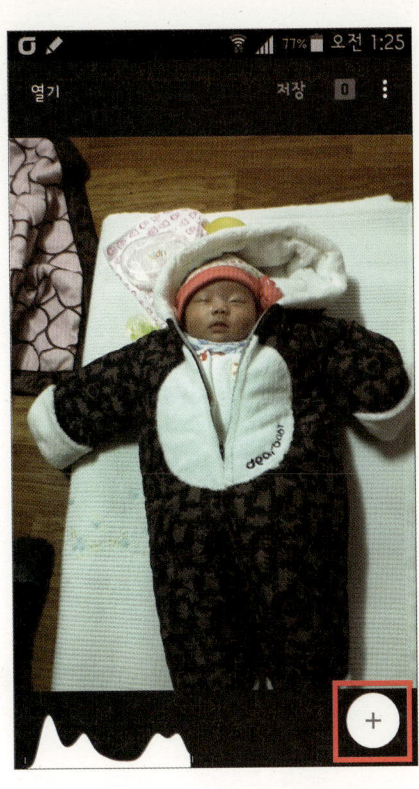

02. 사진 선택 화면에서 보정하려는 사진을 터치하면 해당 사진이 나타납니다. 우측 아래에 있는 [+] 부분을 터치합니다.

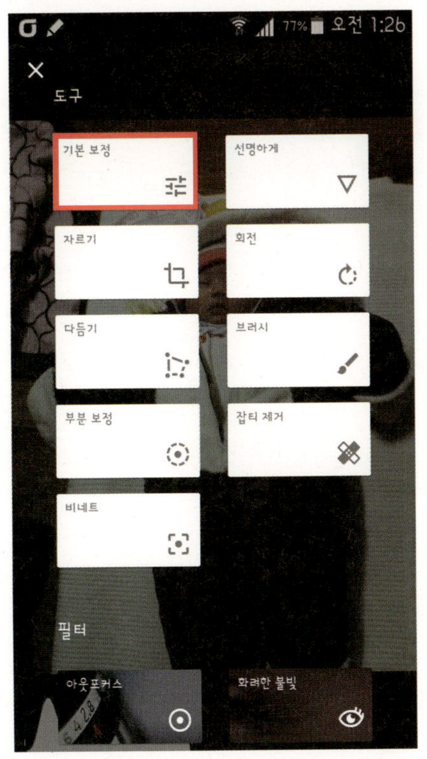

03. Snapseed의 여러 도구 메뉴가 나타납니다. [기본 보정]을 터치합니다.

04. 기본적으로 밝기 조정을 위한 화면이 나타납니다. snapseed에서는 좌우로 드래그하여 현재 작업에 대한 값을 조절할 수 있습니다. 좌측으로 드래그하면 어둡게, 우측으로 드래그하여 밝게 변경되며 현재 설정값은 아래에 표시됩니다.

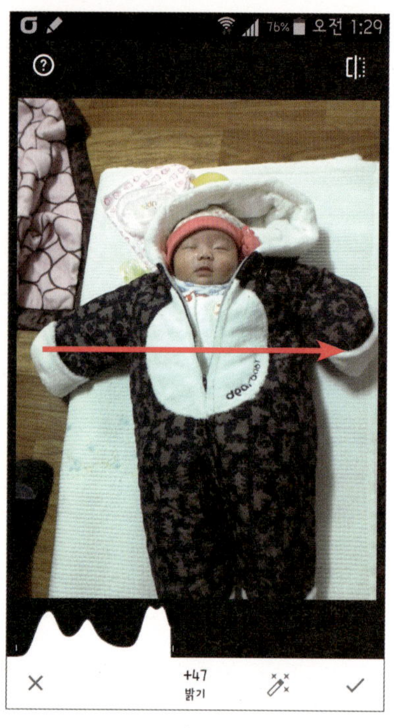

우측으로 드래그 – 밝게

좌측으로 드래그 – 어둡게

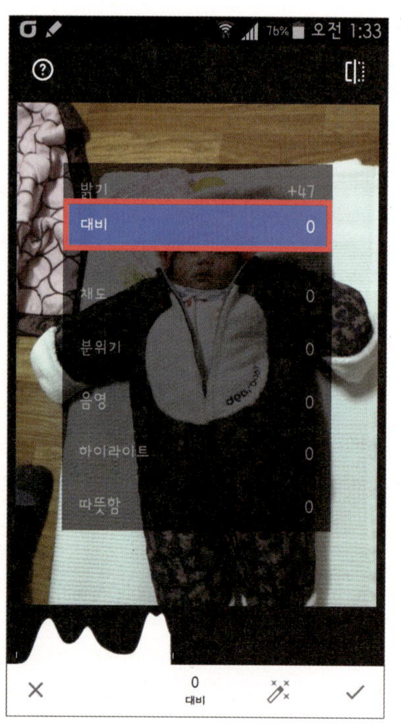

05. 적절히 보정했다면 화면을 상하 방향으로 드래그합니다. 다른 작업을 위한 메뉴가 나타나며 계속 드래그하여 원하는 메뉴로 이동할 수 있습니다. [대비]를 선택해보겠습니다.

06. 밝은 곳과 어두운 곳과의 차이를 조절할 수 있는 대비 조절 작업 화면이 나타납니다. 역시 좌, 우측으로 드래그하여 조절할 수 있습니다. 좌측으로 드래그하면 흐릿하게, 우측으로 드래그하면 진하게 변경됩니다.

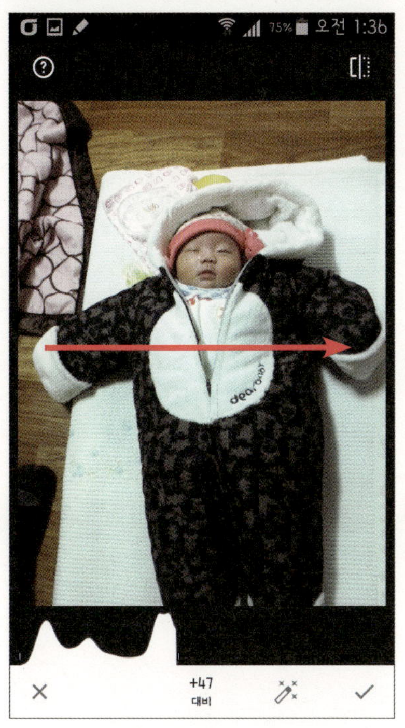

우측으로 드래그 – 진하게

좌측으로 드래그 – 희미하게

화면 아래쪽의 🪄 부분을 터치하면 Snapseed가 사진을 분석하여 자동으로 적절한 값으로 보정해줍니다.

07. 적절히 원하는 값으로 보정을 마쳤다면 우측 하단의 체크 버튼을 터치합니다.

08. 이어서 화면 위쪽의 [저장]을 터치하면 보정 작업된 사진이 저장됩니다. 갤러리의 Snapseed 폴더를 열어보면 확인할 수 있습니다.

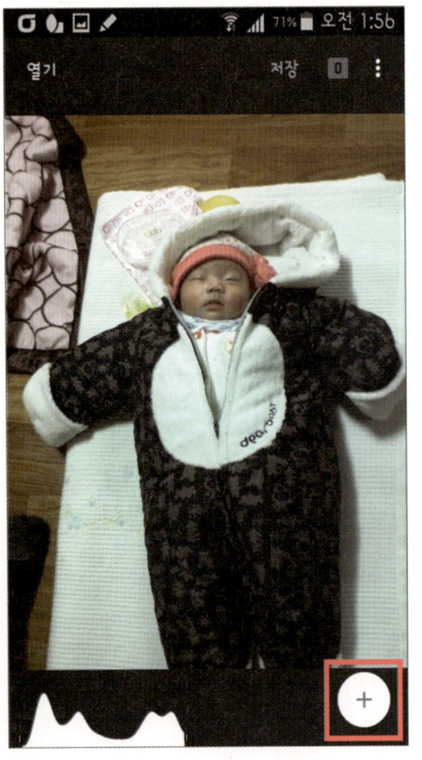

09. Snapseed에서는 사진의 특정 부분만 보정할 수 있습니다. 따라서 어둡게 찍힌 아이의 얼굴만 밝게 변경하는데 유용합니다. 사진이 열려있는 상태라면 앞에서 보았던 것처럼 우측 아래의 [+] 버튼을 터치합니다.

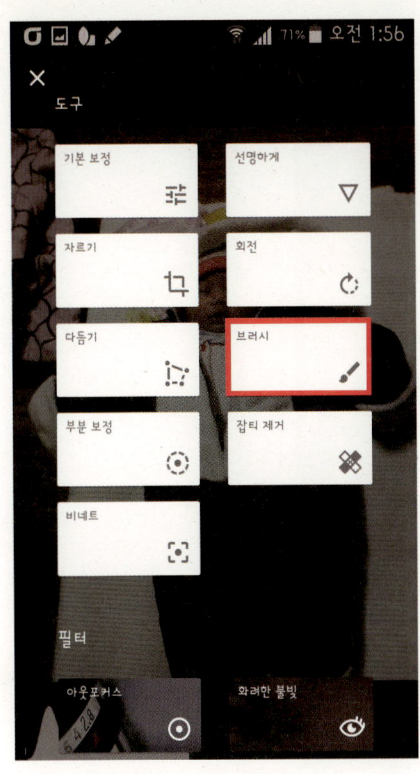

10. 도구 메뉴가 나타나면 [브러시]를 터치합니다.

11. 브러시 작업 화면이 나타납니다. 좌측 아래에서 브러시 아이콘을 터치합니다.

12. 브러시 종류가 나타나면 [밝게/어둡게]를 터치하여 선택하고 아래 가운데에서 ↑ 화살표를 터치합니다. 밝게/어둡게 위에 숫자가 표시됩니다.

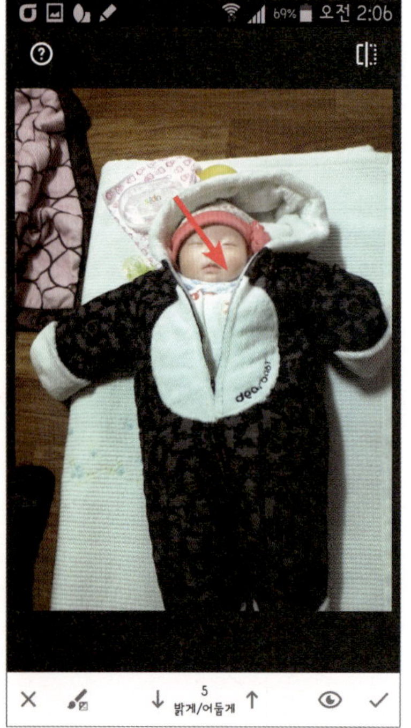

13. 밝게 보정하려는 부분을 드래그합니다. 드래그할 수록 해당 부분이 더 밝아집니다. 아이의 얼굴 부분을 여러 번 드래그하여 밝게 보정해보았습니다.

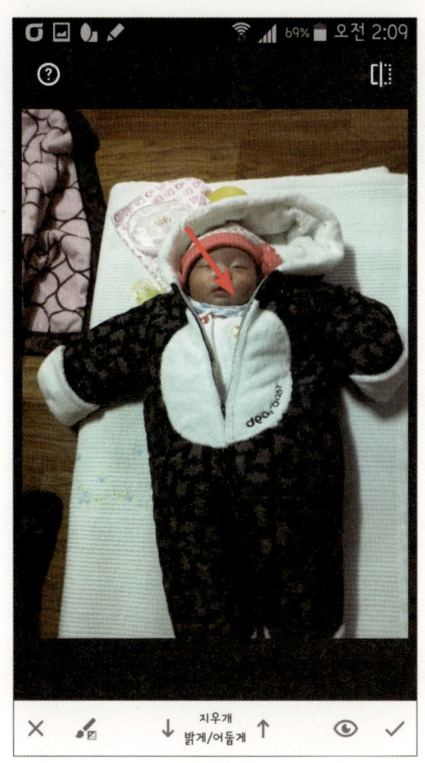

14. 보정한 결과가 마음에 들지 않아 원래의 상태로 되돌리려면 아래에서 화살표 부분을 터치하여 밝게/어둡게 위에 '지우개'라는 표시가 나타나도록 합니다. 브러시가 지우개 기능을 하게 되며 앞에서 드래그했던 부분을 다시 드래그하면 밝아진 부분이 원래대로 돌아옵니다.

어둡게 작업한 상태

이와는 반대로, 특정 부분을 어둡게 보정하려면 아래에서 ↓ 화살표를 터치하여 숫자가 − 로 표시된 상태에서 원하는 부분을 드래그하면 됩니다.

o5
CHAPTER

DSLR 부럽지 않은
인물 사진 만들기

렌즈의 조리개 값이나 이미지 센서의 특징으로 인해 DSLR이나 미러리스 카메라로 촬영한 사진은 초점 영역은 선명하게, 배경 영역은 흐릿하게 촬영할 수 있습니다. 이렇게 주 피사체를 제외한 나머지 영역을 흐리게 처리하는 아웃포커싱(Out Focusing) 사진은 주 피사체를 돋보이게 하므로 인물 사진에도 많이 사용되고 있지만 스마트폰에서는 촬영하기 곤란하므로 앱을 사용하여 비슷한 효과를 구현해보도록 하겠습니다.

01. 아웃 포커싱 사진을 위한 두 가지 앱을 사용해보도록 하겠습니다. 먼저 구글 플레이 스토어에서 "easyFocus"를 찾아 설치하고 좌측 세로 도구 모음에서 가장 위에 있는 폴더 아이콘 ▆ 을 터치하여 갤러리에서 사진을 불러와 세로 도구 모음에서 영역 지정 버튼을 터치합니다.

 선명하게 나타나게 할 영역을 드래그합니다. 드래그한 영역은 그림처럼 색상으로 표시됩니다.

03. 영역 지정을 마쳤다면 화면에 손을 뗍니다. 영역을 제외한 나머지 배경 영역이 흐릿하게 나타납니다. 세로 도구 모음 가장 아래에 있는 도구를 터치합니다.

04. 추가로 가로 도구 모음이 나타납니다. 작업 결과를 저장하려면 가장 좌측의 도구를 터치합니다.

▶ **참고하세요!**

세로 도구 모음에서 ⊕, ⊖ 버튼을 클릭하면 선명하게 처리할 영역을 지정하는 브러시의 크기를 조절할 수 있으며 가로 도구 모음에서 👆은 선택 영역을 지우는데, 🔄은 지정한 영역을 모두 제거하여 사진을 처음 상태로 되돌립니다.

05. 또 다른 아웃 포커싱 앱으로 After Focus를 사용해보겠습니다. 역시 구글 플레이 스토에서 검색하여 설치할 수 있습니다. 무료 버전만으로도 충분히 작업할 수 있으며 더욱 정밀한 작업은 Pro 버전을 구매해야 합니다. 실행 후 처음 화면에서 Select From Album을 터치합니다.

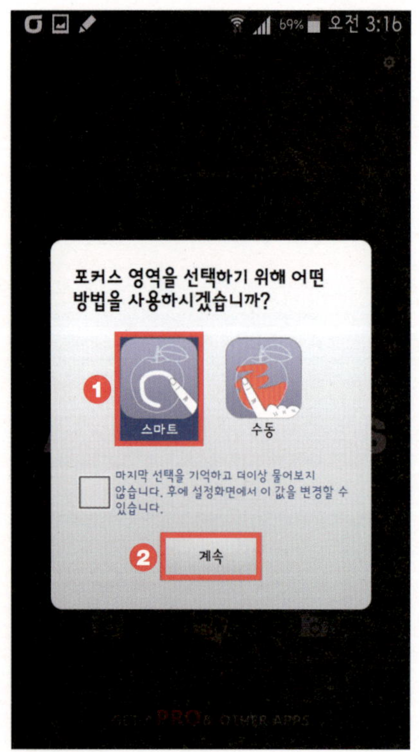

06. 갤러리를 통해 사진을 선택하면 방법 선택 화면이 나타납니다. 두 방법을 모두 살펴보겠습니다. [스마트]와 [계속]을 차례로 터치합니다.

07. 사용방법에 대한 안내가 나타나면 종료하기 위해 우측 상단의 X를 터치합니다.

08. 선택한 사진이 나타나며 아래의 도구 모음에는 [포커스]가 선택되어 있습니다. 화면을 드래그하여 선명하게 나타날 영역을 지정합니다.

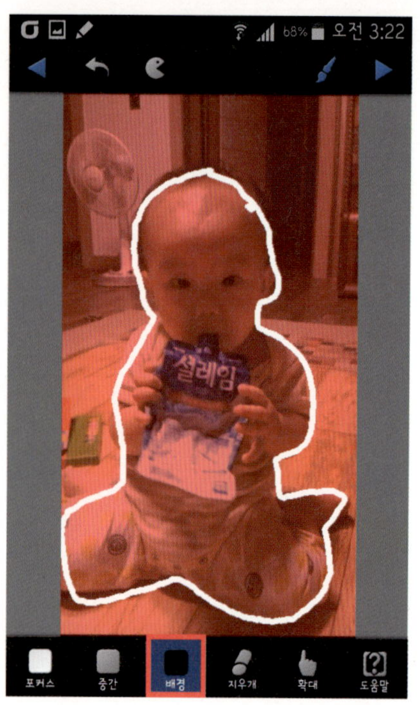

09. 영역 지정이 완료되면 색상이 바뀌어 나타납니다. 아래 도구 모음에서 [배경]을 터치합니다.

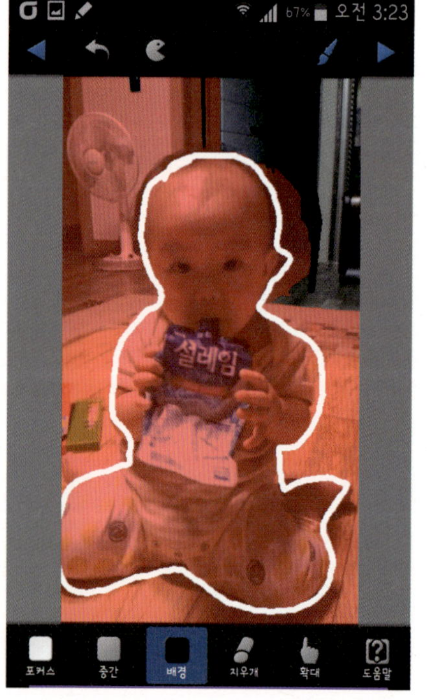

10. 배경 부분을 드래그합니다. 드래그한 부분이 원래 사진 색상으로 나타납니다.

11. 배경 영역 지정을 마쳤다면 우측 상단의 ▶ 도구를 터치합니다.

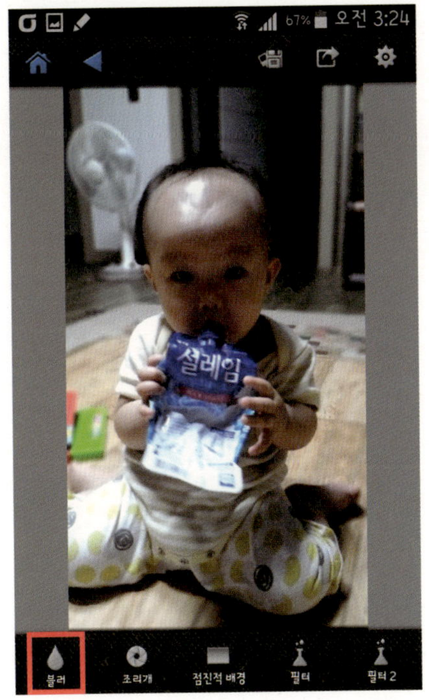

12. 작업 결과가 나타납니다. 배경 영역이 흐릿하게 보이는 것을 알 수 있습니다. 하지만 이것으로 만족스럽지 않다면 흐릿한 강도를 조절할 수 있습니다. 아래 도구 모음에서 [블러]를 터치합니다.

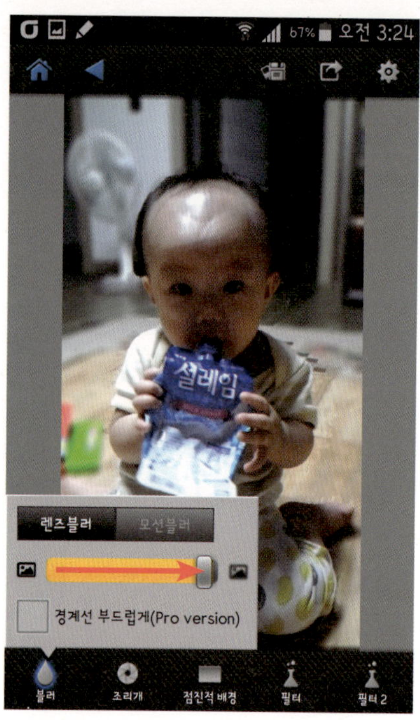

13. 슬라이더가 나타나면 우측으로 드래그합니다. 우측으로 드래그할수록 배경 영역이 더욱 흐리게 처리됩니다.

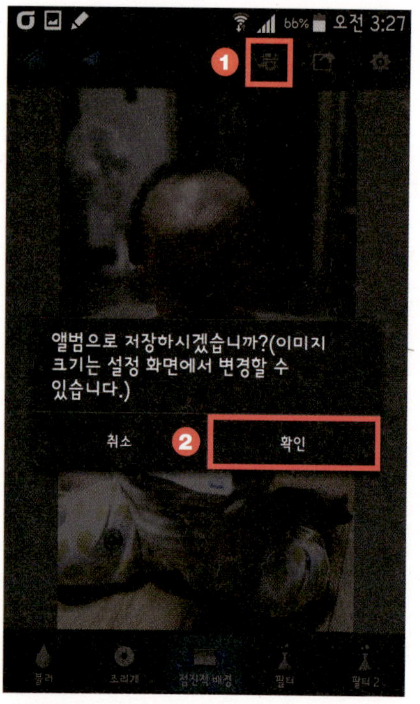

14. 작업 결과를 저장하려면 위쪽의 도구 중에서 ▣를 터치합니다. 저장할 것인지를 묻는 화면이 나타나면 [확인]을 터치합니다.

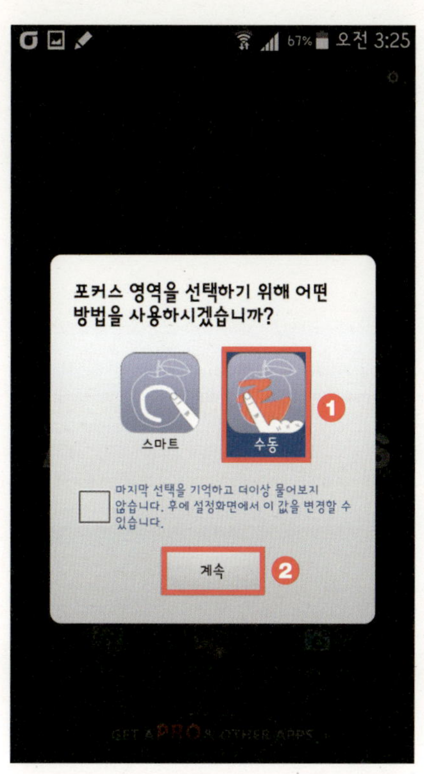

15. 사진을 선택했을 때 나타나는 포커스 영역 선택화면에서 [수동]과 [계속] 버튼을 순서대로 터치한 경우를 보겠습니다.

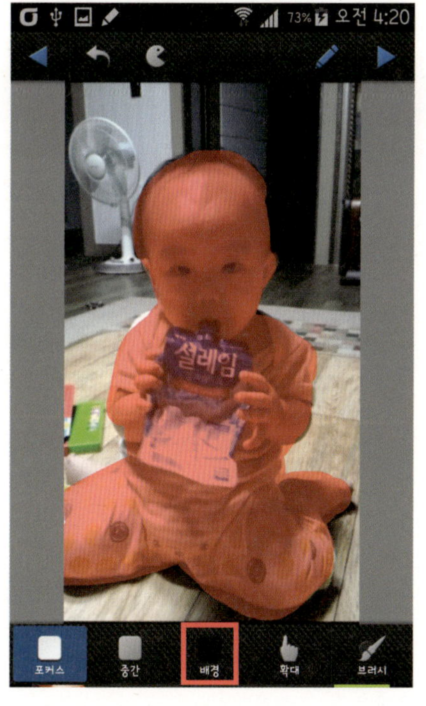

16. 기본적으로 포커스 도구가 선택되어 있습니다. 포커스 영역을 드래그하여 지정하고 아래 도구에서 [배경]을 선택합니다. 지정된 영역은 붉은 색으로 표시됩니다.

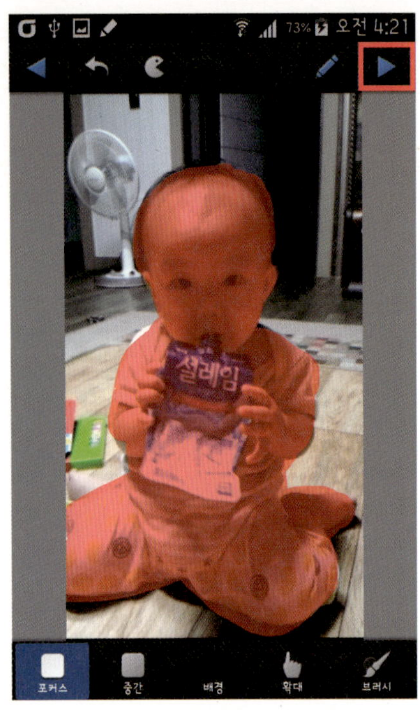

17. 잘못 지정된 영역을 드래그하면 붉은 색으로 표시된 부분이 사라집니다. 즉, 포커스 영역이 배경 영역으로 바뀝니다. 작업을 마쳤다면 상단 우측의 ▶ 도구를 터치합니다.

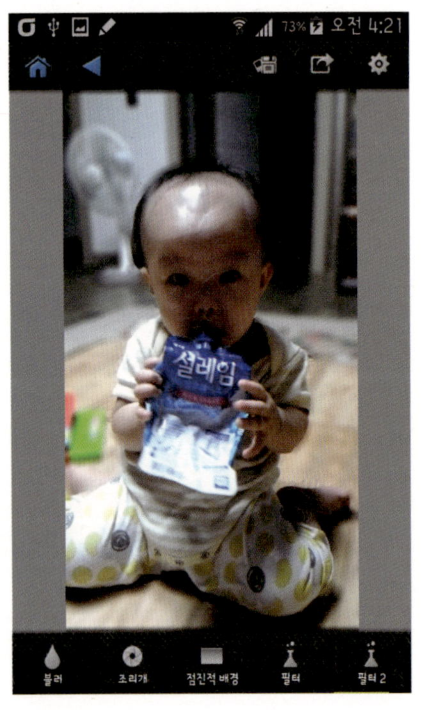

18. 작업 결과가 나타납니다. 작업 결과만 보면 무료 버전과 Pro 버전의 큰 차이는 없으나 무료 버전의 경우 800픽셀 이상의 고해상도로는 저장할 수 없으므로 고해상도로 저장하려면 Pro 버전을 구입하여 작업해야 합니다.

06
CHAPTER

액자나 배경을 삽입하여
예쁘게 꾸미기

사진에 여러 형태의 액자나 배경을 사용하여 독특한 느낌을 갖도록 하겠습니다. 촬영할 때부터 이러한 것들을 사용할 수 있는 앱도 있지만 움직임이 심한 아이들을 촬영할 때 정확한 위치를 맞추기 힘들기 때문에 이미 촬영된 사진으로 천천히 다양한 형태를 적용해보는 것이 좋습니다.

01. 구글 플레이 스토어에서 Baby Frame을 받아 설치하고 실행하면 다음과 같은 화면이 나타납니다. 저장된 사진을 불러오기 위해 Select photo를 터치합니다.

02. 갤러리를 통해 사진을 선택하면 액자 선택 화면이 나타납니다. 하나를 터치해 선택합니다.

03. 선택한 액자나 배경과 함께 사진이 나타납니다. 사진 내부를 드래그하거나 위치를 이동하거나 도구를 통해 방향을 바꿀 수도 있습니다. 또한 갤러리에서 사진을 볼 때처럼 두 손가락을 사용하여 사진을 크게, 또는 작게 나타나도록 할 수 있습니다. 적절히 조절하고 체크 버튼을 터치하여 저장합니다.

사진이 나타납니다.   위치와 크기를 조절합니다.

04. 다양한 프레임을 적용한 모습입니다. 적용한 프레임이 마음에 들지 않는다면 우측의 작은 액자 부분을 눌러 프레임 선택화면으로 돌아갈 수 있습니다.

05. 비슷한 다른 앱 하나를 더 살펴보겠습니다. 'Photo Frames'라는 앱을 플레이 스토어에서 검색하여 설치한 후 실행합니다. 초기 화면에서 FRAMES를 터치합니다.

06. 여러 형태의 액자(프레임)가 나타납니다. 원하는 것을 터치합니다.

07. 해당 프레임이 나타나면 ADD라고 표시된 부분을 터치합니다.

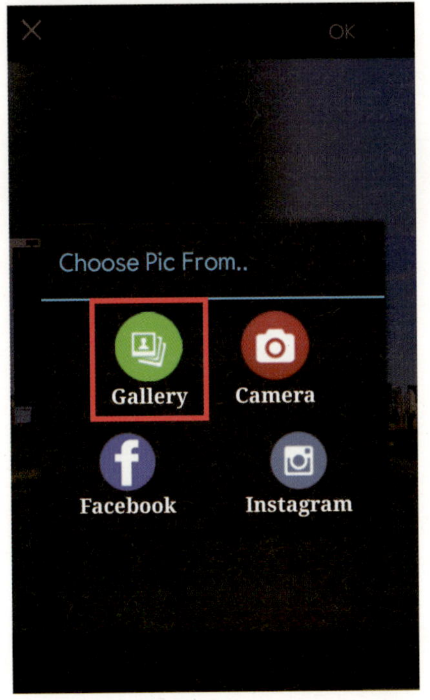

08. 사진을 불러올 곳을 선택하는 화면이 나타납니다. 저장된 사진을 불러오기 위해 Gallery를 터치합니다.

09. 갤러리에서 사진을 선택하면 포토 에디터가 나타나 사진을 자르거나 보정할 수 있습니다. 특별히 손볼 것이 없다면 곧 바로 [완료]를 터치합니다.

10. 프레임 안에 사진이 나타납니다. 사진을 드래그하거나 두 손가락으로 크게 조절합니다.

11. 적절히 원하는 부분이 나타나도록 한 다음, OK를 터치합니다.

12. Save를 터치하면 작업한 최종 결과를 저장할 수 있습니다.

07
CHAPTER

몇 번의 클릭만으로
합성 사진 만들기

액자나 배경을 넘어 패러디 사진을 만들어보겠습니다. 사진을 불러와 간단히 영역만 선택하면 다양한 패러디 사진을 만들 수 있습니다. 성장 동영상 중간에 몇 장정도 사용하면 하객으로 하여금 재미있는 분위기를 느끼게 할 수 있을 것입니다.

01. 플레이 스토어에서 PhotoFunia Effect 앱을 받아 사용할 수도 있지만 이 책에서는 컴퓨터에서 사이트에 접속하여 만들어볼 것입니다. 어차피 컴퓨터에서 동영상 제작을 위해 사용할 것이라면 컴퓨터에서 작업하는 것이 여러모로 편리합니다. http://photofunia.com에 접속합니다. 종류별로 많은 효과들이 분류되어 있습니다. Photography에서 Together Forever를 선택해봅니다.

02. 이 효과는 두 장의 사진을 사용할 수 있습니다. 1번의 Choose photo를 클릭합니다.

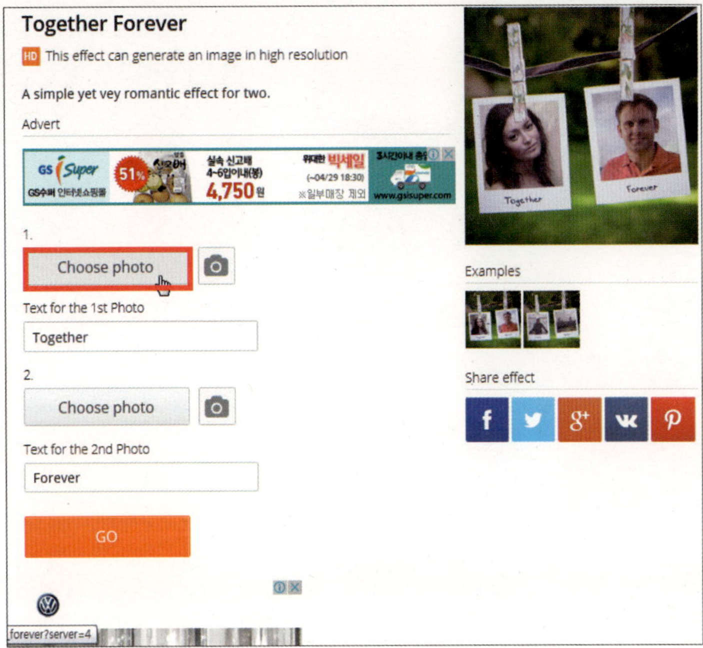

03. 사진 선택 창이 나타나면 Upload From PC를 클릭합니다.

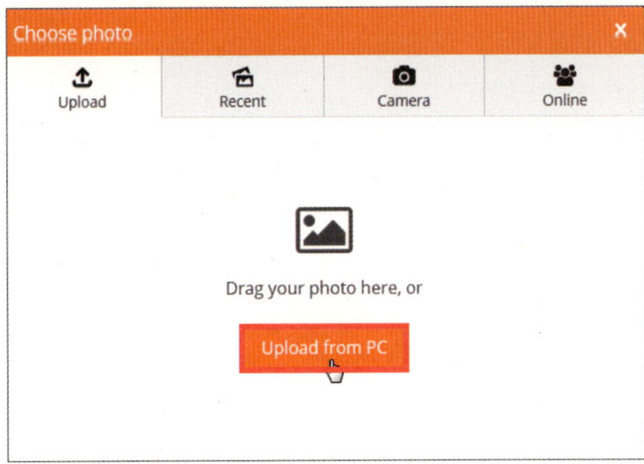

04. 폴더에서 원하는 사진을 찾아 선택하면 잠시 후 다음과 같은 화면이 나타납니다. 모서리를 드래그하여 크기나 영역을 지정하고 Crop 버튼을 클릭합니다.

05. 두 번째 항목에 대해서도 사진을 선택하고 잘라내어 지정한 다음 Crop 버튼을 클릭합니다.

06. 사진 선택을 모두 마쳤다면 아래에 있는 GO 버튼을 클릭합니다.

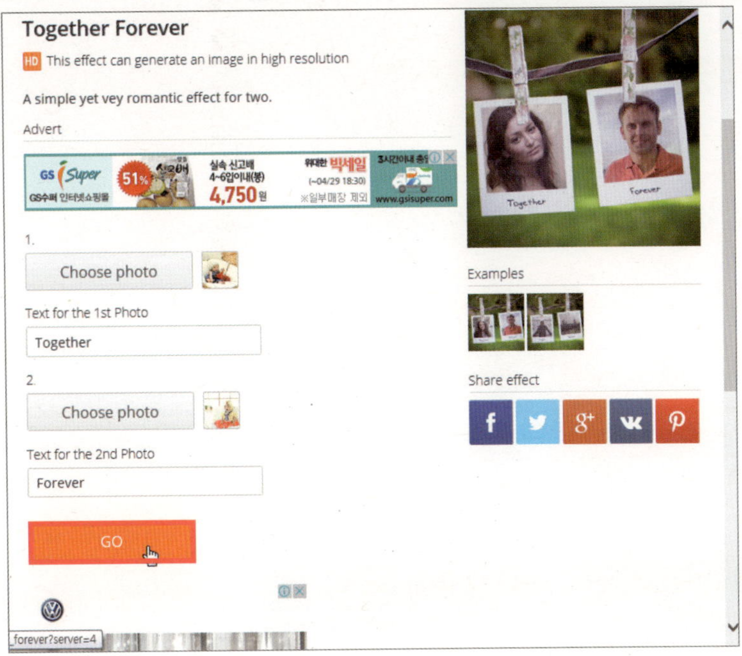

07. 잠시 후 사진이 완성되어 나타납니다. Download 항목에 있는 Large를 클릭합니다.

08. [저장] 버튼을 눌러 사진을 다운받습니다.

09. 다운받은 사진을 앞으로 다루게 될 이미지 뷰어 프로그램으로 열어본 모습입니다. Photo Funia Effect는 너무 유치하지 않으면서도 액자 수준을 넘는 다양한 형태로 합성할 수 있습니다.

08 CHAPTER

컴퓨터에서 간단히
사진 방향이나 크기 조절하기

사진을 수정하는 데는 아무래도 컴퓨터에서 작업하는 것이 빠르고 편리합니다. 포토샵과 같은 프로그램을 사용하지 않고 필수적으로 손보아야 할 사진의 방향이나 크기 변경 그리고 어두운 사진을 보정하는 방법에 대해 살펴보도록 하겠습니다.

1. 윈도우 탐색기에서 사진 방향 변경하기

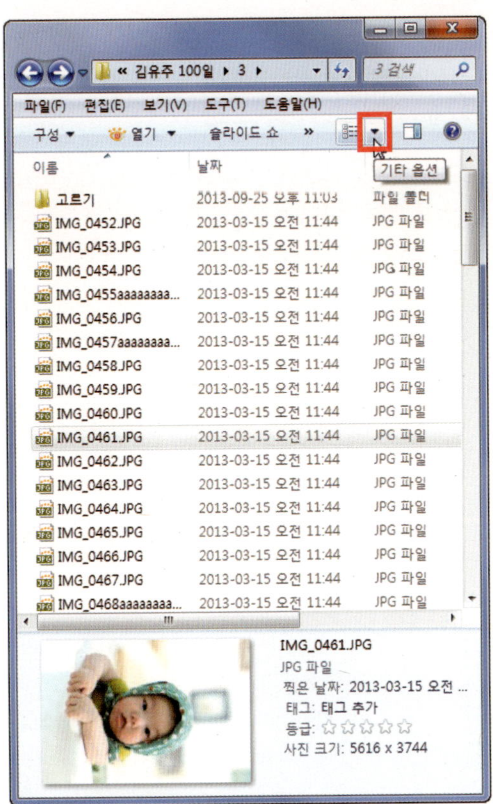

01. 사진이 저장되어 있는 폴더를 엽니다. 파일 목록이 그림과 같이 이름만 나타나면 [기타옵션]을 클릭합니다.

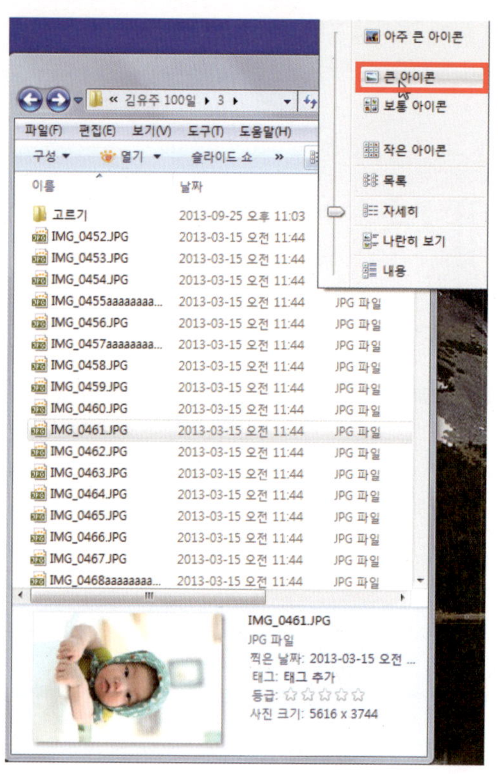

02. 옵션 메뉴가 나타나면 [큰 아이콘]을 선택합니다.

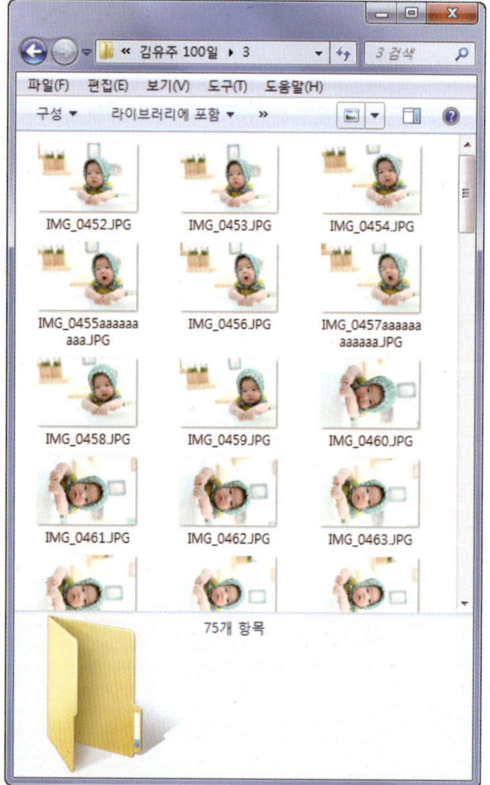

03. 사진 파일들이 작은 이미지 형태로 나타나므로 사진의 내용을 쉽게 파악할 수 있습니다.

▶ **참고하세요!**

Ctrl 키를 누른 상태에서 마우스의 휠 버튼을 위로 올리면 썸네일(Thumbnail)이라고 부르는 작은 이미지의 크기가 커지며 휠 버튼을 아래로 내리면 크기가 작아집니다. 따라서 보기 편하게 적절히 원하는 크기로 변경할 수 있습니다.

04. 썸네일을 보면 세로 사진의 경우 옆으로 누어 있어 보기 불편합니다. 누어있는 사진을 마우스 우측 버튼으로 클릭하고 바로가기 메뉴에서 [시계 반대방향으로 회전]을 선택합니다. 사진이 시계방향으로 누워져 보이기 때문입니다.

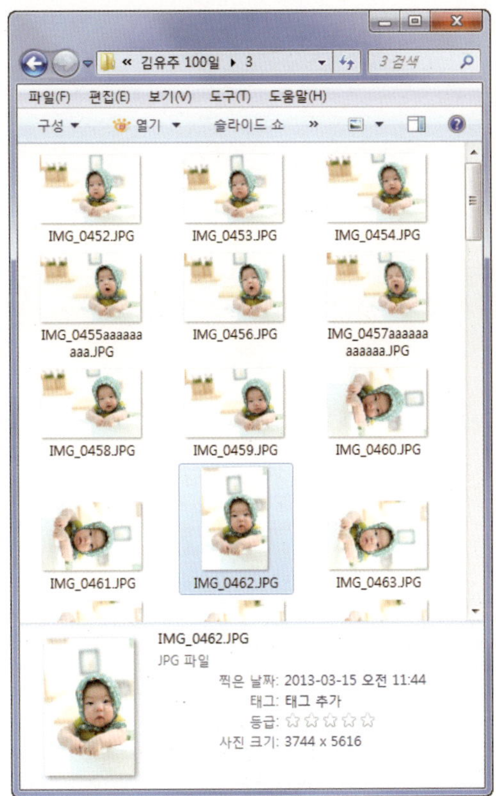

05. 해당 사진의 썸네일이 세로로 변경되어 나타납니다.

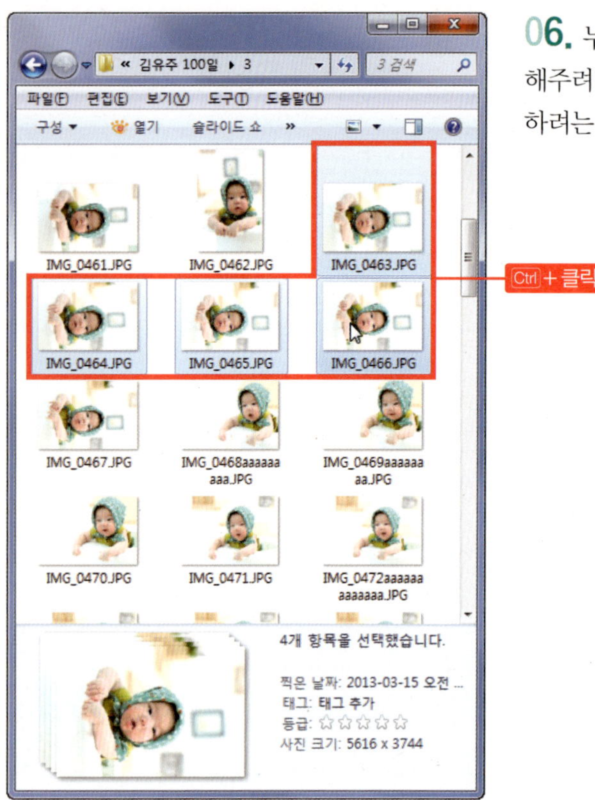

06. 누워있는 파일이 많은 경우 하나씩 이렇게 수정해주려면 번거롭겠죠! Ctrl 키를 누른 상태에서 수정하려는 파일을 차례로 클릭합니다.

07. 여러 개의 파일이 선택됩니다. 선택된 파일 중 아무 곳에서나 마우스 우측 버튼을 클릭하여 앞에서 했던 것처럼 [시계 반대 방향으로 회전]을 선택합니다.

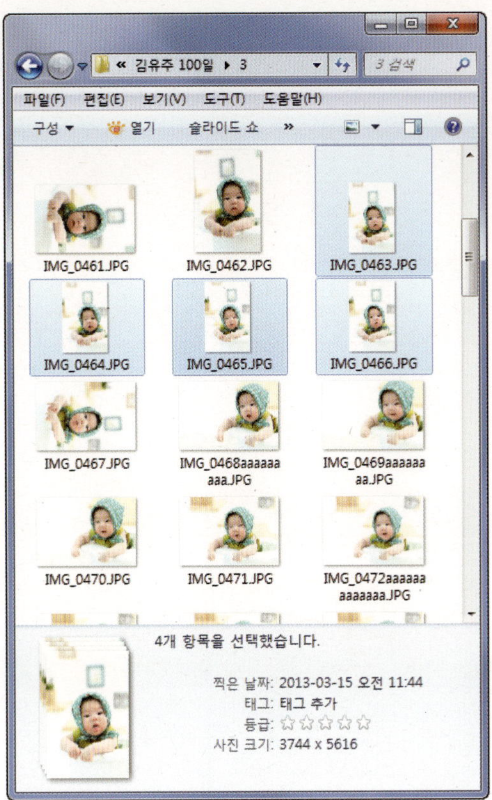

08. 선택된 파일들의 썸네일이 한꺼번에 바뀌어 나타납니다.

파일 목록 중간중간에 수정해야 할 썸네일이 끼어 있다면 앞에서 했던 것처럼 Ctrl 키를 누른 상태에서 하나씩 클릭하여 선택해 주어야겠지만 폴더 내의 모든 파일을 수정하려면 Ctrl + A 키를 누릅니다. 간단히 모든 파일이 한꺼번에 선택 상태로 전환되어 더욱 편리하게 작업할 수 있습니다.

파일 하나를 클릭한 다음, Shift 키를 누른 상태에서 다른 파일을 클릭하면 클릭한 파일을 포함하여 두 지점 사이의 모든 파일이 한꺼번에 선택됩니다.

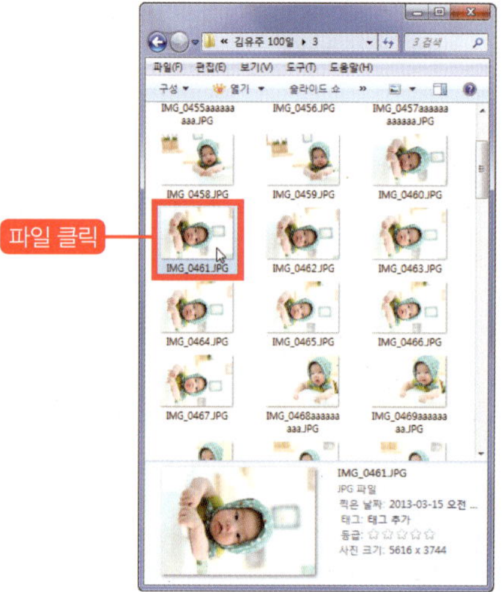

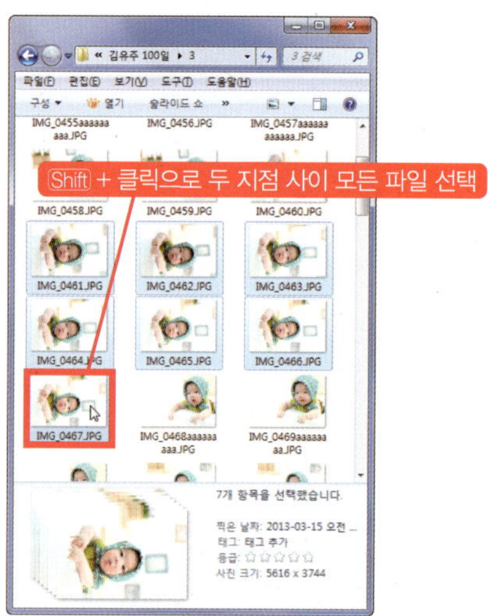

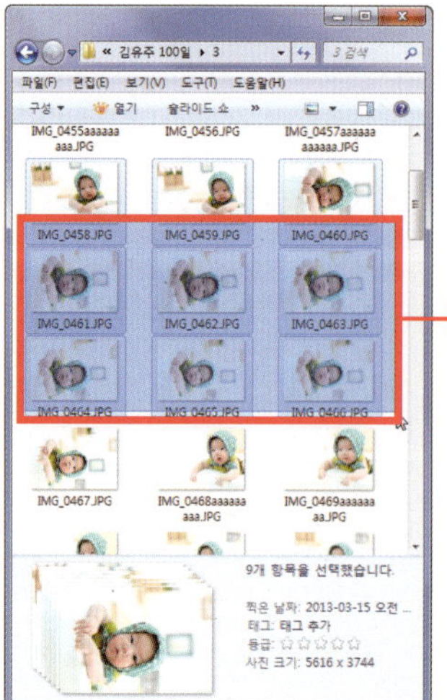

또한, 썸네일 주위를 드래그하여 여러 파일을 선택 상태로 전환할 수도 있습니다.

01. 네이버에서 'XnView'를 검색하거나 독자를 위한 '엄마가 만드는 예쁜 성장동영상' 카페 (http://cafe.naver.com/babyvideo365)의 자료실에서 XnView 파일을 다운로드하고 다운로드한 'XnView-win' 파일을 더블클릭합니다.

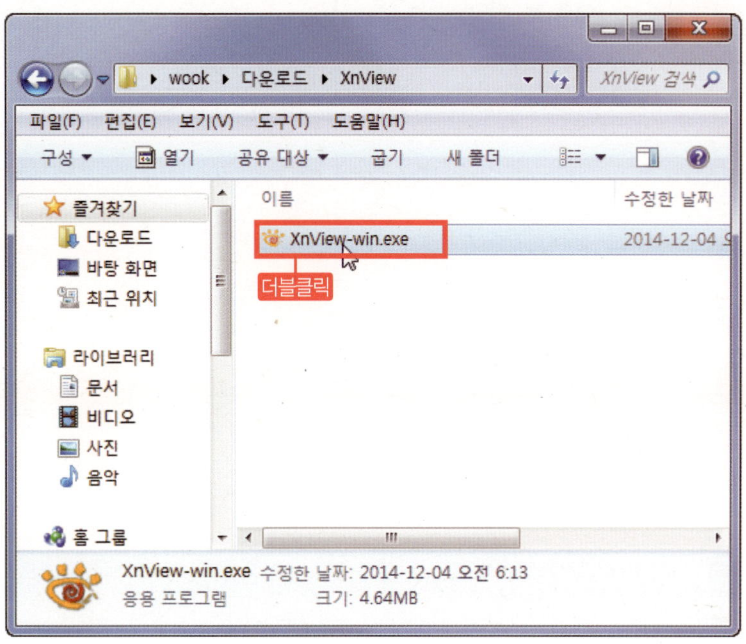

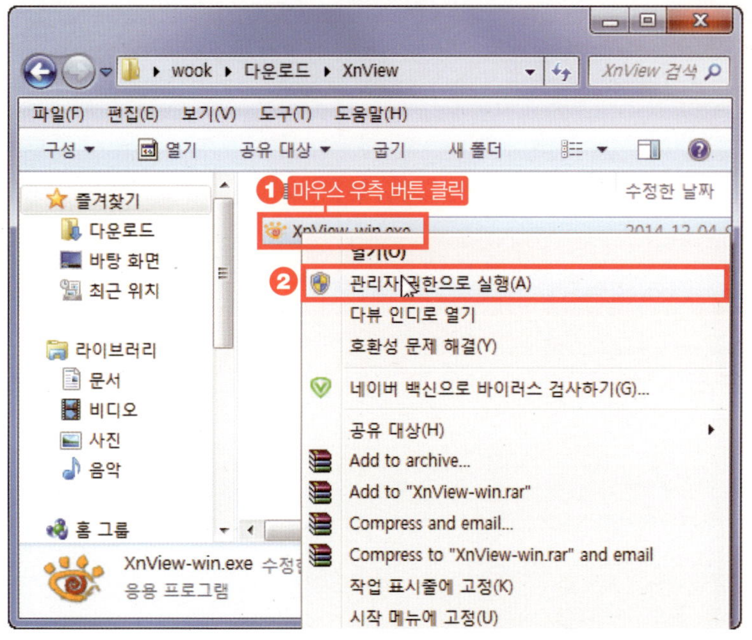

▶ **참고하세요!**

더블클릭으로 설치시 오류가 발생하면 파일 위에서 마우스 우측 버튼을 클릭하고 [관리자 권한으로 실행]을 선택합니다.

02. 설치를 환영한다는 화면이 나타납니다. [Next] 버튼을 클릭합니다.

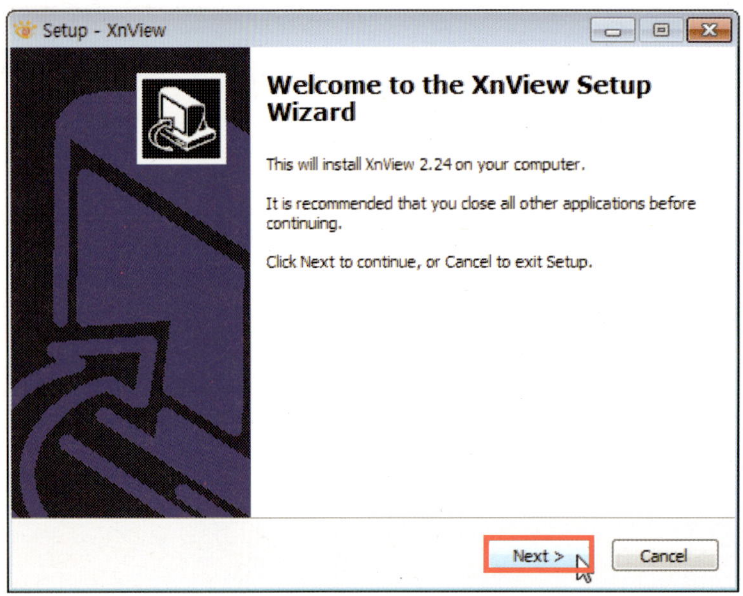

03. 라이선스에 대한 동의를 구하는 화면이 나타나면 'I accept the agreement' 옵션을 클릭하여 체크 상태로 두고 [Next] 버튼을 클릭합니다.

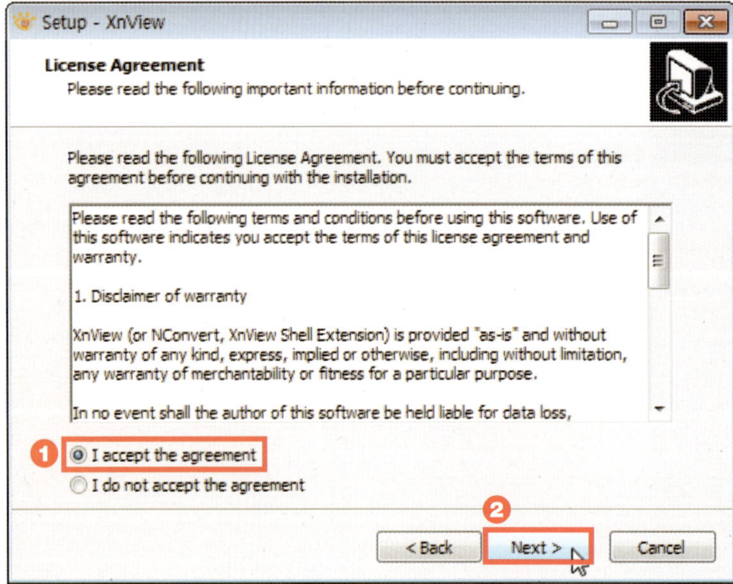

04. 파일이 설치될 위치를 지정할 수 있는 단계로 진행됩니다. [Browse] 버튼을 클릭하면 설치될 폴더를 변경할 수 있지만 기본값을 그대로 두고 [Next] 버튼을 클릭합니다.

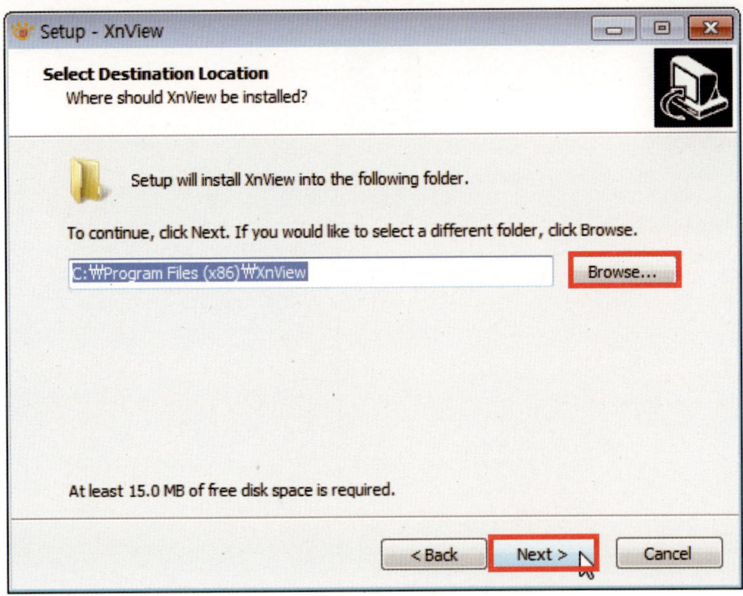

05. XnView와 함께 추가로 설치될 구성요소를 선택할 수 있는 화면이 나타납니다. 역시 기본값을 그대로 두고 [Next] 버튼을 클릭합니다.

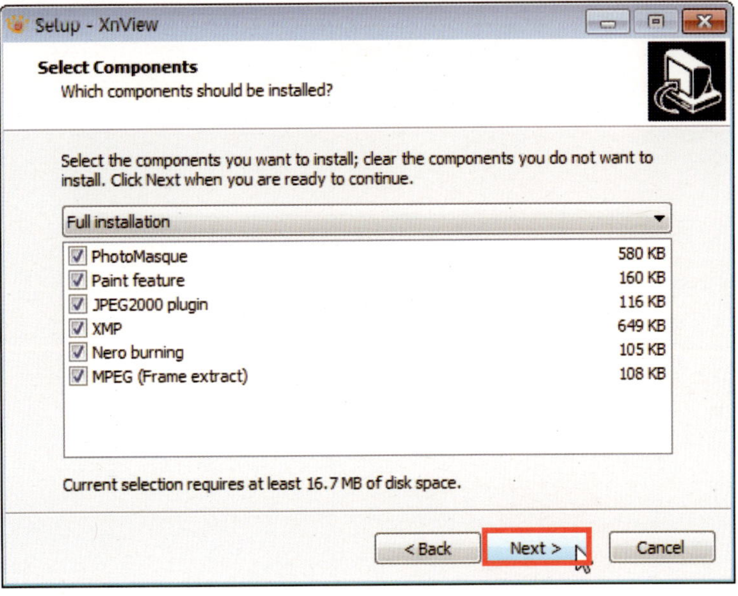

06. 바로가기 아이콘의 위치를 변경할 수 있는 화면이 나타납니다. 특별히 변경할 필요가 없으므로 [Next] 버튼을 클릭하여 진행합니다.

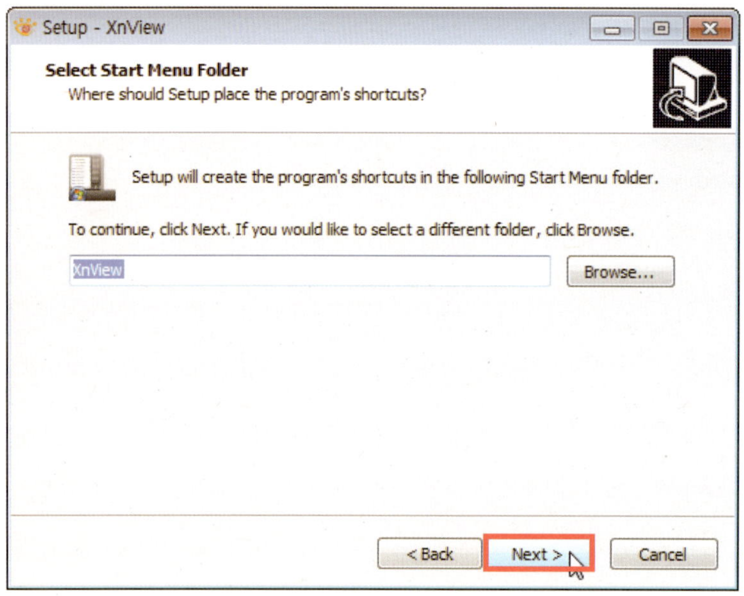

07. 바로가기 아이콘과 작업 표시줄에 빠른 실행 아이콘을 추가할 것인지 묻는 화면이 나타납니다. 두 가지 다 체크 상태로 나타나는데 그대로 두고 [Next] 버튼을 클릭합니다.

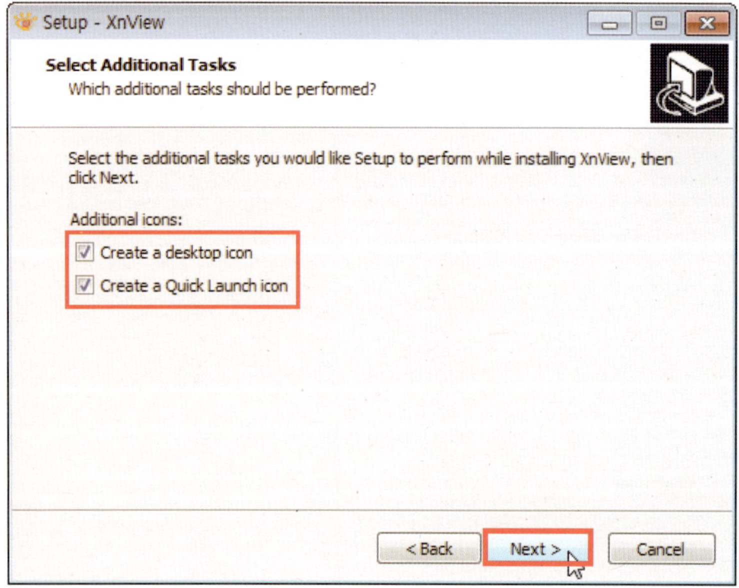

08. 지금까지의 설정 상태가 나타납니다. 설치 시작을 위해 [Install] 버튼을 클릭합니다.

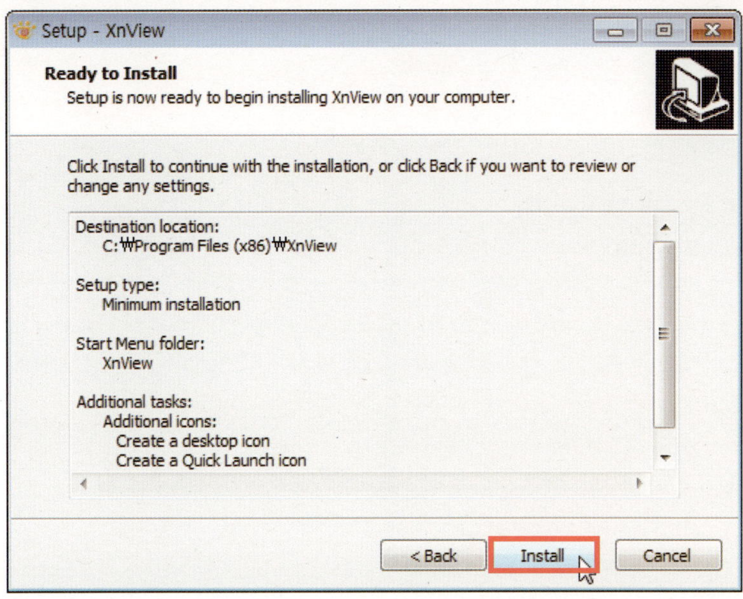

09. 잠시 설치 진행 화면이 나타나며 이어서 그림과 같이 설치가 완료되었음을 알리는 화면이 나타납니다. 종료를 위해 [Finish] 버튼을 클릭합니다.

10. 윈도우의 바탕 화면에 생성된 XnView 아이콘을 더블 클릭하여 프로그램을 실행합니다. 최초로 실행한 경우에 그림과 같은 설정 마법사가 나타납니다. [확인] 버튼을 클릭합니다.

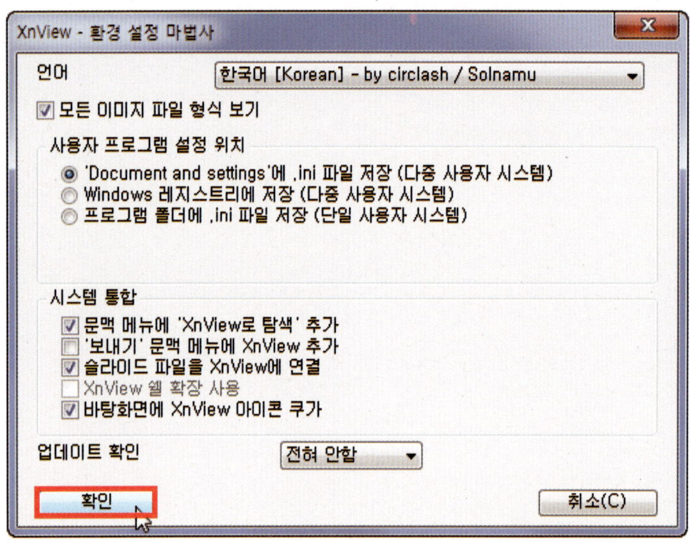

11. 이어서 오늘의 팁 화면이 나타나면 '시작할 때 오늘의 팁 보지 않기'를 체크하고 [닫기] 버튼을 클릭합니다. 매번 팁 화면이 나타나면 귀찮기 때문입니다.

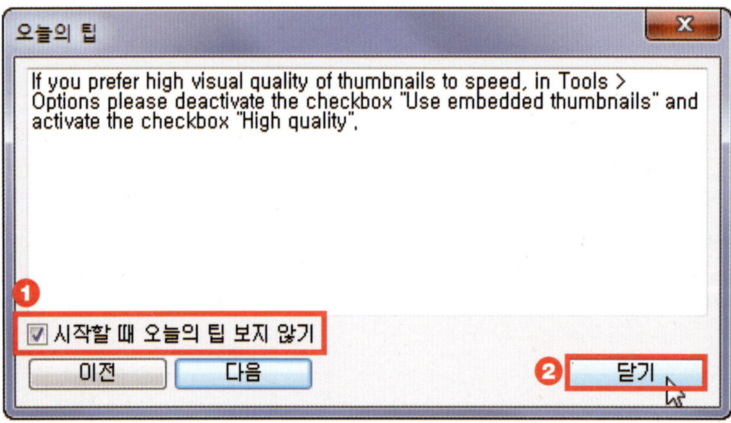

12. XnView 메인 화면이 나타나면 메인 메뉴에서 [도구] → [옵션]을 선택합니다.

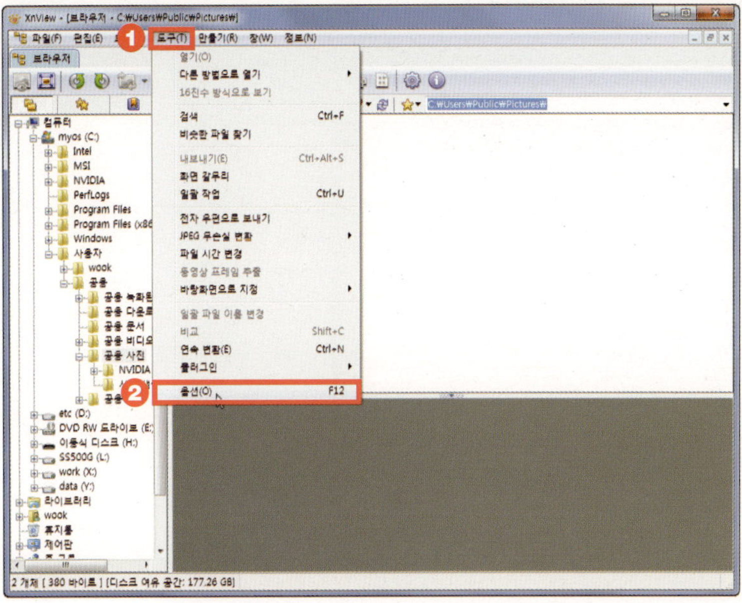

13. 옵션 창이 나타나면 좌측의 옵션 항목에서 [파일 연결]을 클릭합니다.

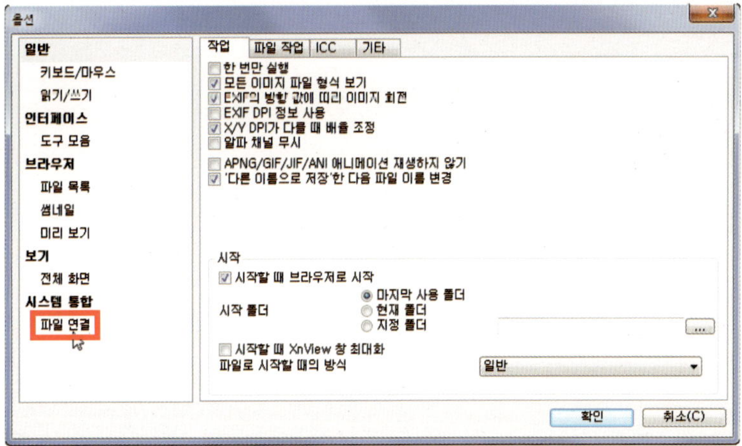

14. 우측에 다양한 파일 형식이 나타납니다. 여기에서 선택한 형식의 파일을 윈도우 탐색기에서 더블 클릭하면 해당 파일이 곧바로 XnView를 통해 나타나게 됩니다. 일반적으로 많이 사용되는 이미지 파일 포맷을 선택해 주면 되지만 일일이 찾아서 지정해주기 번거로우므로 아래에서 [모두 추가] 버튼을 클릭합니다.

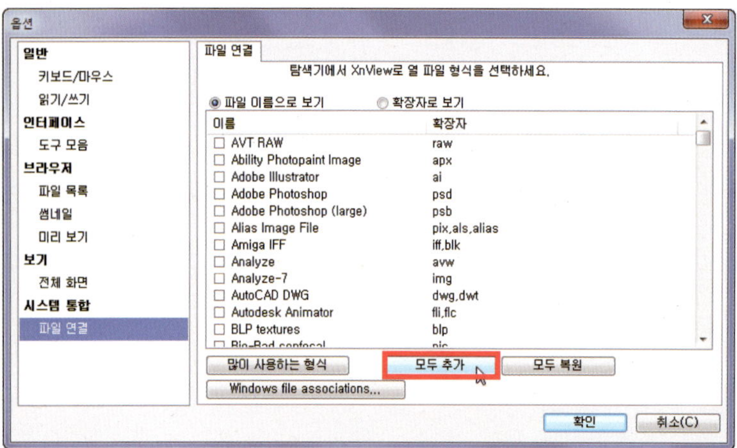

15. 경고창이 나타나면 [확인] 버튼을 클릭합니다. 문제되지 않으므로 염려하지 않아도 됩니다.

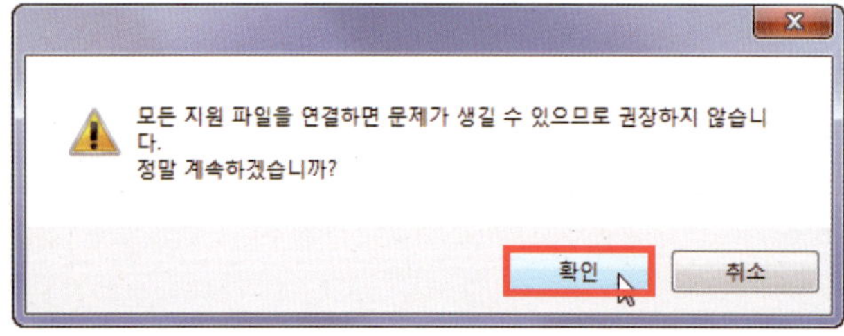

16. 이제 설치와 설정을 모두 마쳤으므로 XnView를 통해 간단히 사진의 방향이나 크기 등을 조절해보도록 하겠습니다. 사진이 저장되어 있는 폴더를 열고 방향이 잘못 표시되고 있는, 즉 앞에서 보았던 것처럼 옆으로 표시되는 세로 사진을 더블클릭합니다.

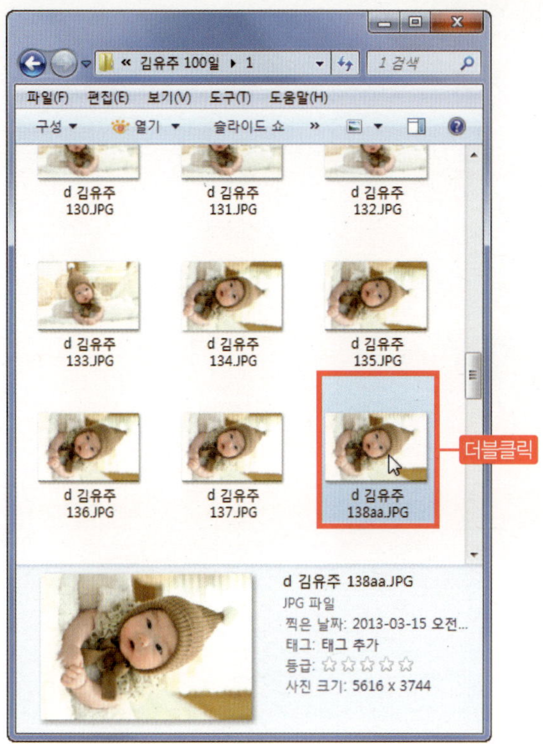

17. 해당 사진이 XnView를 통해 나타납니다. 세로 사진이 정상적으로 표시되는 것을 볼 수 있습니다. 탐색기에 나타나는 썸네일도 제대로 표시되게 하려면 이 상태에서 메인 메뉴를 열고 [파일] → [저장]을 선택합니다. 단축키인 Ctrl + S 를 누르는 것이 더 편리합니다.

XnView의 사진 보기 화면(Viewer 화면)에서 폴더 내의 다음 사진으로 넘어가려면 Space Bar 를, 앞쪽 사진으로 돌아가려면 Back Space 키를 누르면 됩니다. 또는 상단의 도구 모음에 있는 화살표 버튼을 클릭하여 이동할 수도 있습니다.

18. 같은 파일 이름으로 다시 저장하려하기 때문에 그림과 같은 창이 나타납니다. [예]를 클릭합니다.

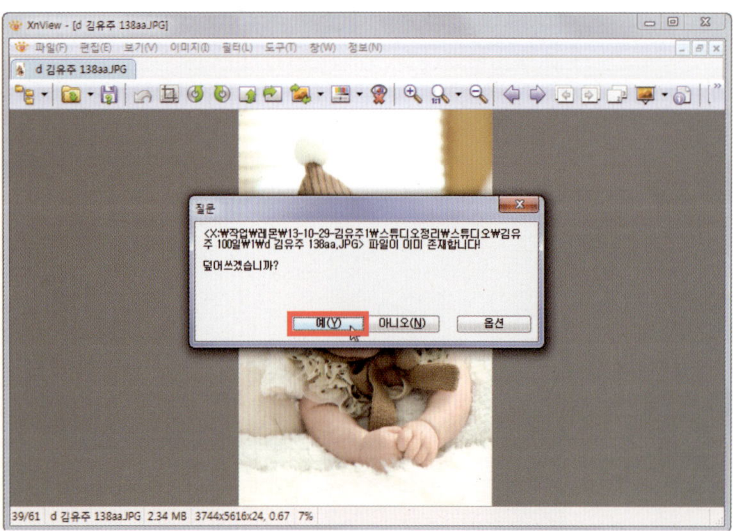

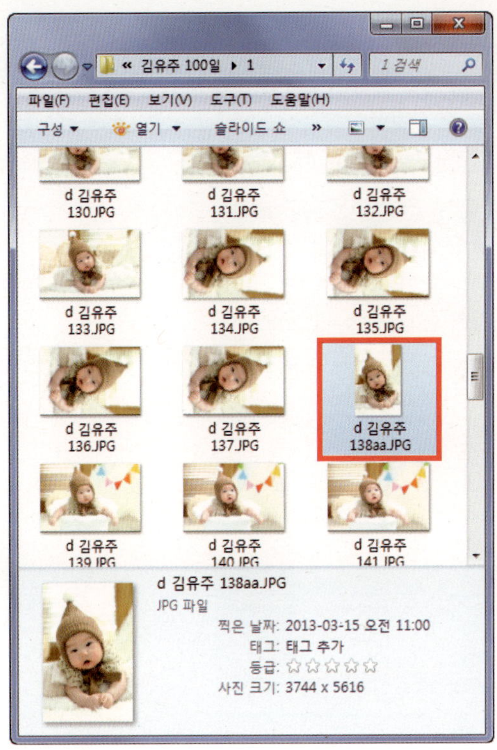

사진에 따라 XnView를 통해 열어보면 세로 사진임에도 가로로 누워있는 것이 있습니다. 이것은 썸네일만 가로로 표시되는 것이 아니라 사진 자체가 가로로 저장되어 있는 상태이므로 직접 방향을 수정해주어야 합니다. 그림의 경우 우측으로 누워있는 경우이므로 Xnview의 위쪽에 있는 도구 모음에서 좌측방향. 즉 [시계 반대 방향 회전] 버튼을 클릭합니다.

사진이 제대로 세로로 변경됩니다. 메뉴에서 [파일] → [저장] (단축키 Ctrl + S)을 선택하여 변경된 상태를 저장해주도록 합니다.

20. 여러 개의 사진을 한꺼번에 수정하려면 사진 보기 화면에서 Enter 키를 누릅니다. 그림과 같이 XnView가 브라우저 화면으로 전환되어 폴더 내의 모든 사진들이 표시됩니다. Ctrl 키를 누른 상태에서 수정하려는 사진을 하나씩 클릭하여 선택합니다.

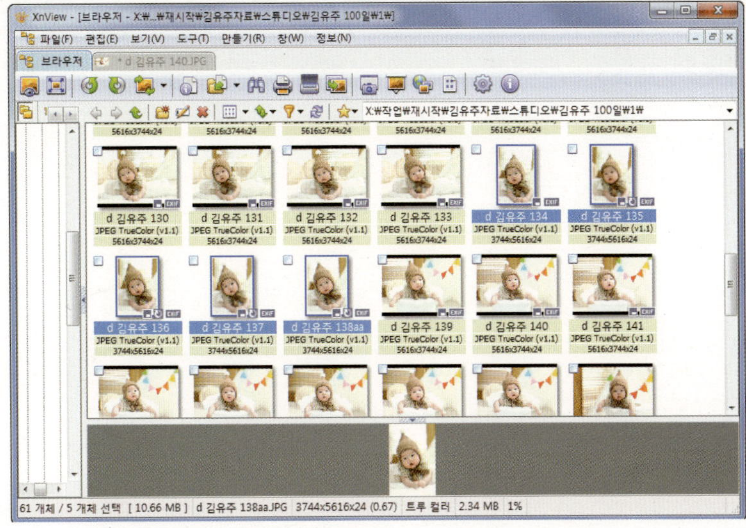

21. 메뉴에서 [도구] → [일괄 작업]을 선택합니다. 선택된 사진에 대해 원하는 작업을 한꺼번에 처리하려는 것입니다. 단축키는 Ctrl + U 입니다.

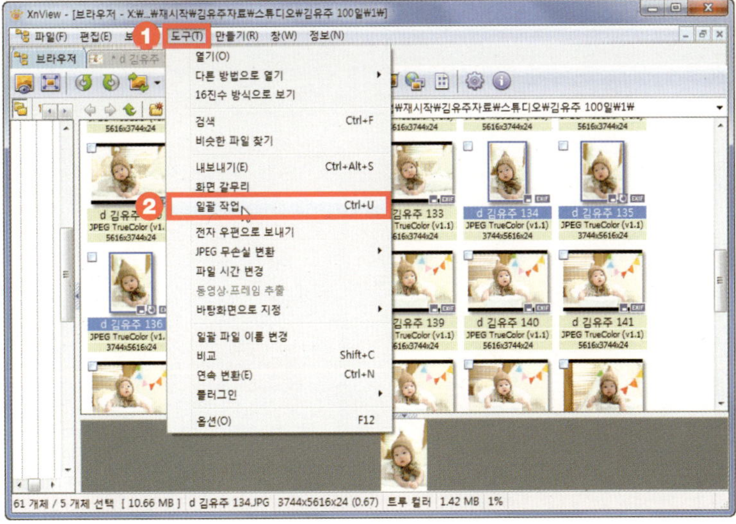

22. 일괄 작업 창이 나타납니다. 사진의 썸네일의 방향만 제대로 표시되게 하려는 것이므로 간단히 [적용] 버튼만 클릭합니다.

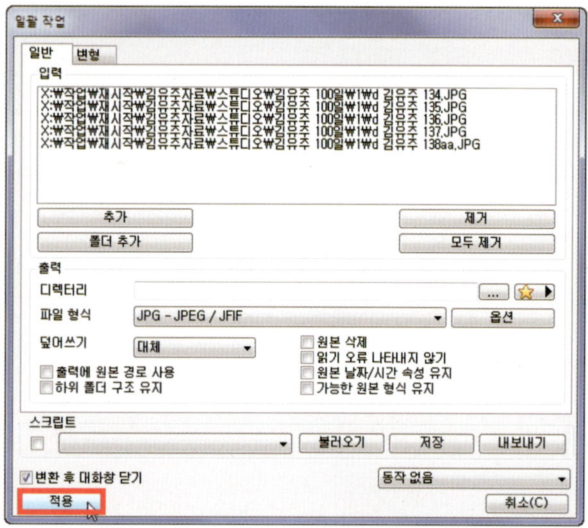

23. 변환 작업이 진행되고 있음을 알려줍니다. 잠시 기다리도록 합니다.

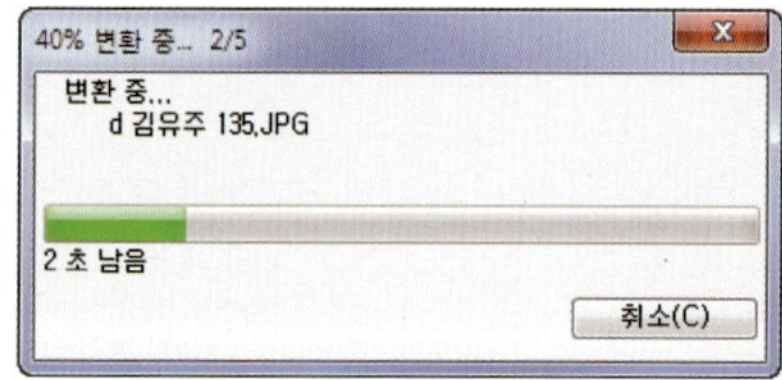

24. 브라우저에서 다시 사진 보기 화면으로 전환하려면 상단에 있는 사진 탭을 클릭하거나 원하는 사진을 더블클릭합니다.

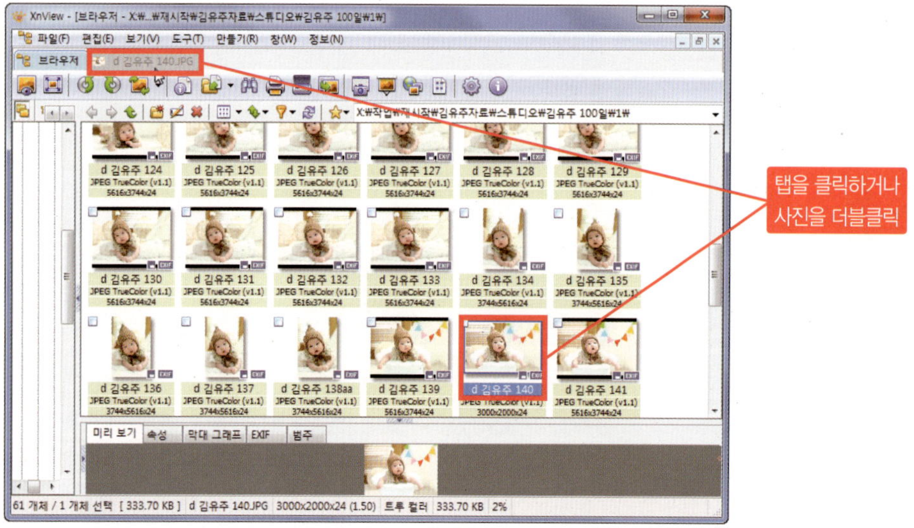

25. 이제 XnView를 통해 사진의 크기를 변경해보도록 하겠습니다. XnView는 다른 이미지 뷰어(View) 보다 크기 변경을 비롯하여 여러 가지 이미지 작업을 간편하게 수행할 수 있습니다. 하나의 사진에 대해서만 크기를 변경하려면 사진이 보이는 상태에서 곧 바로 간편하게 작업할 수 있습니다. 사진의 크기(해상도)는 XnView의 사진 보기 화면 아래쪽에 표시되어 있습니다. 그림의 경우 5616 × 3744로 표시되어 있습니다.

26. 메뉴에서 [이미지] → [크기 변경]을 선택합니다. 역시 단축키인 Shift + S 를 사용하는 것이 편리합니다.

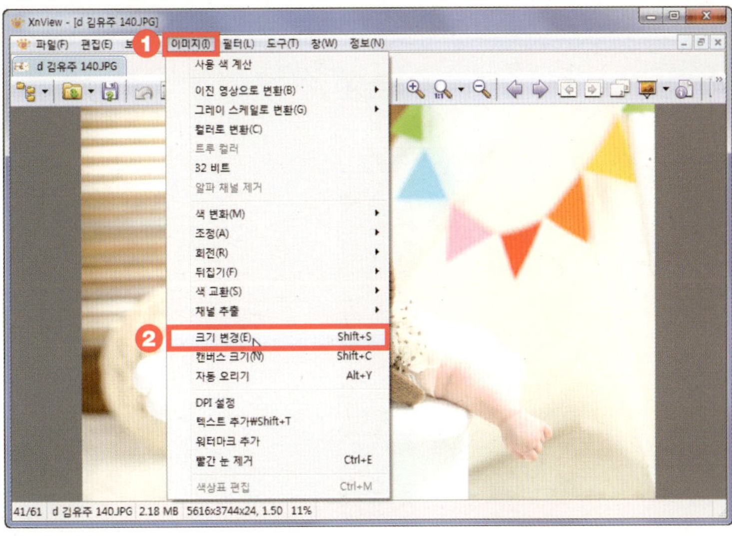

앞으로 다루게 될 동영상 편집 프로그램인 베가스 프로 11에서는 사진의 어느 한 쪽
크기가 '4000 픽셀'을 넘지 않아야 오류없이 작업할 수 있습니다. 요즘 고해상도 디
지털 카메라나 스마트폰으로 촬영한 사진 중에 이 크기를 넘어가는 경우가 있으므로
사진의 크기를 확인해보고 4000 픽셀 이하로 크기를 줄여주는 것이 좋습니다.

27. 크기 변경 창이 나타납니다. 값이 큰 너비(가로)쪽 크기를 '3000'으로 변경하면 자동으로 높이(세로) 값도 변경됩니다. 이것은 아래에 [비율 유지] 옵션이 체크되어 있기 때문입니다. 만약 이 옵션에 체크 표시되어 있지 않다면 체크해주기 바랍니다. 값이 변경되었다면 [확인] 버튼을 클릭합니다.

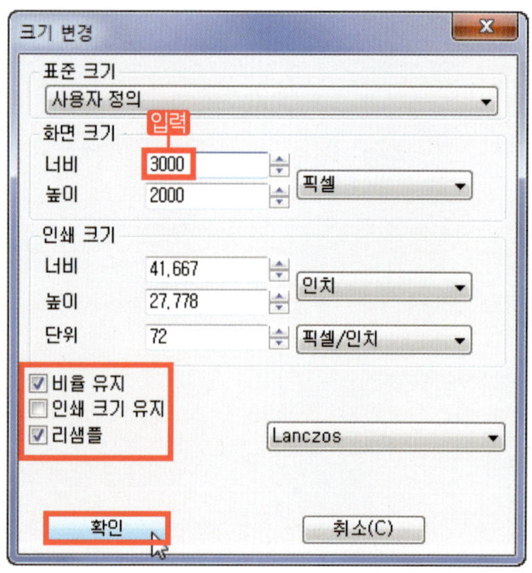

28. 다시 사진 보기 화면으로 돌아와 아래의 정보란을 보면 지정한 크기로 변경되어 나타나는 것을 볼 수 있습니다. [파일] → [저장] 메뉴를 선택하여 변경된 값으로 사진을 저장합니다.

29. 여러 개의 사진에 대해 이러한 방법으로 일일이 크기를 변경하려면 상당히 번거롭습니다. 여러 개의 사진을 한꺼번에 크기 변경하는 방법도 살펴보겠습니다. 사진 보기 화면 상태에서 Enter 키를 눌러 브라우저에서 크기를 변경하려는 사진들을 선택합니다. 사진 크기는 썸네일 아래에 표시되어 있습니다.

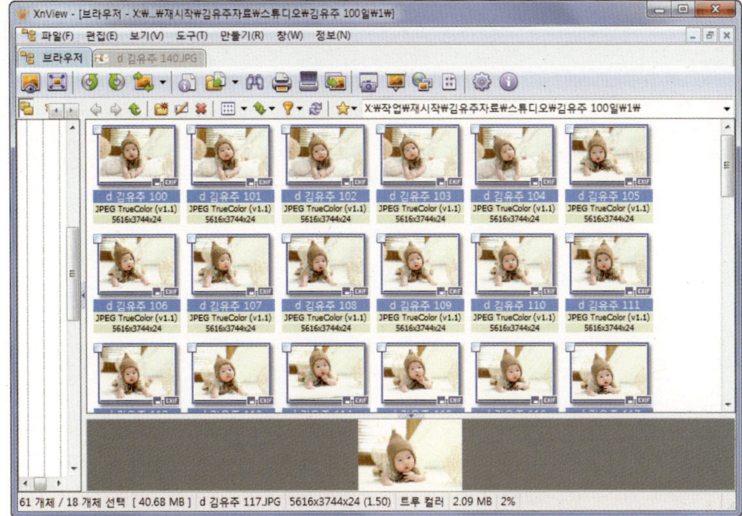

30. 메뉴에서 [도구] → [일괄 작업]을 선택하여 일괄 작업 창이 나타나면 [변형] 탭을 클릭합니다.

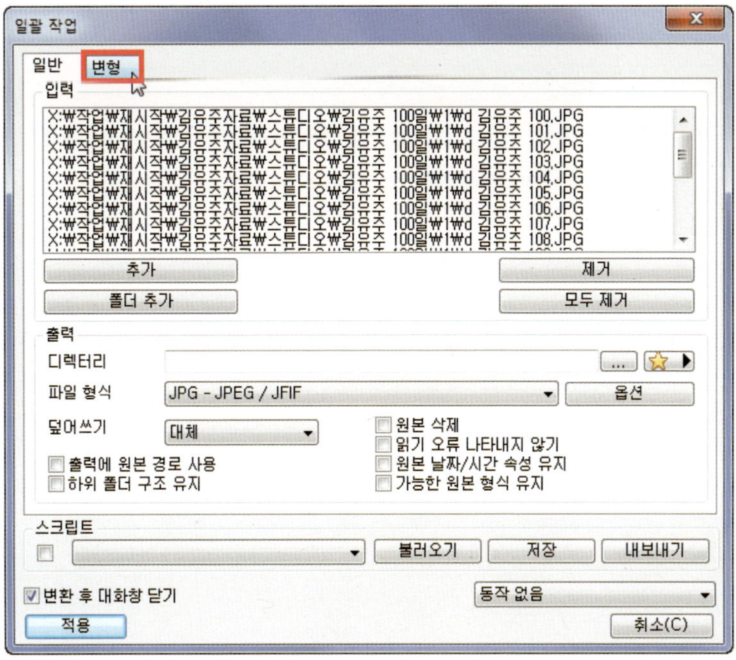

31. 이미지 변형과 관련된 여러 항목들이 나타납니다. [크기 변경]을 선택하고 [추가] 버튼을 클릭하거나 [크기 변경]을 더블클릭합니다.

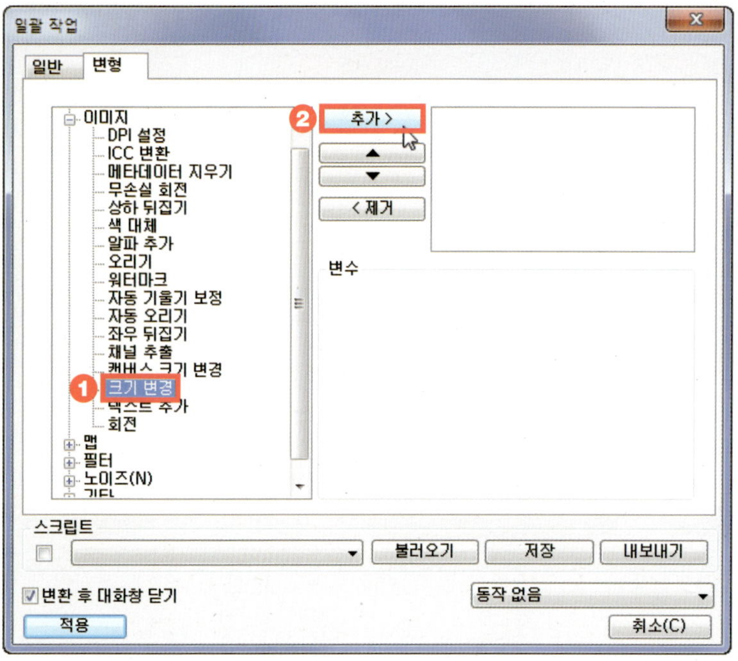

32. 우측에 크기 변경 항목이 추가됩니다. 변수 항목에서 % 값 입력란 우측에 있는 [>>] 버튼을 클릭합니다.

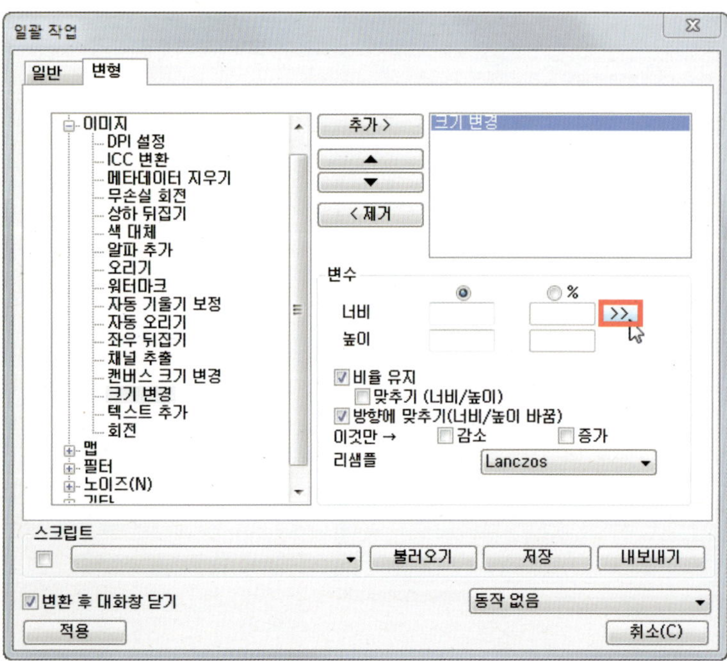

33. 여러 크기 값이 나오는데 여기에서 사용한 사진의 크기를 감안하여 50%를 선택해 보았습니다. 대략적으로 계산해서 해상도 값 중에서 큰 쪽의 값이 2500~4000 사이의 값을 갖도록 % 값을 선택해주면 됩니다.

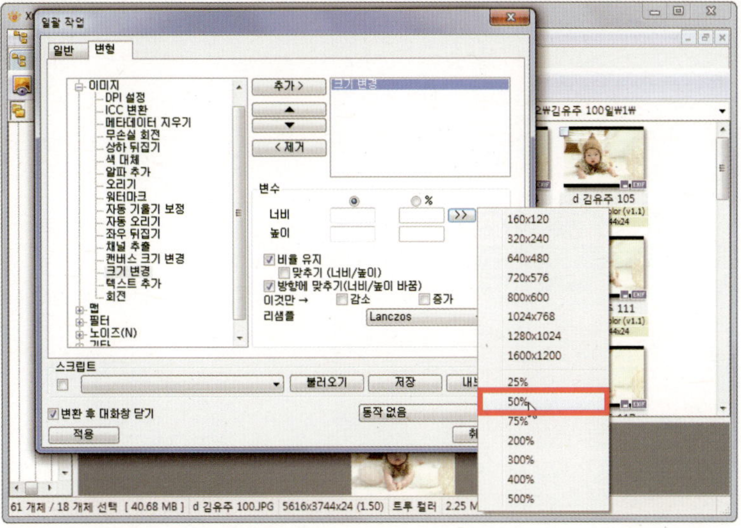

34. 선택한 값이 % 값으로 지정되어 나타납니다. 기본적으로 [비율유지]가 체크되어 있으므로 사진의 가로 세로 비율이 자동으로 동일한 비율로 변경되며 [방향에 맞추기]도 체크되어 있으므로 앞에서 해보았던 세로 사진 표시 문제도 자동으로 해결됩니다. [적용] 버튼을 클릭합니다.

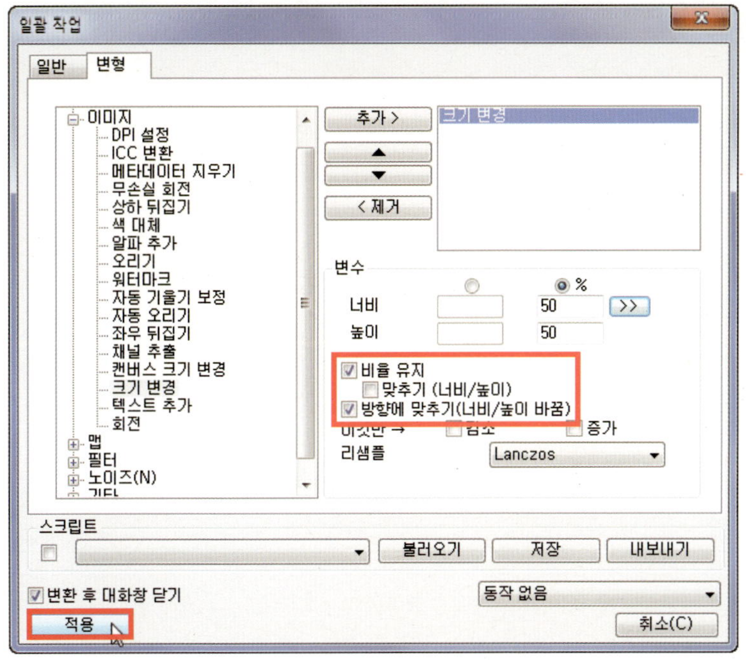

▶ **참고하세요!**

변경하려는 크기로 너비나 높이 값을 직접 입력하여 지정할 수도 있겠지만 가로 사진과 세로 사진이 섞여 있을 경우 일괄적으로 적용하기 곤란하므로 %값으로 크기를 변경하는 것이 좋습니다.

35. 변환 중임을 표시하는 창을 통해 변환하고 있다는 것을 알려줍니다. 완료된 후 브라우저의 썸네일을 보면 선택된 사진의 크기가 모두 변경된 것을 확인할 수 있습니다.

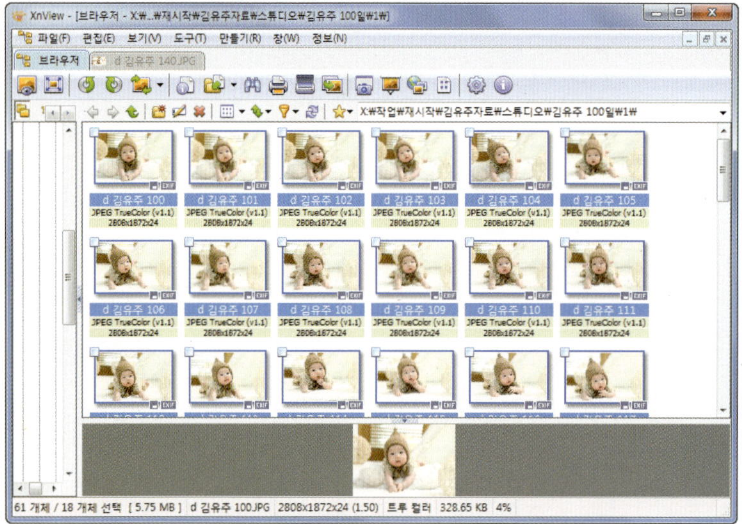

CHAPTER 09
어둡고 칙칙한 사진 빠르게 보정하기

여러 환경에서 촬영한 사진을 보면 너무 어둡거나 진하게 촬영된 경우가 있습니다. 이렇게 만족스럽지 못한 사진은 동영상 편집 프로그램 내에서도 수정할 수 있지만 XnView를 사용하여 미리 작업해주는 것이 더욱 편리합니다. 포토샵과 같은 전문 보정 프로그램을 사용하지 않아도 간편하게 작업을 마칠 수 있습니다.

01. 사진의 저장된 폴더에서 썸네일을 보거나 XnView를 통해 사진을 넘겨보면서 어둡게 촬영된 사진을 찾습니다.

02. 메뉴에서 [이미지] → [색 변화] → [자동 레벨]을 선택합니다. 단축키인 Ctrl + Alt + L 을 사용하는 것이 편리합니다.

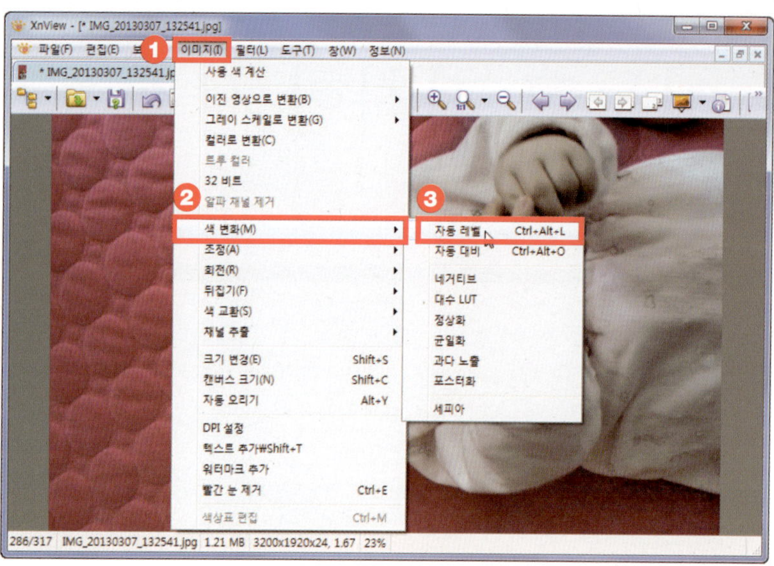

도구 모음에서 [밝기/대비] 버튼 우측의 ▼ 버튼을 클릭하여 [자동 레벨] 메뉴를 선택하여도 됩니다.

03. 사진에 따라 칙칙한 피부색이 자연스럽게 바뀌기도 하며 거의 변화가 없는 경우도 있습니다. 자동 레벨만으로 만족스럽지 않는다면 직접 몇 가지 옵션을 조절하여 수정해어야 합니다. 그림의 경우에는 밝고 진하게 변경되기는 했지만 얼굴이 거칠게 보입니다. 도구 모음에서 [밝기/대비] 버튼을 클릭합니다.

04. 사진 조정을 위한 조정 창이 나타납니다. 조정된 상태가 사진 보기 화면에 즉시 반영되어 나타나는 것이 보기 편하므로 [이미지에 적용] 옵션을 체크합니다.

05. 자동 레벨로 인해 밝은 부분과 어두운 부분의 차이, 즉 대비가 높아서 거칠게 보인다면 [대비] 값을 낮추거나 감마값을 높이면 됩니다. 일반적으로 감마값을 조절하는 것이 더 자연스럽게 보입니다. [감마 보정] 슬라이더를 우측으로 조금씩 드래그하여 아이의 얼굴 부분을 보면서 전체적으로 고른 밝기를 갖도록 한 다음 [확인] 버튼을 클릭합니다.

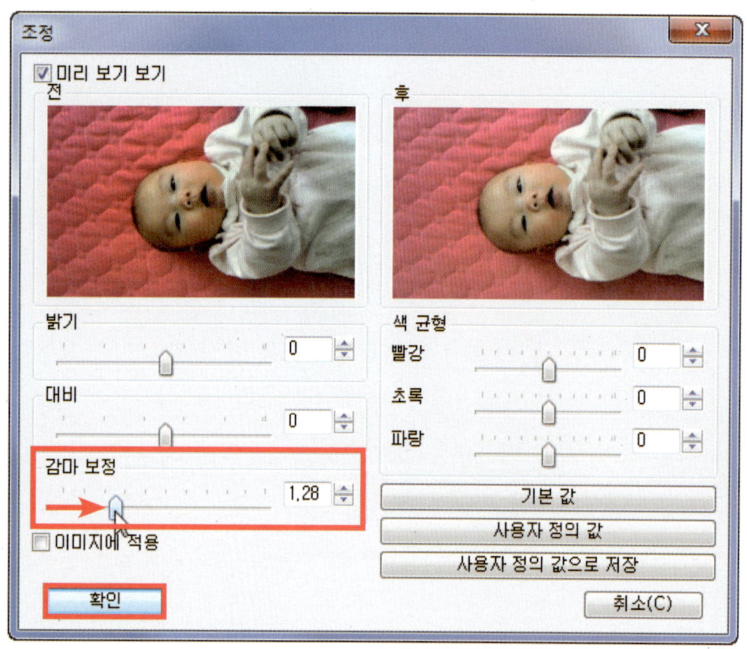

06. 감마값을 조정한 후의 결과를 보면 조정 전에 비해 명암의 차이가 적어 좀 더 부드러운 사진을 얻을 수 있습니다. 물론 너무 높은 값을 지정하면 흐릿한 사진이 되므로 사진에 따라 적절히 조절해주어야 합니다.

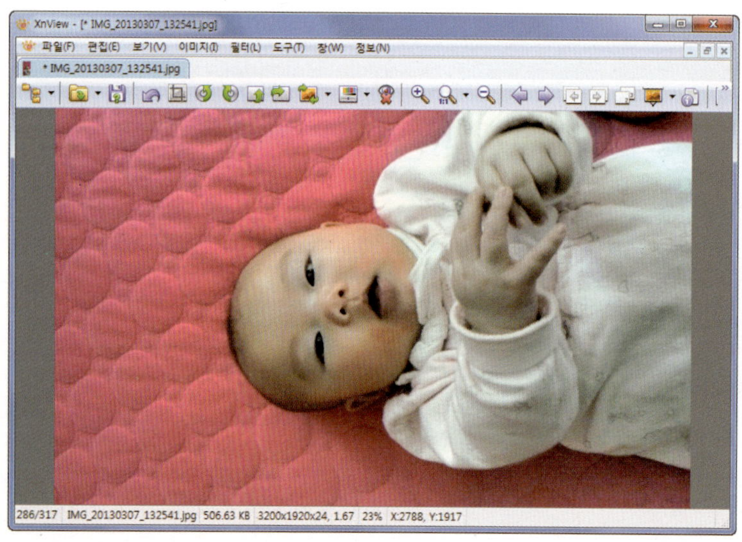

07. 다른 사진을 살펴보겠습니다. 이 두 사진은 단순히 자동 레벨만으로 만족할만한 결과를 얻을 수 있습니다.

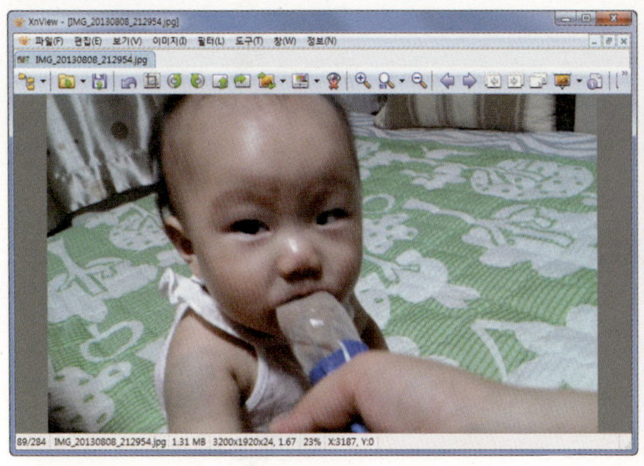

원본

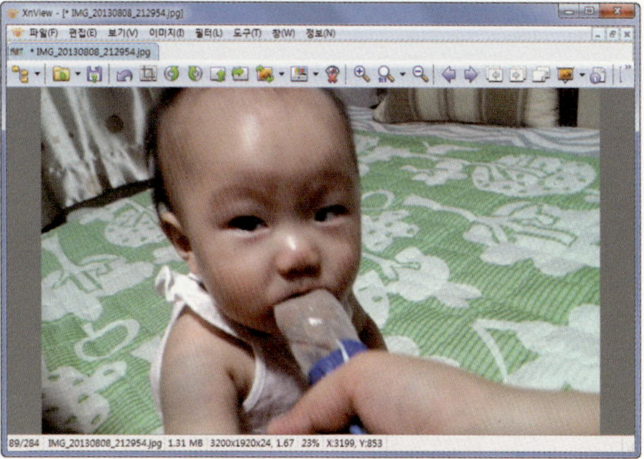

자동 레벨 적용 : 색상이 진해지고 피부색도 살아남

원본

자동 레벨 적용 : 전체적으로 밝아짐

08. 이 사진은 아이의 뒤에서 빛이 들어오는 상황에 촬영한 사진, 즉 역광 상태에서 촬영된 것으로 아이의 얼굴이 어둡습니다. 자동 레벨로는 효과를 볼 수 없어 직접 조정창에서 감마값을 올려준 경우입니다. 과도하게 감마값을 올릴 경우 아이의 얼굴은 밝아지지만 전체적으로 너무 흐릿해지므로 결과를 보면서 적절히 조절해주는 것이 좋습니다.

원본

감마값 올림

여러 사진에 대해 일괄적으로 자동 레벨을 적용하면 빠르고 편하게 작업할 수 있다고 생각할 수 있으나 사진에 따라 상태가 다르므로 하나씩 살펴가며 조정해주는 것이 좋습니다.

굳이 일괄적으로 자동 레벨을 적용하려면 앞에서 보았던 것처럼 브라우저 창에서 조정하려는 사진들을 선택하고 [도구] → [일괄 작업]을 선택한 후 [일괄 작업]창의 [변형] 탭에서 [맵] 앞에 있는 [+] 버튼을 클릭합니다.

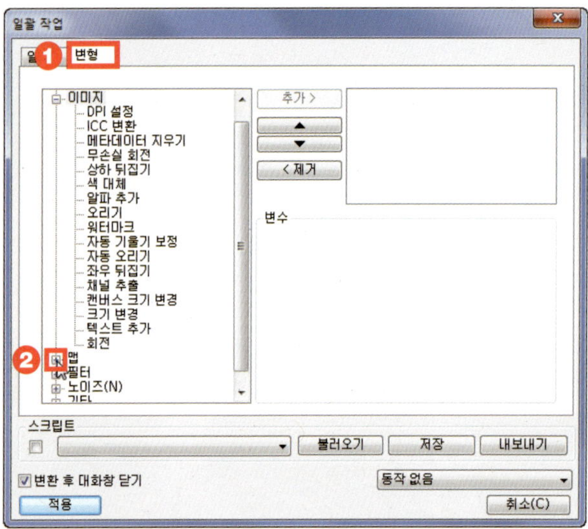

여러 항목들이 펼쳐집니다. [자동 레벨]을 더블클릭하면 우측에 해당 항목이 추가됩니다. [적용] 버튼을 클릭하면 현재 선택된 사진에 자동 레벨 효과가 적용됩니다.

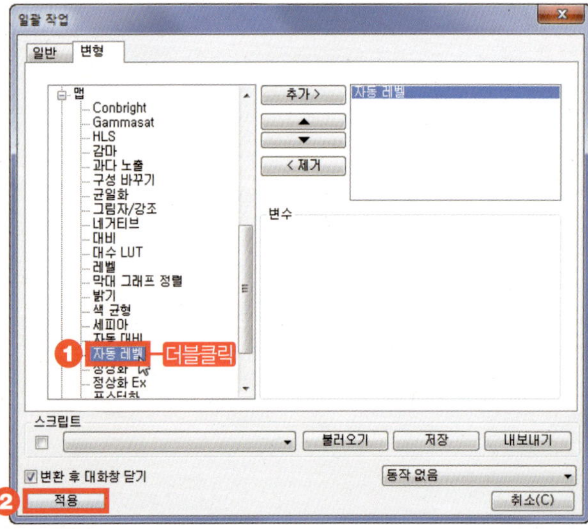

10 CHAPTER 사진으로 동영상에 사용될 콜라주 만들기

콜라주(Collage)는 종이나 천 등을 캔버스나 화판에 붙여 만든 일종의 미술기법이나 작품을 가리키는데 여러 개의 사진으로 콜라주를 만들어 놓고 성장 동영상에 사용하면 더욱 재미있고 생동감있는 결과를 얻을 수 있습니다. 콜라주 제작을 위해서 Shape Collage라는 프로그램을 사용합니다.

01. '엄마가 만드는 예쁜 성장동영상' 카페(http://cafe.naver.com/babyvideo365)의 자료실에서 'ShapeCollage'를 다운받아 더블클릭합니다.

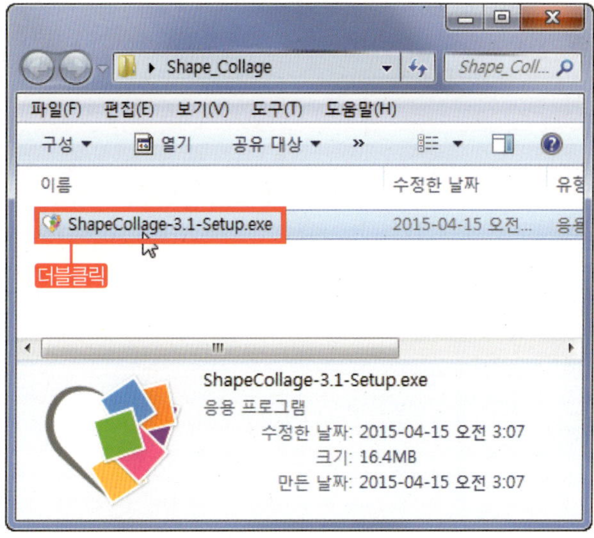

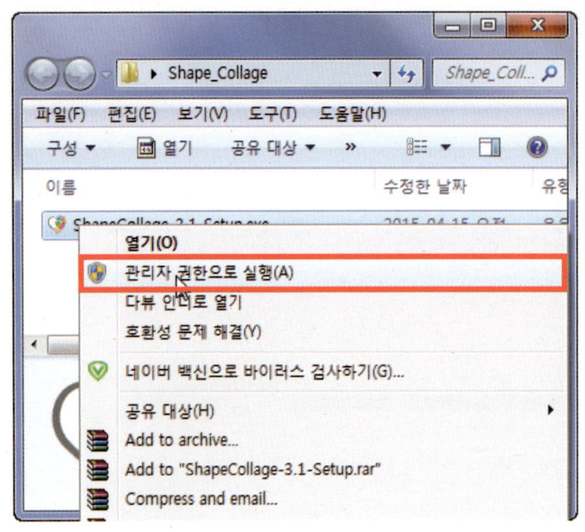

02. 언어 선택 화면이 나타나면 OK 버튼을 클릭합니다. 기본적으로 한국어가 선택되어 있습니다.

03. 설치를 시작한다는 화면이 나타나면 [다음] 버튼을 클릭합니다.

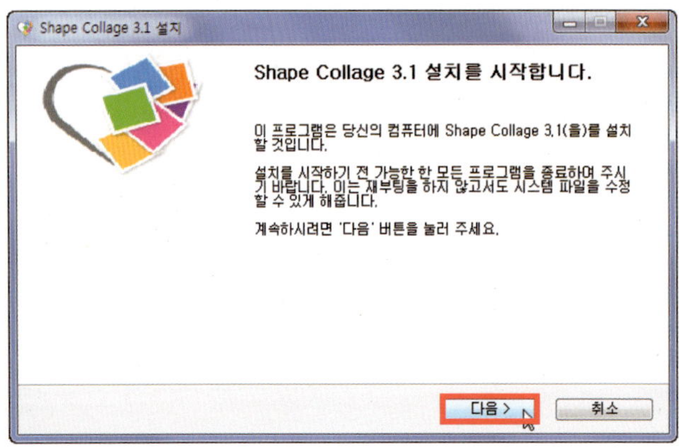

04. 사용권 계약 화면이 나타납니다. [동의함] 버튼을 클릭합니다.

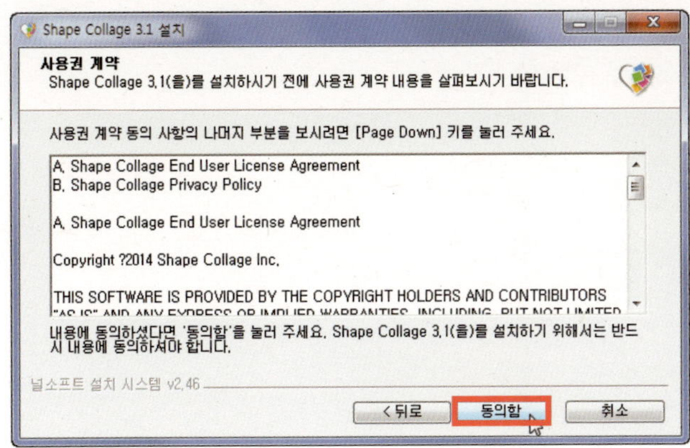

05. 구성 요소 단계가 나타나면 기본적으로 선택되어 있는 상태 그대로 두고 [다음] 버튼을 클릭합니다.

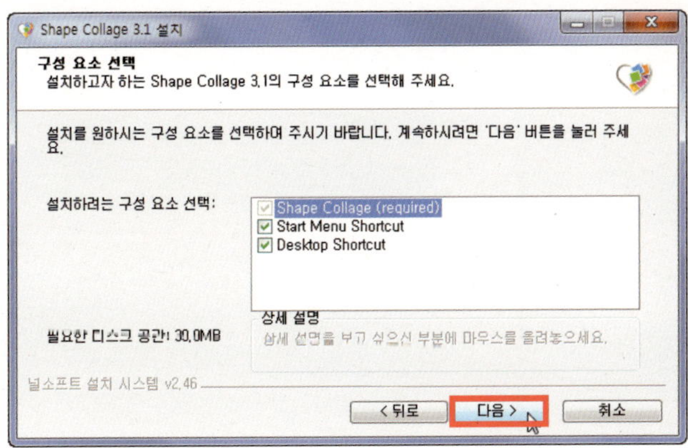

06. 설치 위치 선택 화면이 나타납니다. 특별히 변경할 필요가 없으므로 [다음] 버튼을 클릭합니다.

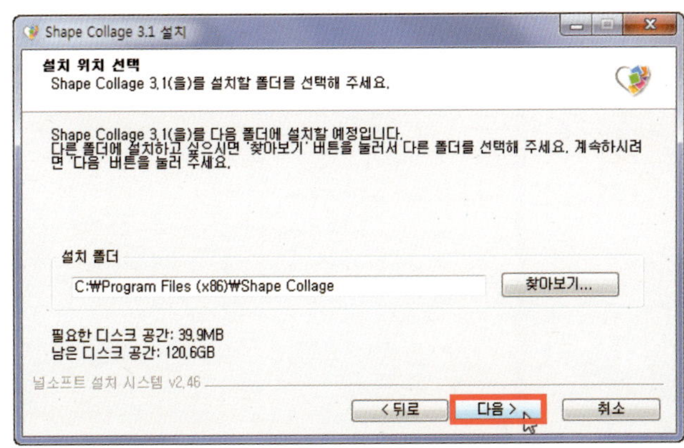

07. 웹브라우저 툴바 설치 옵션 단계로 진행됩니다. 굳이 설치할 필요가 없으므로 아래에 있는 Custom Installation 옵션을 선택합니다.

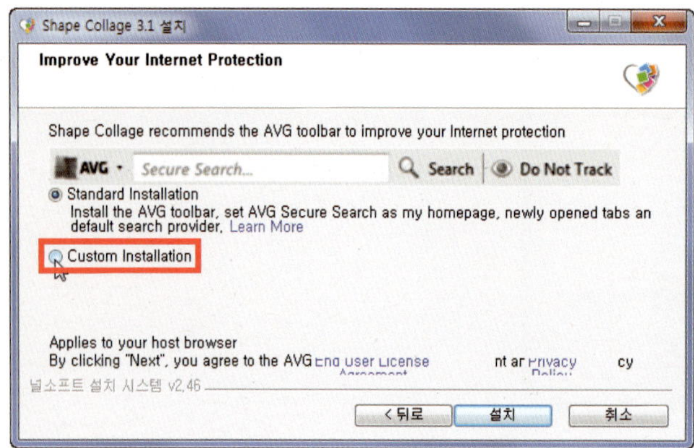

08. Custom Installation 옵션에 나타나는 두 개의 체크 박스를 클릭하여 그림과 같이 체크되지 않은 상태로 변경하고 [설치] 버튼을 클릭합니다.

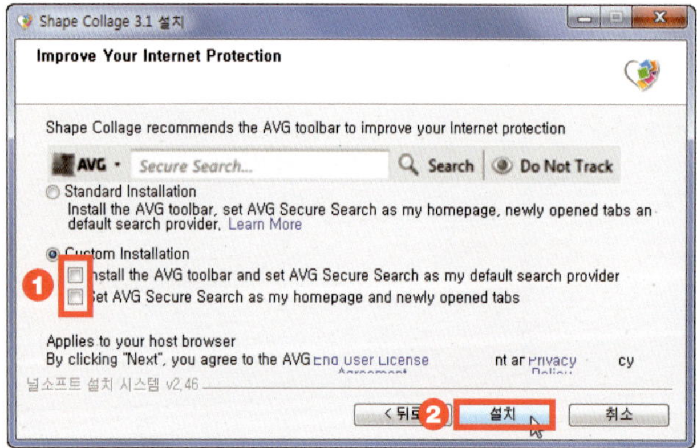

09. 잠시 설치가 진행되며 설치가 완료되었음을 알려주는 화면이 나타납니다. [마침] 버튼을 클릭합니다.

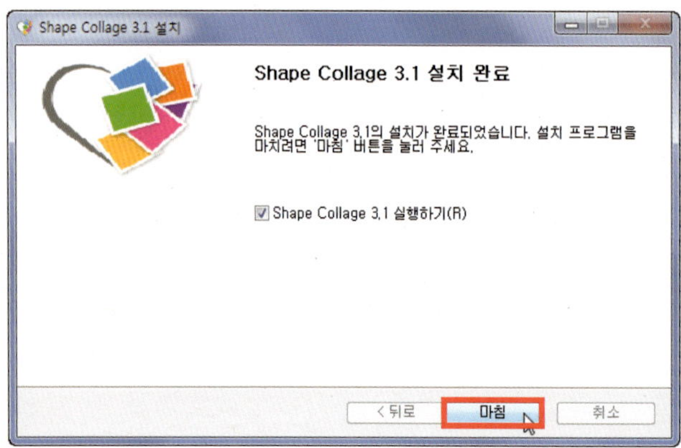

10. 콜라주 제작 프로그램인 Shape Collage가 실행됩니다. 제작에 필요한 사진을 불러오기 위해 좌측 아래에 있는 [+] 버튼을 클릭합니다. 메뉴에서 [파일] → [사진 추가]를 선택해도 됩니다.

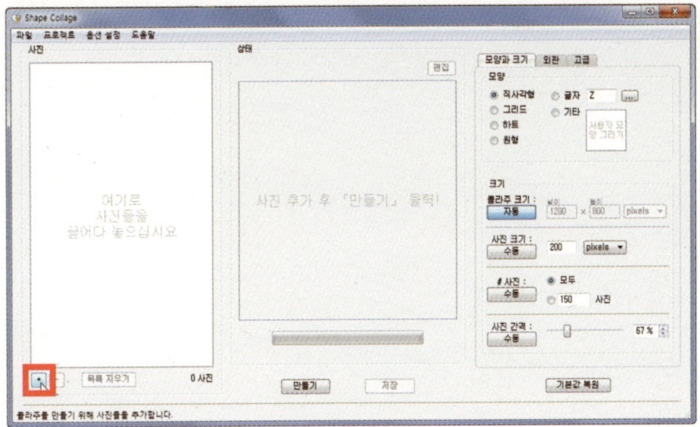

▶ **참고하세요!**

설치 완료 화면에서 기본적으로 Shape Collage 실행하기 옵션이 체크되어 있었기 때문에 자동으로 Shape Collage 프로그램이 실행되었습니다. 다음부터는 바탕화면에 생성되어 있는 단축 아이콘 을 더블클릭하여 실행시키면 됩니다.

11. 사진 추가 창이 나타나면 원하는 사진이 저장되어 있는 폴더로 이동하여 사진들을 선택합니다. Ctrl 키를 누른 상태에서 사진을 클릭하여 여러 개 사진을 선택할 수 있습니다. 너무 많은 사진을 선택하면 개개의 사진을 알아보기 힘들 수 있으므로 대략 10~20개 정도의 사진을 선택하고 [열기] 버튼을 클릭합니다. 여기에서는 15개의 사진을 선택하였습니다.

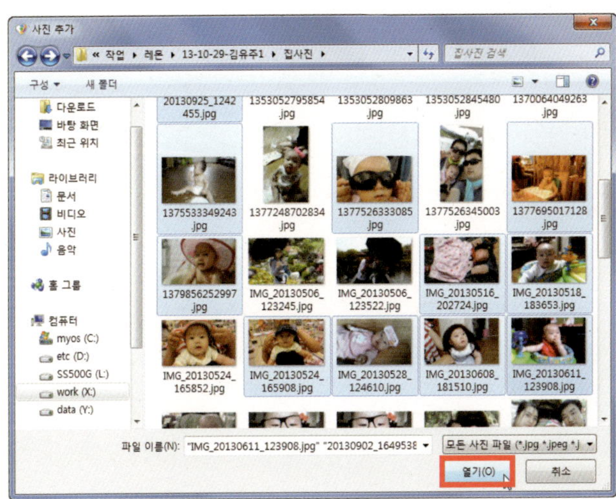

12. 선택한 사진들이 사진 목록에 추가됩니다. 우측의 [모양과 크기] 탭의 [모양] 옵션을 보면 기본적으로 콜라주의 형태가 [직사각형]으로 선택되어 있습니다.

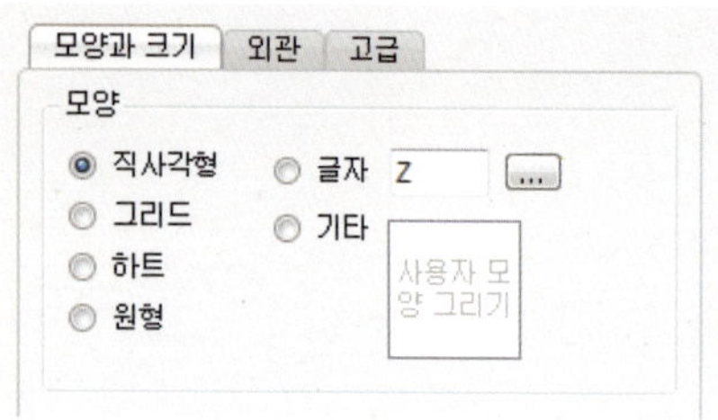

13. 어떤 모습으로 만들어지는지 확인하기 위해 중앙의 [만들기] 버튼을 클릭합니다.

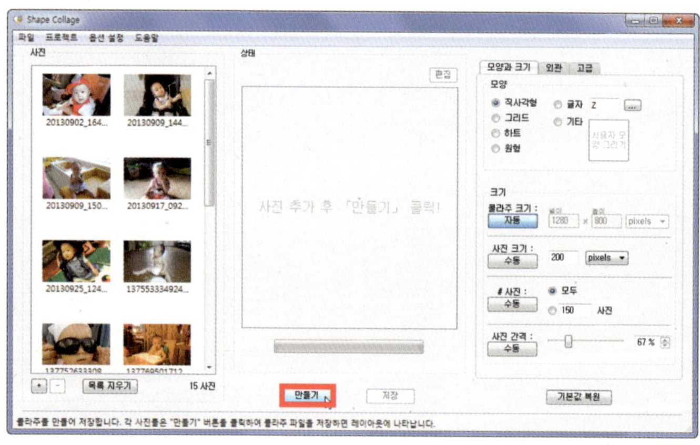

14. 직사각형 형태의 콜라주가 만들어집니다.

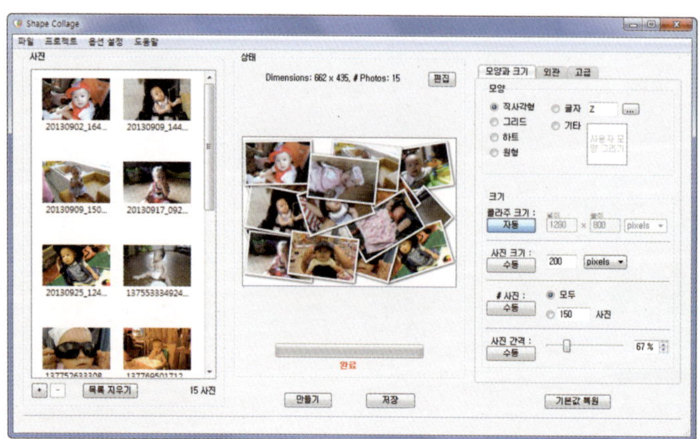

15. 콜라주 형태를 다른 것으로 변경해보겠습니다. [모양] 옵션에서 [그리드]를 선택하고 다시 [만들기] 버튼을 클릭합니다.

16. 그리드 형태의 콜라주로 변경되어 나타납니다. 이러한 방식으로 원하는 형태의 콜라주를 만들 수 있습니다. 글자 형태로 만들려면 [모양]에서 [글자]를 선택하고 원하는 글자를 입력합니다.

17. 모양을 변경했으므로 다시 [만들기] 버튼을 클릭하면 지정된 형태의 콜라주가 만들어집니다.

더욱 편리하고 다양한 형태의 글자 모양 콜라주를
만들려면 글자를 입력하는 곳 우측에 있는 버튼을
클릭합니다.

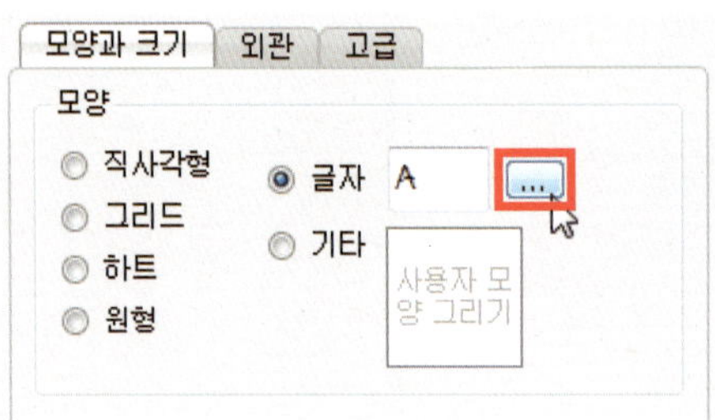

글자 콜라주 모양 창이 나타납니다. 글자 입력란에 글자를 입력하고 우측 목록에서 폰트(글꼴)을 선택할
수 있으며 B나 I를 클릭하여 볼드체나 이탤릭체로 변경할 수도 있습니다.

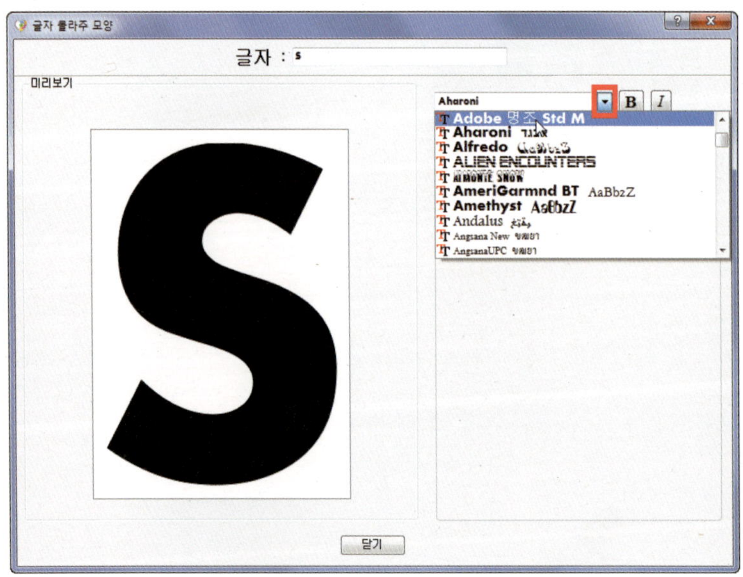

18. 원하는 형태의 콜라주를 만들었다면 이제 나머지 옵션을 조절하고 파일로 생성해야 합니다. [모양]에서 [그리드]를 선택하여 만든 상태에서 살펴보겠습니다. 콜라주 크기의 [자동] 이라고 표시된 버튼을 클릭합니다.

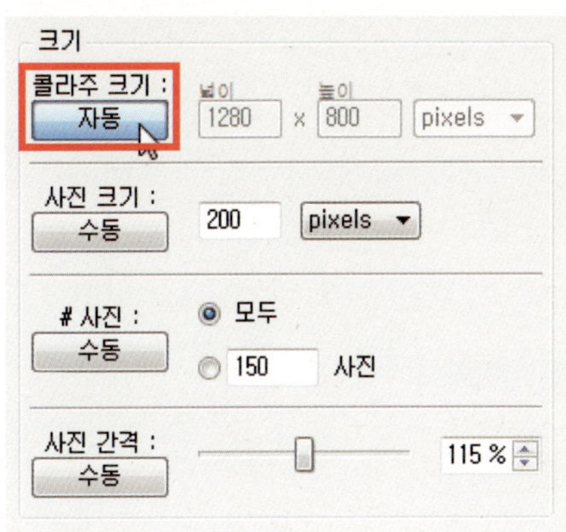

19. 버튼이 [수동]으로 변경됨과 아울러 우측 입력란도 값을 지정할 수 있도록 바뀌어 나타납니다. 동영상에서는 콜라주의 각 부분만을 이동하면서 보여주도록 하는 용도로 사용될 수 있으므로 충분히 큰 값을 지정해주는 것이 좋습니다. 넓이와 높이 값을 각각 3840, 2160으로 입력하고 다시 [만들기] 버튼을 클릭합니다.

입력한 값은 4K라고 부르는 풀 HD의 2배 크기입니다. 실제로 동영상은 이보다
훨씬 작은 크기로 제작하게 될 것이지만 여유있게 큰 크기로 만들되 가로 세로
비율을 동영상 제작에 사용되는 16:9 비율로 지정하였습니다.

20. 지정한 값으로 콜라주가 만들어집니다. 사진의 간격이 다소 크다면 사진 간격의 [자동] 버튼을 클릭합니다.

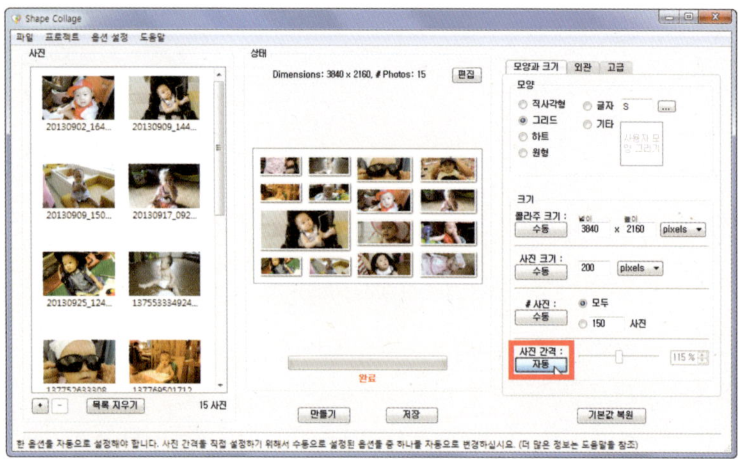

21. 버튼이 [수동]으로 바뀌어 나타나며 슬라이더를 드래그하여 간격을 조절할 수 있습니다. 예제에서는 좌측으로 드래그하여 110%로 변경하였습니다. 물론 꼭 이 값으로 변경하라는 의미는 아닙니다. 사진에 따라 다르게 나타날 수 있으므로 콜라주의 상태를 보아가며 간격이 크게 느껴지면 조금 줄이는 정도로 변경하면 됩니다.

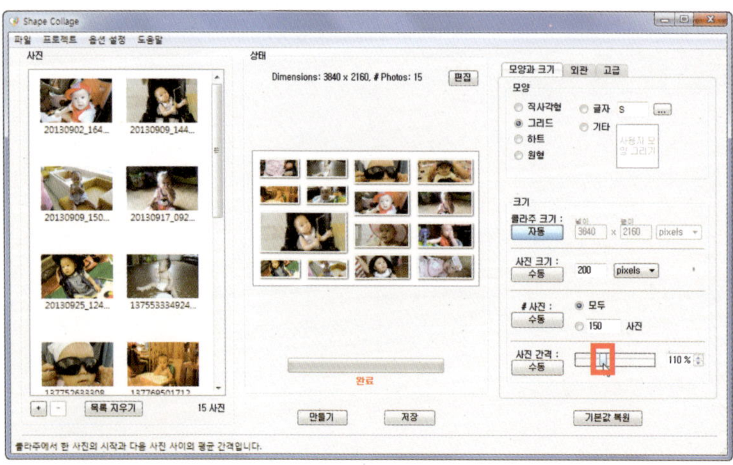

22. 다시 [만들기] 버튼을 클릭합니다. 지정한 대로 사진의 간격의 줄고, 이에 따라 사진의 배치도 변경된 것을 볼 수 있습니다. 이제 작업한 콜라주를 파일로 생성하기 위해 [저장] 버튼을 클릭합니다.

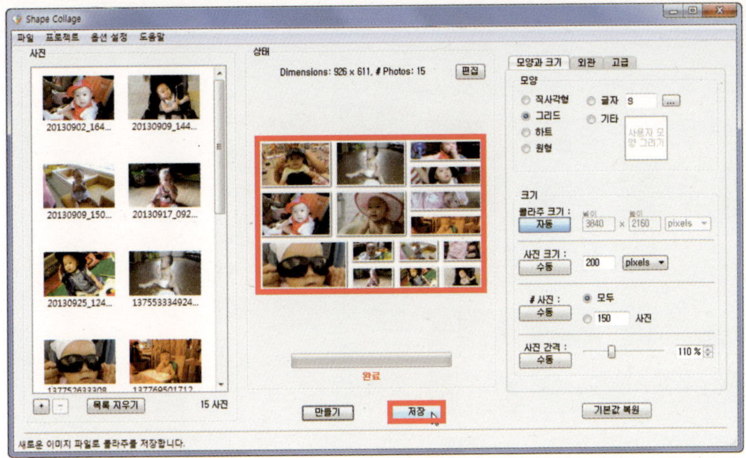

23. 콜라주 저장 창이 나타납니다. 저장할 폴더로 이동하여 파일 이름을 입력하고 [저장] 버튼을 클릭합니다.

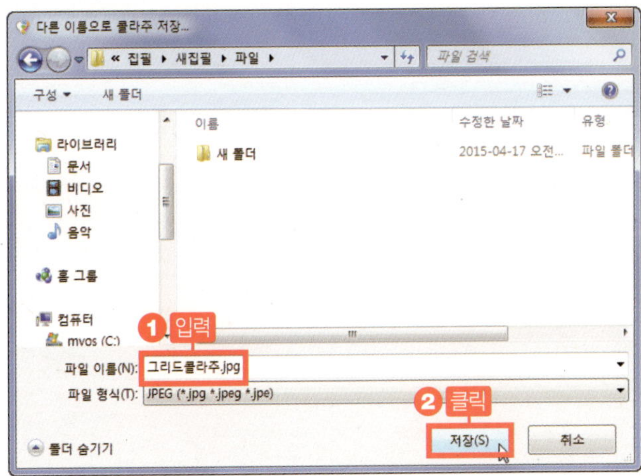

24. 저장될 사진의 품질을 지정하는 창이 나타납니다. 기본적으로 '90'이 지정되어 있습니다. 값이 높을수록 콜라주의 화질이 좋아지지만 90 이상은 크게 차이 나지 않으므로 곧 바로 [확인] 버튼을 클릭합니다.

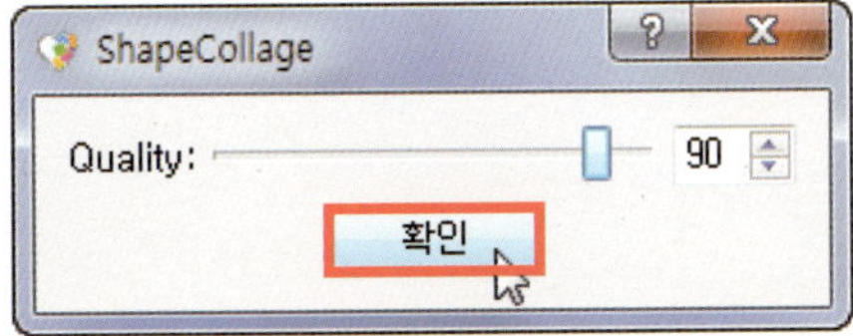

25. 저장된 폴더에서 생성된 콜라주 파일을 더블클릭하면 XnView를 통해 상세히 살펴볼 수 있습니다. 차후 동영상 제작에 요긴하게 사용할 것입니다.

Shape Collage를 실행할 때 종종 그림과 같이 Pro 버전 업그레이드 창이 뜨는 경우가 있습니다.

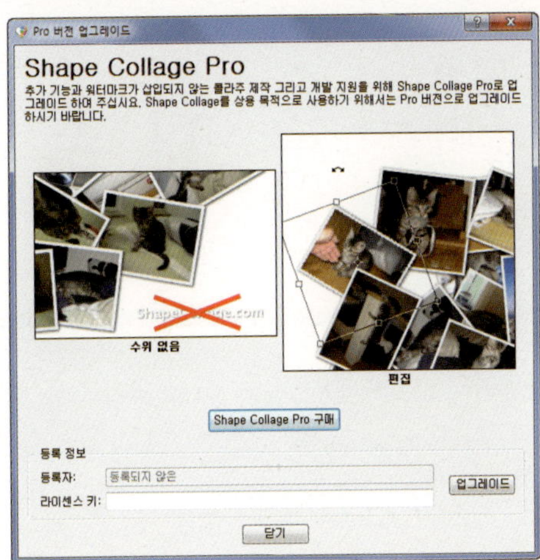

무료로 사용할 수 있는 Shape Collage로 생성된 파일을 자세히 살펴보면 한쪽 구석에 제작사 사이트 주소가 표시됩니다. 이 부분이 보기 싫다면 동영상 제작 시에 이 부분을 피해서 사용할 수 있지만 전체적으로 보여주고자 할 때 다소 거북할 수 있습니다. Pro 버전은 이러한 글씨가 표시되지 않으므로 Pro 버전을 사용하려면 업그레이드 창에서 [Shape Collage Pro 구매] 버튼을 클릭합니다. 제작사 사이트에 접속되어 구매하여 사용할 수 있습니다. 비용은 현재 40달러로 표시됩니다. 메뉴에서 [도움말] → [Pro 버전 업그레이드]를 선택해도 업그레이드 창이 나타나므로 사용 중 언제든 구매할 수 있습니다.

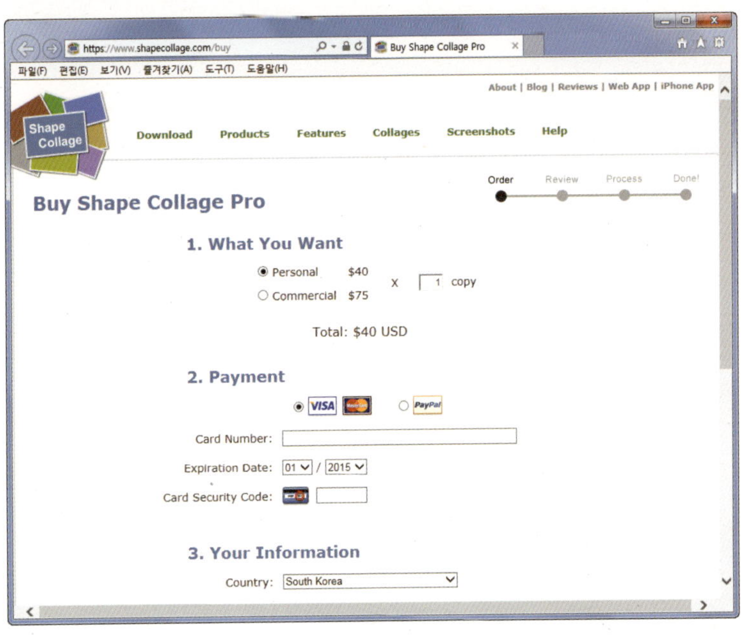

CHAPTER 11

동영상 제작을 위한
프로그램 설치하기

드디어 동영상 제작을 위한 프로그램을 다루어보도록 합니다. 다양한 프로그램이 있지만 본서에서는 가볍고 다양한 기능을 지원하는 베가스 프로 11을 사용하여 원하는 동영상을 만들어볼 것입니다. 단, 이 프로그램은 30일 간만 사용할 수 있는 트라이얼 버전이므로 이 기간이 지나면 비용을 지불하여 구매해야 합니다.

※ 베가스 프로 11을 설치, 사용하려면 최소한 다음과 같은 컴퓨터 사양이 필요합니다.

❶ 마이크로소프트 윈도우 비스타 32bit 또는 64bit SP2, 또는 윈도우 7 32bit, 64bit

❷ 2GHz 이상의 CPU(HD나 3D작업을 위해 멀티코어나 다중 프로세서)

❸ 프로그램 설치를 위한 500MB 이상의 하드디스크 여유 공간

❹ 2GB RAM(4GB 이상 권장)

❺ 윈도우 호환 사운드 카드

❻ DVD 레코딩을 하려면 DVD 레코더

01. 현재 가장 많이 사용되고 있는 윈도우7에서 컴퓨터 사양을 확인하는 방법을 살펴보겠습니다. 윈도우 바탕화면에서 [컴퓨터]를 마우스 우측 버튼을 클릭하고 [속성]을 선택합니다.

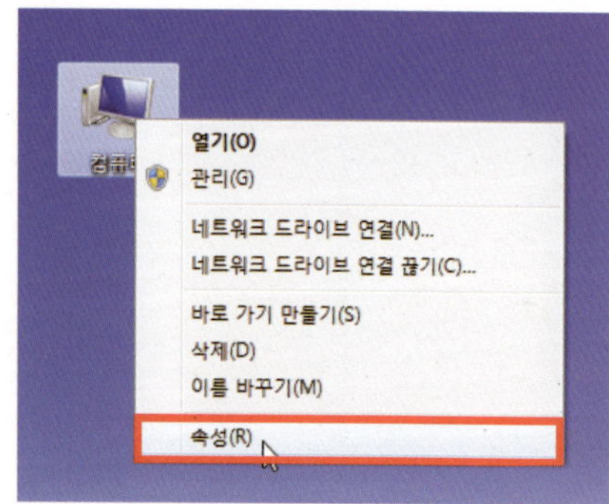

02. 컴퓨터에 대한 기본정보가 표시됩니다. 가장 상단에 윈도우 버전이 표시되며 시스템 항목에 프로세서 및 메모리(RAM), 시스템 종류(32비트, 혹은 64비트) 등이 표시됩니다. 따라서 앞에서 표시된 사양보다 부족한 부분은 업그레이드를 통해 보완해주어야 합니다.

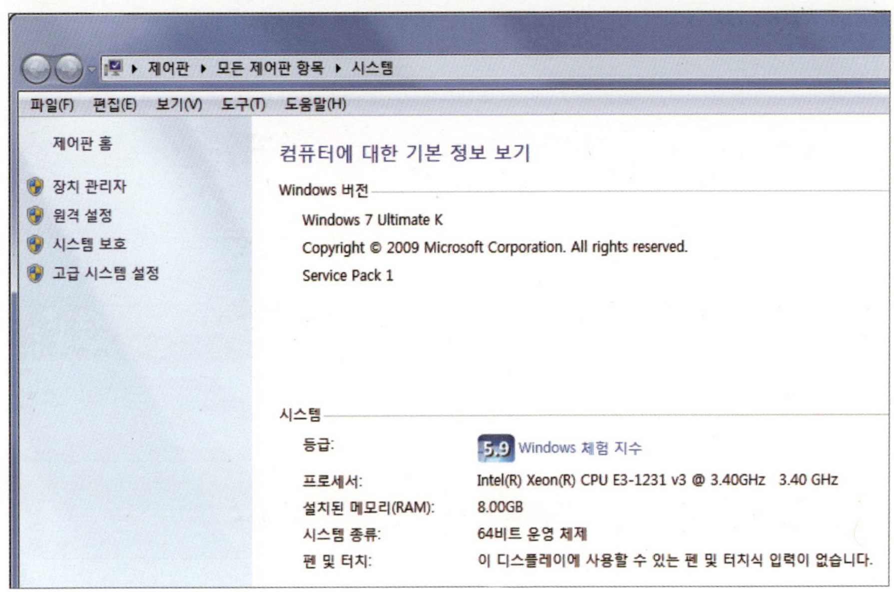

03. 이제 프로그램을 다운로드하여 설치해보도록 하겠습니다. 본서에서는 베가스 프로 11-32bit 용을 사용합니다. 웹브라우저를 실행하고 http://www.sonycreativesoftware.com에 접속한 후 상단의 메뉴에서 [My Account]를 클릭합니다.

04. 프로그램을 다운받으려면 가입되어 있어야 하므로 Register 아래에 있는 Email Address에 이메일 주소를 입력하고 [Submit] 버튼을 클릭합니다.

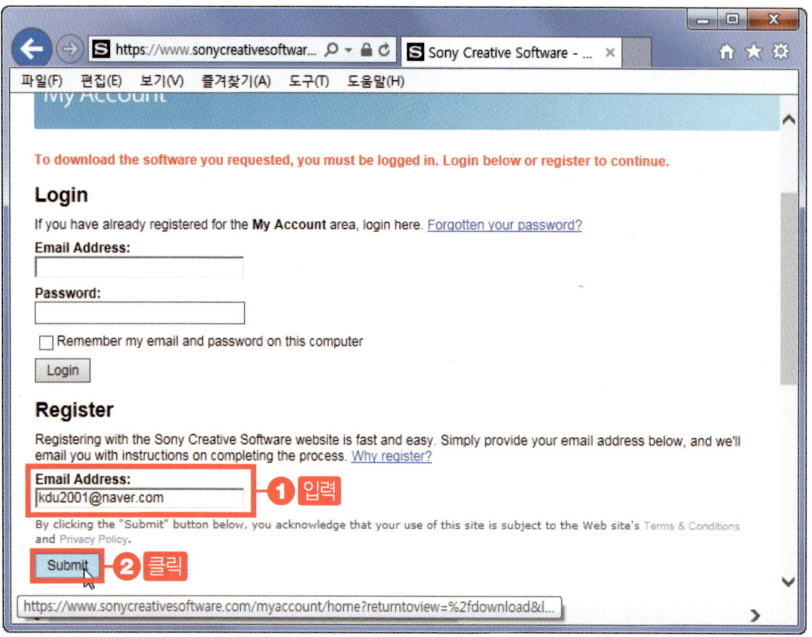

05. 입력한 주소의 메일함을 열고 도착한 메일에서 주소(URL) 부분을 드래그하여 선택한 다음, Ctrl + C 키를 누르거나 마우스 우측 버튼을 클릭하고 메뉴에서 [복사]를 선택합니다.

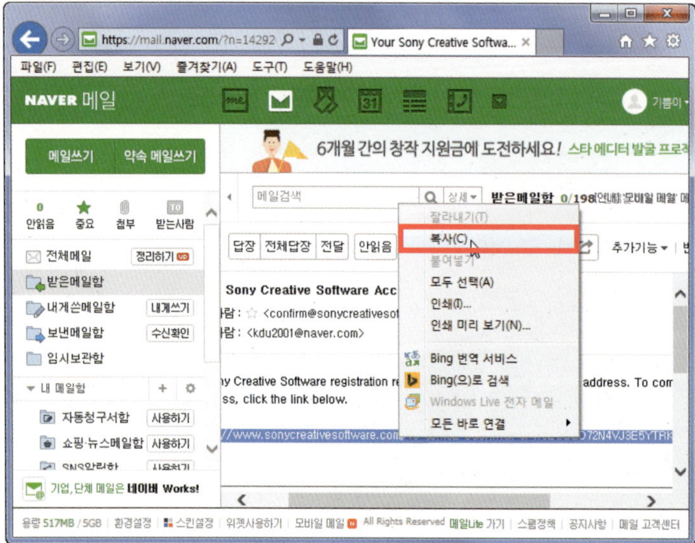

06. 웹브라우저의 주소를 입력한 위에서 Ctrl + V 키를 누르거나 마우스 우측 버튼을 클릭하고 [붙여넣기]를 선택합니다.

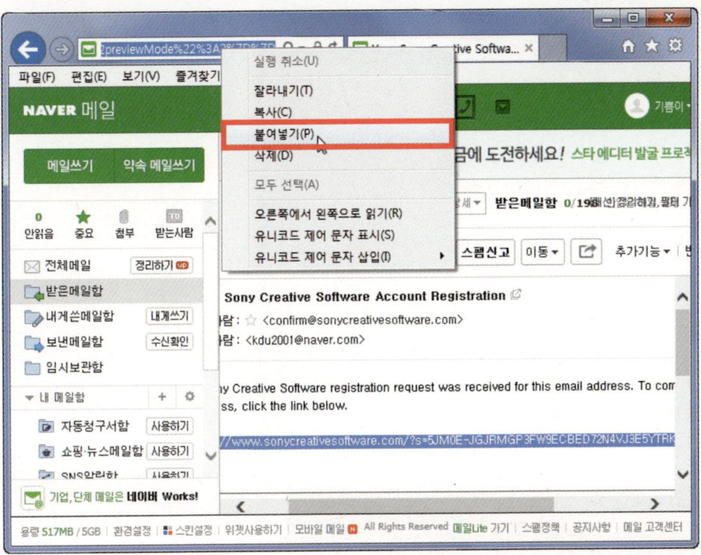

07. 붙여넣은 주소가 나타나면 Enter 키를 누릅니다. 패스워드 입력 화면이 나타나면 동일하게 두 번 입력합니다. 그 아래에서 비밀 번호에 대한 질문과 답변을 두 번 선택하고 [Submit] 버튼을 클릭합니다. 아무것이나 선택하고 우측에 아무 문사나 입력해도 됩니다.

08. 나라/지역 선택화면에서 South Korea를 선택하고 [Submit] 버튼을 클릭합니다.

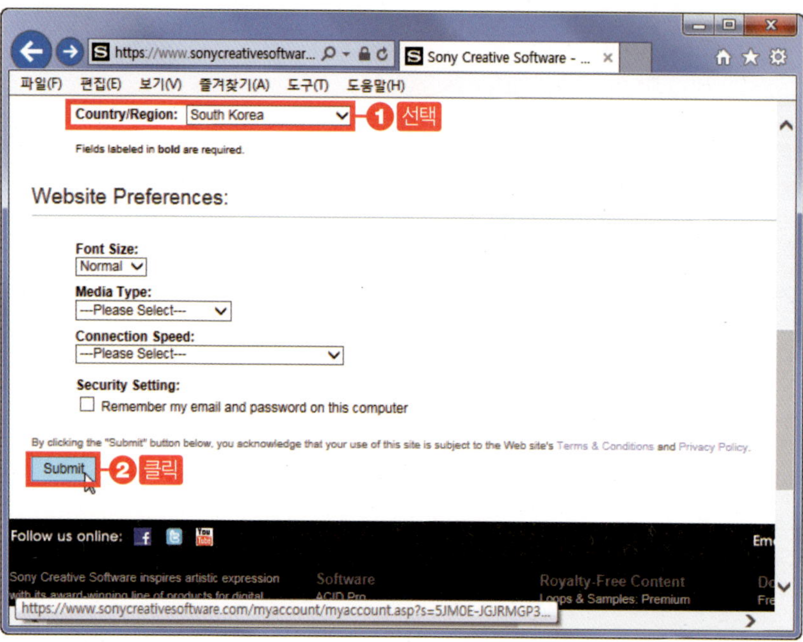

09. 다시 http://www.sonycreativesoftware.com에 접속한 후 상단의 메뉴에서 [My Account]를 클릭하고 Login 입력란에 등록한 이메일 주소와 비밀번호를 입력하고 [Login] 버튼을 클릭합니다.

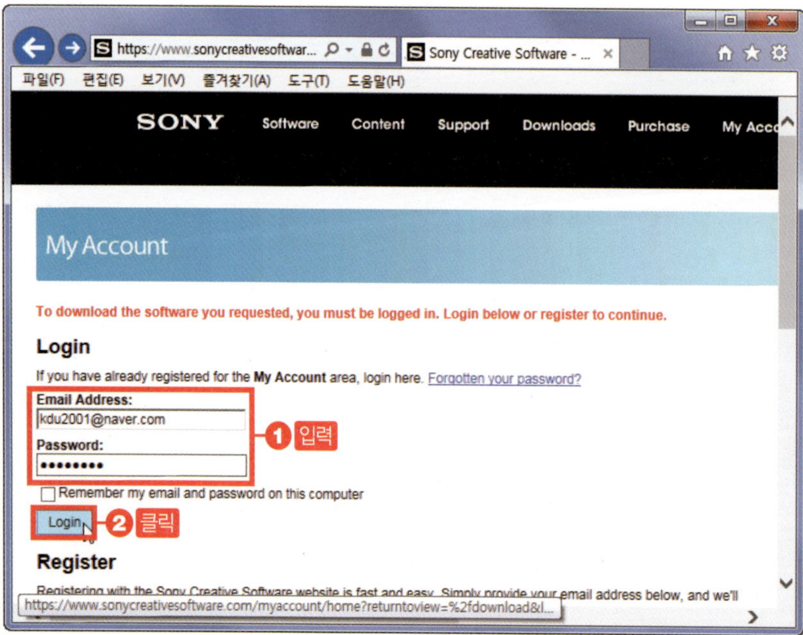

10. 다운로드 항목들이 나타납니다. [Updates]를 클릭합니다.

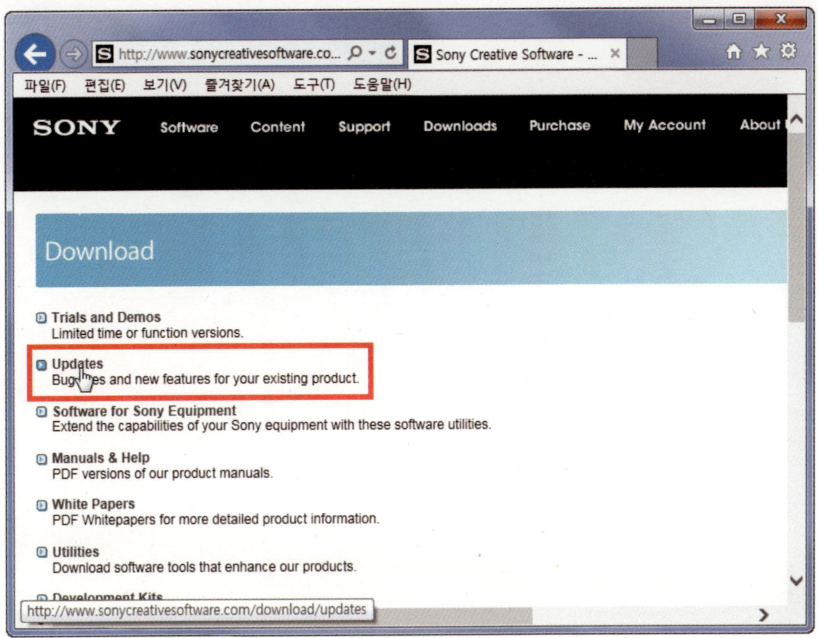

11. Vegas Pro11을 찾아 목록 버튼을 클릭합니다.

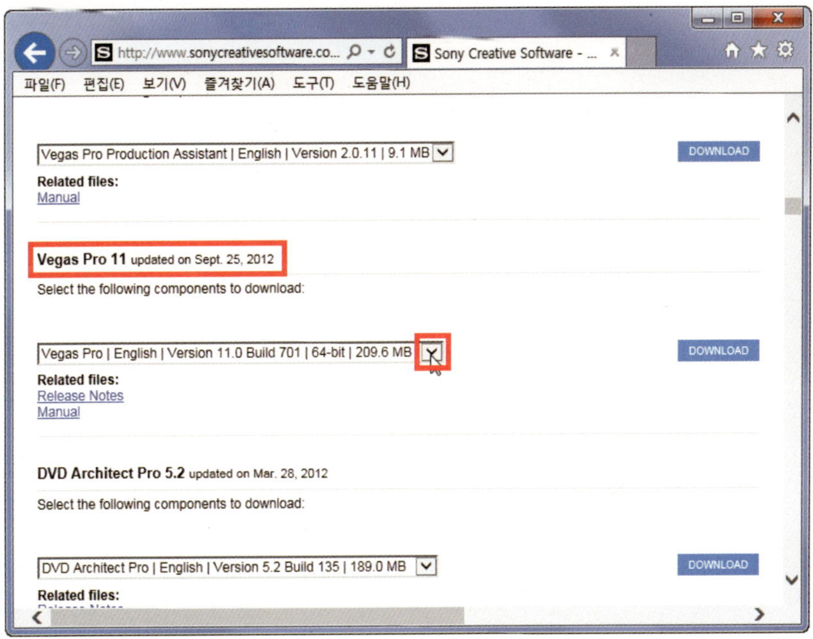

12. Vegas Pro 11 32−bit 용을 선택하고 우측의 [DOWNLOAD] 버튼을 클릭합니다.

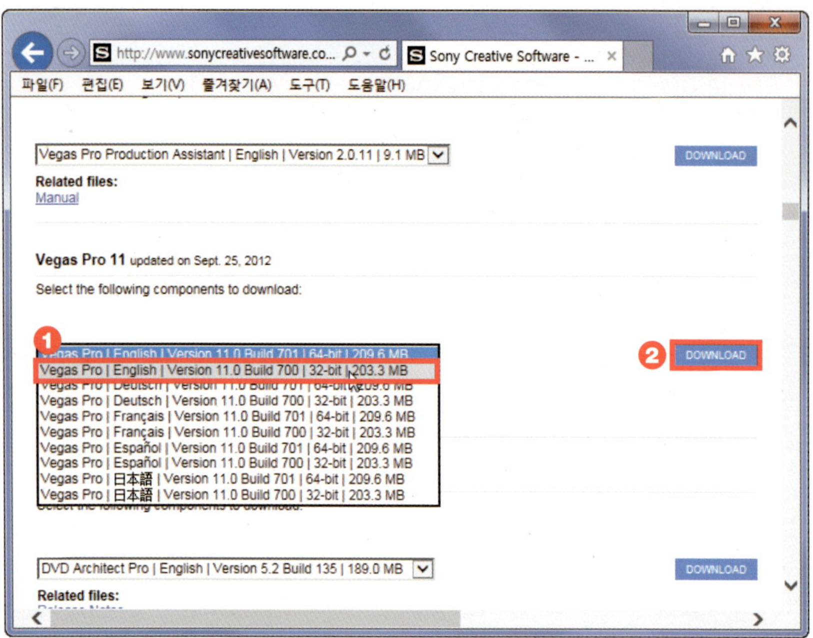

▶ **참고하세요!**

베가스 프로는 다른 동영상 프로그램에 비해 비교적 사양이 낮은 컴퓨터에서도 가볍게 구동되며 다양한 기능을 통해 원하는 결과물을 만들어 낼 수 있습니다. 현재 버전 13까지 나와 있지만 본서에서는 베가스 프로 11−32비트용을 사용합니다. 베가스 프로 12부터는 오직 64비트용으로 출시되기 때문에 일반 사용자가 많이 사용하는 32비트용 윈도우에서는 실행되지 않기 때문입니다. 베가스 프로11을 사용한다 하더라도 최신 버전과 기능상의 차이점이 많지 않으며 원하는 작업을 충분히 수행할 수 있습니다. 또한 32비트용 베가스 프로에는 차후에 다루게 될 무료 플러그인을 설치해 사용할 수도 있다는 장점도 누릴 수 있습니다.

다만 무료로 다운받아 사용하는 베가스 프로는 트라이얼(Trial) 버전으로서 30일간만 사용할 수 있습니다. 따라서 이 기간이 경과하면 실행되지 않으며 계속 사용하려면 정식으로 구매해야 합니다

13. 아래에 다운로드 창이 나타나면 [저장]버튼을 클릭하거나 [저장] 목록 버튼을 클릭하고 [다른 이름으로 저장]을 선택합니다.

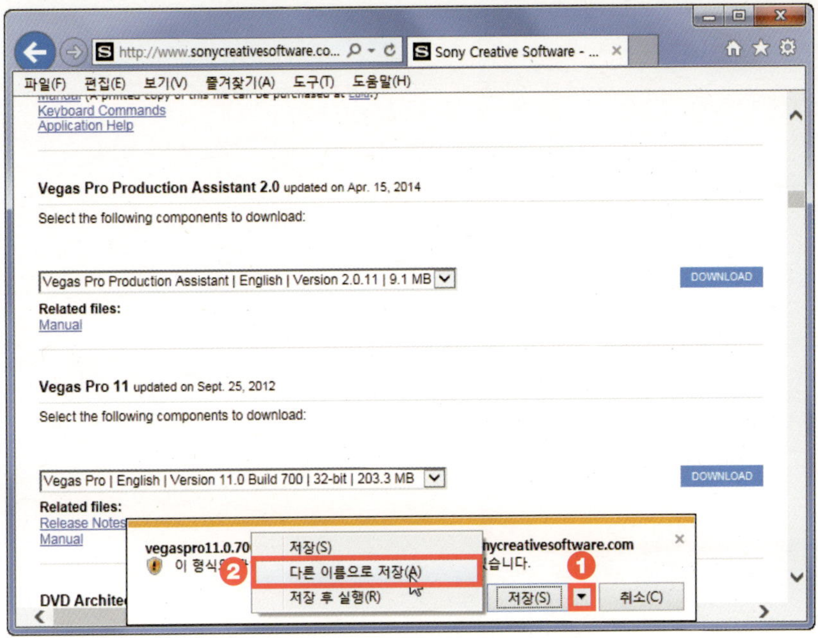

14. 파일이 저장될 폴더로 이동하고 [저장] 버튼을 클릭합니다.

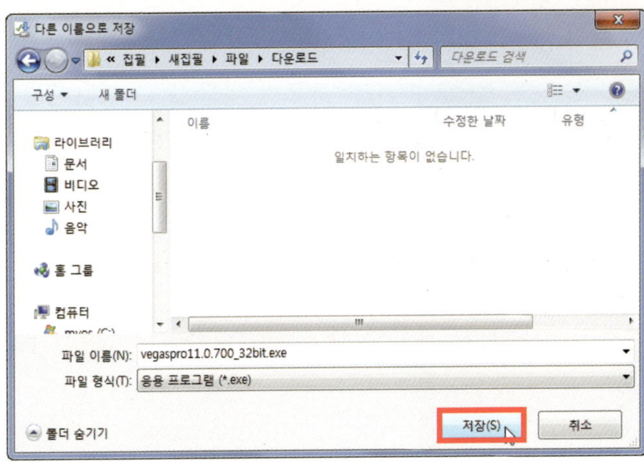

15. 잠시 후 파일 다운로드가 완료되면 지정한 폴더에 저장된 설치 파일을 더블클릭합니다.

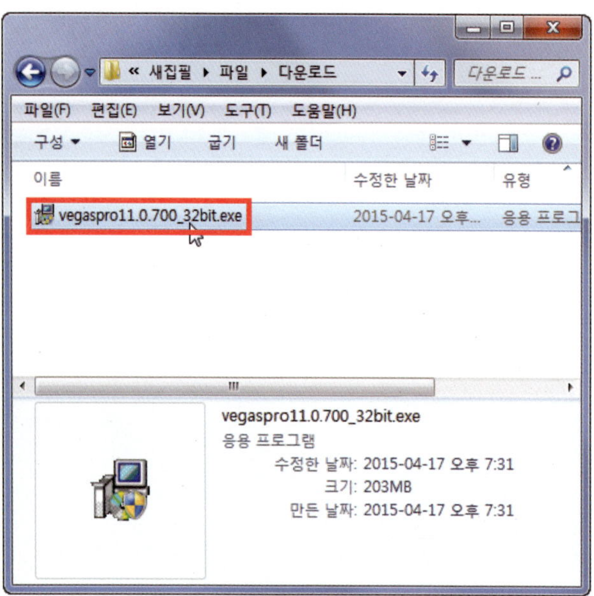

16. 설치 초기 화면이 나타나면 [English]를 선택하고 [Next] 버튼을 클릭합니다.

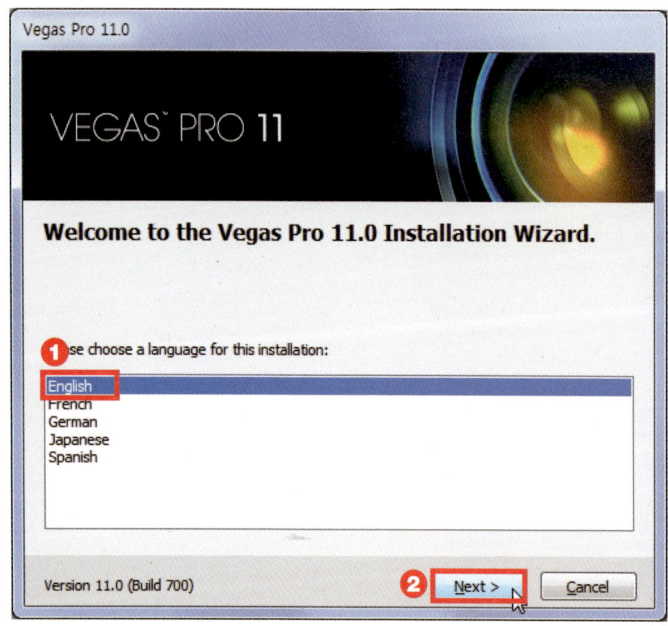

17. 프로그램 사용에 동의를 묻는 화면이 나타나면 위쪽 옵션을 선택하고 [Next] 버튼을 클릭합니다.

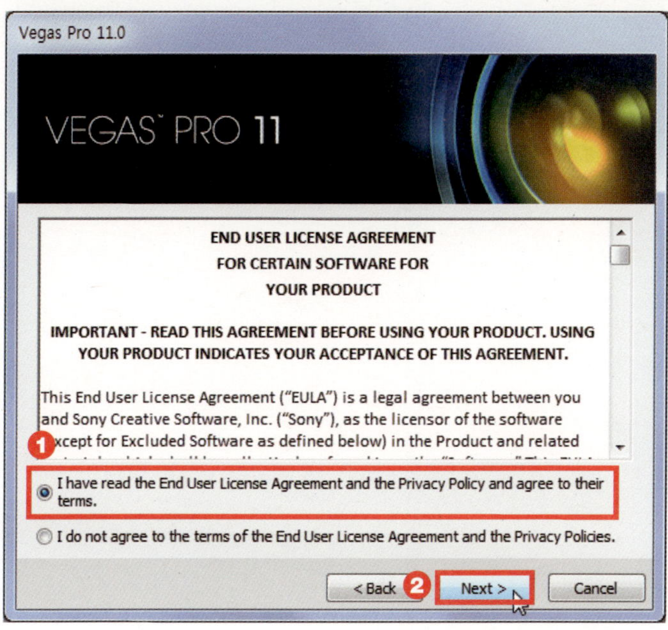

18. 바탕화면에 단축 아이콘이 생성되도록 [Create a shortcut on the desktop] 옵션에 체크하고 [Install] 버튼을 클릭합니다.

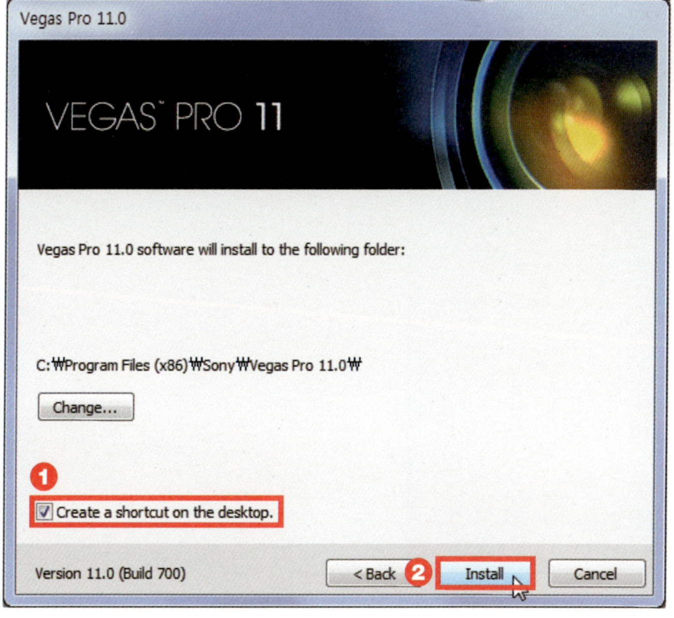

19. 설치가 진행됩니다. 잠시 기다리도록 합니다.

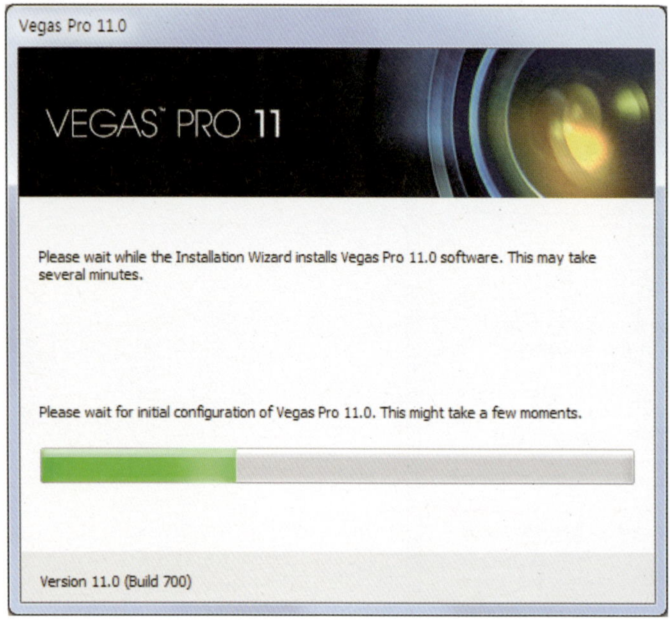

20. 설치가 완료되었다는 화면이 나타나면 [Finish] 버튼을 클릭합니다.

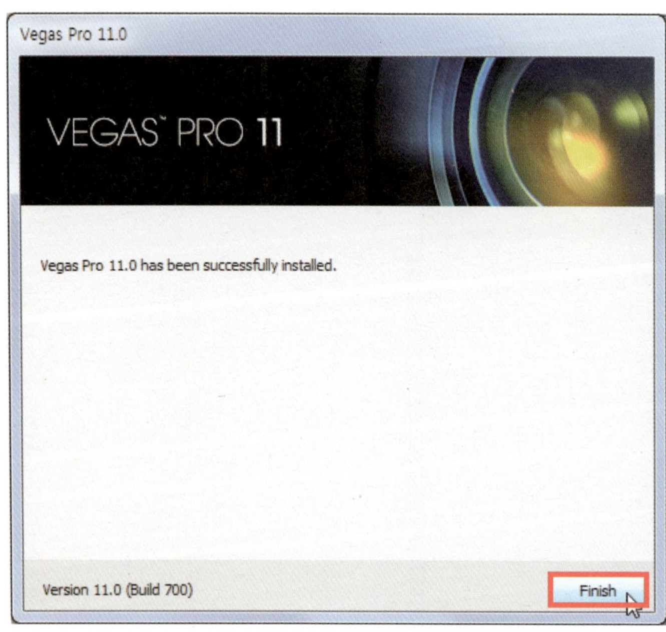

21. 윈도우 바탕화면에서 새로 생성된 Vegas Pro 11.0 아이콘을 더블클릭합니다.

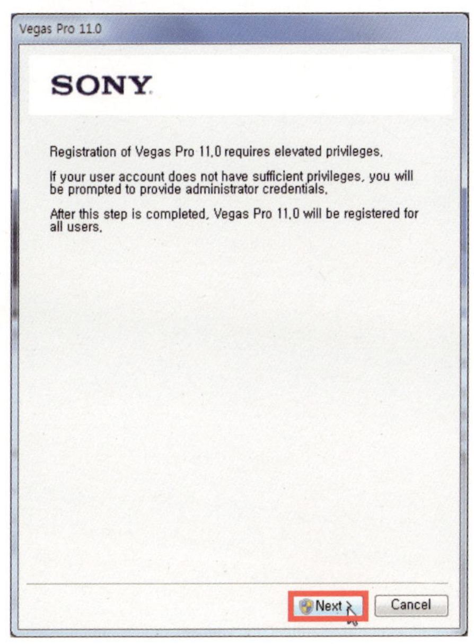

22. 등록 절차를 진행한다는 화면이 나타납니다. [Next] 를 클릭합니다

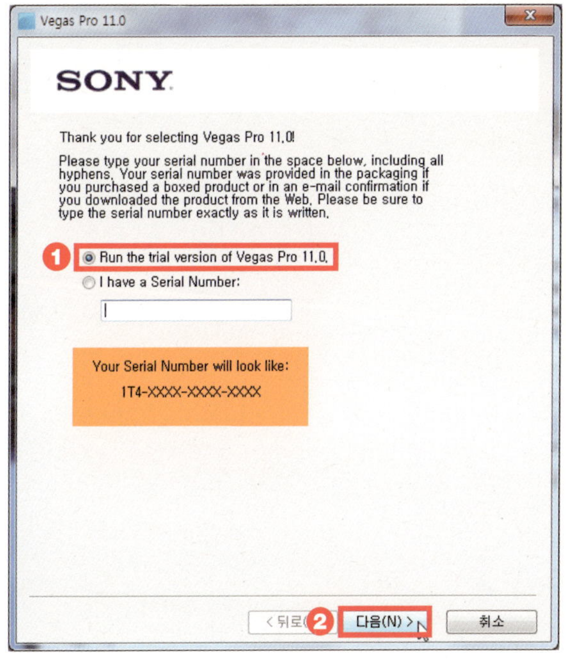

23. 실행 방식 선택 화면이 나타납니다. 정 식 버전을 구입한 것이 아니므로 트라이얼 버 전으로 실행하기 위해 [Run the trail of Vegas Pro 11.0]을 선택하고 [다음] 버튼을 클릭합니다.

24. 인터넷이 연결된 상태에서 [Register online]을 선택하고 [다음] 버튼을 클릭합니다.

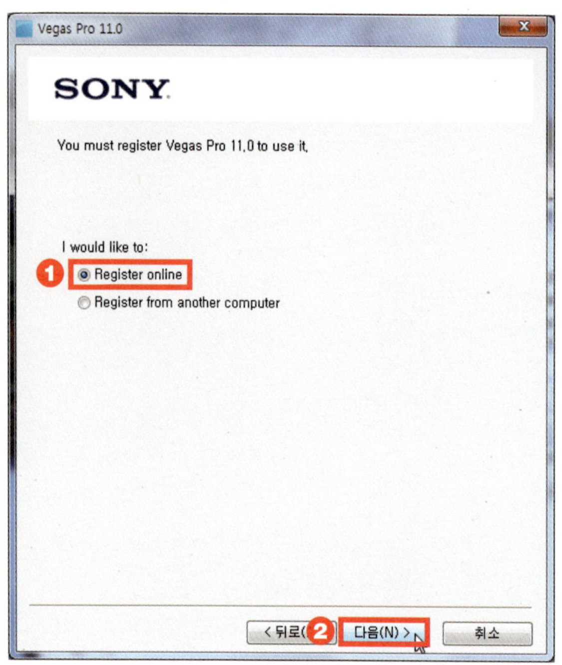

25. 사용자 정보를 입력하는 단계가 나타납니다. 굵은 글씨로 표시된 항목을 입력하고 아래에 있는 체크 박스를 모두 체크한 다음, [마침] 버튼을 클릭합니다.

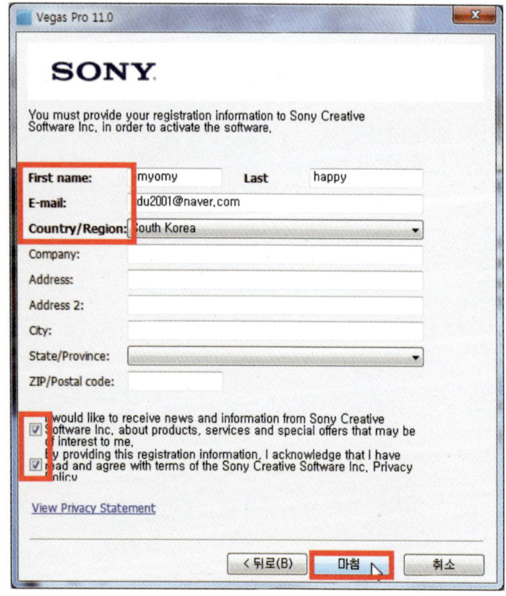

26. 잠시 후 등록이 완료되었다는 창이 나타납니다. 이러한 과정은 처음 실행 할 때만 한 번 나타납니다. [OK] 버튼을 클릭합니다.

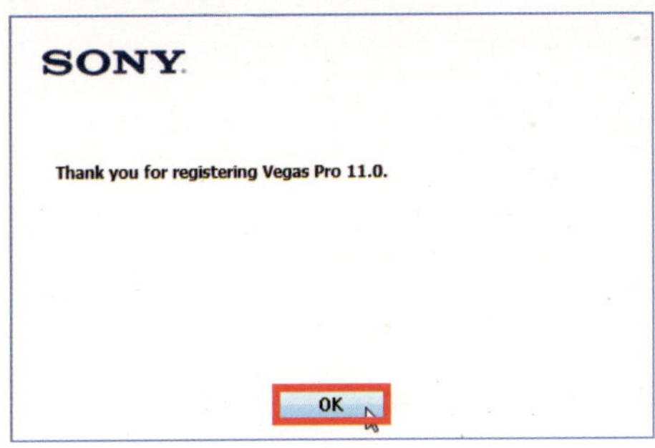

27. 베가스 프로 11의 로딩 화면이 나타납니다. 잠시 기다리면 작업 화면이 나타나게 됩니다.

12 CHAPTER

작업 화면 살펴보고
이벤트 등록하기

베가스 프로 11의 전체 작업 화면과 주요 구성 요소, 환경 설정 부분 등을 차례 살펴보겠습니다. 아울러 작업에 사용하는 파일을 트랙에 등록하고 이것을 살펴보기 위해 트랙을 조절하는 방법에 대해서도 알아보도록 합니다.

1. 작업 화면 살펴보기

베가스 프로가 실행되면 그림과 같은 작업 화면이 펼쳐집니다. 화면의 구성 요소 중 우선 몇 가지만 살펴봅니다. 먼저 아무런 파일도 추가하지 않은 기본적인 상태를 보겠습니다. 앞으로 작업 예를 통해 상세히 설명하게 될 것이므로 여기에서는 전체적인 모습과 이름 정도만 기억해도 좋습니다.

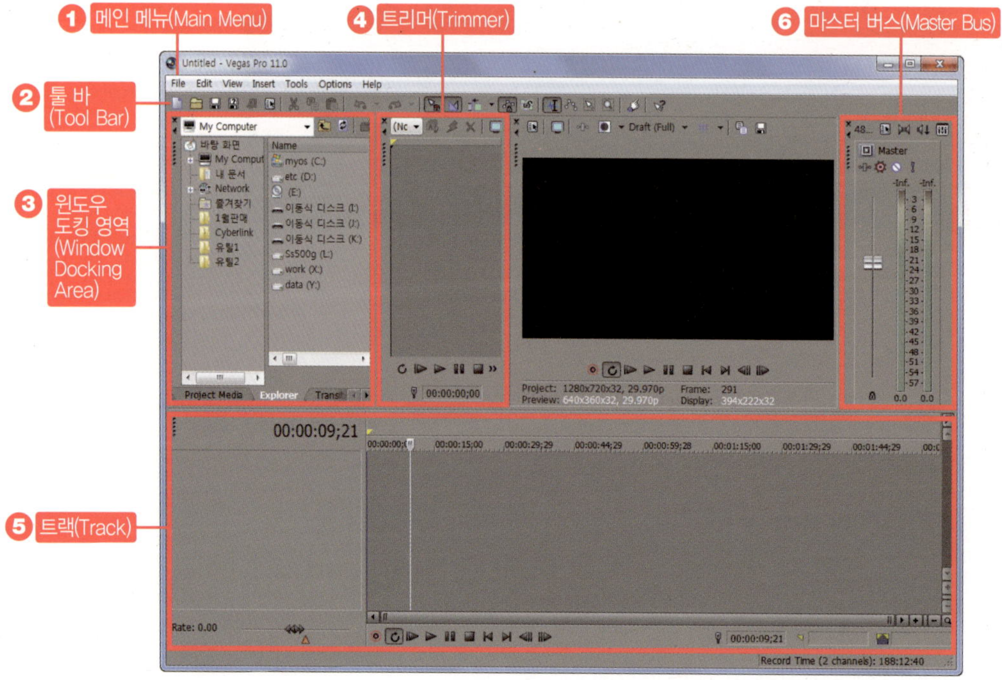

〈베가스 프로의 작업 화면〉

1 메인 메뉴(Main Menu) : 베가스 프로의 모든 기능이 담겨져 있는 메뉴입니다. 메뉴를 클릭하면 하위 메뉴들이 펼쳐집니다.

2 툴 바(Tool Bar) : 자주 사용하는 기능을 아이콘 형식으로 만들어 놓은 곳입니다. 원하는 기능을 빠르게 선택할 수 있습니다.

3 윈도우 도킹 영역(Window Docking Area) : 파일 탐색기를 비롯하여 특수한 효과를 지원하는 이펙트, 장면 전환 효과인 트랜지션, 타이틀이나 작업에 사용되는 여러 요소를 만들 수 있는 윈도우를 탭으로 구분해 놓은 곳입니다.

4 트리머(Trimmer) : 동영상에서 원하는 사용하지 않을 구간을 잘라낼 수 있는 편집기입니다.

5 트랙(Track) : 작업에 사용되는 사진이나 동영상, 음악, 베가스에서 자체적으로 만든 여러 미디어 요소들이 놓이는 곳입니다.

6 마스터 버스(Master Bus) : 오디오 레벨 상태를 보거나 조절할 수 있으며 오디오와 관련된 여러 효과를 적용할 수 있습니다.

이번에는 트랙에 몇 개의 사진을 추가해 놓은 상태입니다.

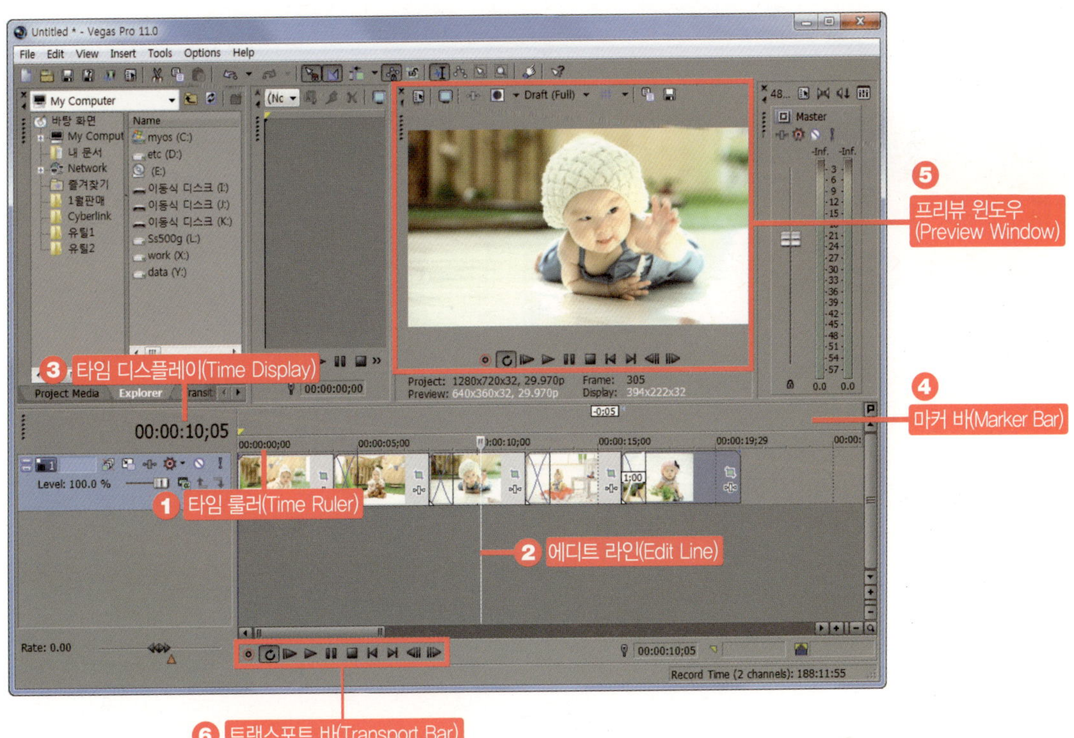

❶ 타임 룰러(Time Ruler) : 트랙의 시간을 표시해줍니다. 즉, 시간이나 눈금을 통해 트랙에 놓인 자료들의 시간 지점을 알 수 있습니다.

❷ 에디트 라인(Edit Line) : 트랙 위에 존재하는 세로줄로서 이것을 드래그하거나 위에 있는 타임 마커를 드래그하여 트랙에 놓인 데이터의 현재 위치를 변경할 수 있습니다.

❸ 타임 디스플레이(Time Display) : 현재 타임 마커가 위치하고 있는 지점에 대한 시간을 표시합니다.

❹ 마커 바(Marker Bar) : 타임 룰러 바로 위의 영역으로서 파일이 생성될 범위를 지정하거나 편집되는 여러 정보가 나타나는 곳입니다.

❺ 프리뷰 윈도우(Preview Window) : 현재 타임 마커 지점에 대한 내용을 표시해 줍니다.

❻ 트랜스포트 바(Transport Bar) : 트랙에 놓인 파일을 재생과 관련된 도구들을 포함하고 있습니다. 단순한 재생, 정지 등의 기능은 키보드를 사용하는 것이 편리합니다.

2. 작업을 위한 환경 설정하기

01. 작업을 위해서 가장 먼저 해야 할 것은 최종적으로 생성될 동영상에 적합하게 작업과 관련된 여러 옵션들을 설정해주어야 합니다. 메뉴에서 [File] → [Properties]를 선택합니다.

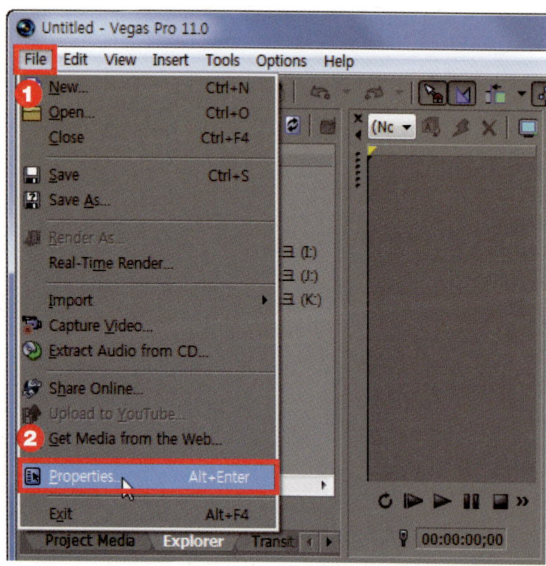

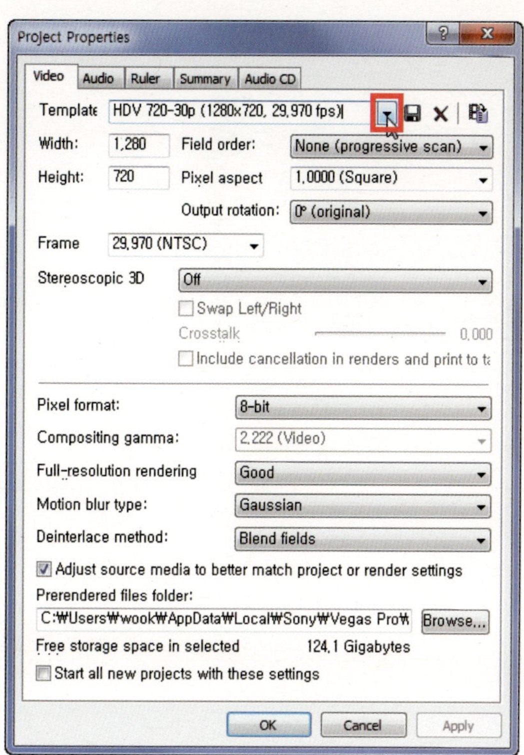

02. 프로젝트 설정 창(Project Properties)이 나타납니다. Template 옵션의 드롭다운 메뉴를 클릭합니다.

03. 여러 항목들 중에서 'HDV 720-30p (1280x720, 29, 970 fps)'를 선택합니다. 720p로 동영상 작업을 하려는 것입니다. Full HD인 1920 × 1080p로 작업하면 더 좋은 화질을 보여주지만 시스템 사양이 다소 낮은 경우 편집 시 답답할 수 있으며 720p 정도로도 괜찮은 화질을 얻을 수 있기 때문입니다. Width와 Height 값이 각각 '1,280', '720'으로 나타납니다. 다른 부분은 특별히 손대지 않아도 좋으므로 [OK] 버튼을 클릭하여 환경 설정 창을 닫습니다.

연속된 장면의 많은 그림이 모여서 하나의 영상을 구성하게 되는데 각각의 그림을 프레임(Frame)이라고 부릅니다. 사람의 눈을 통해 자연스러운 느낌을 갖게 하려면 보통 1초에 25~30장 정도로 그림이 바뀌면서 재생되어야 하며 초당 프레임은 fps(Frame per Second)라는 단위를 사용합니다. 따라서 앞에서 본 29.970 fps는 초당 29.970의 그림이 연속적으로 바뀌는 영상이라는 의미이며 대략 초당 30장의 그림이 바뀌는 것으로 이해하면 됩니다. 오해하지 말아야 할 것은 동영상 작업 시에 1초당 30장의 사진을 사용한다는 것이 아니라 1초당 30장의 장면(프레임)으로 구분되어 작업된다는 것입니다.

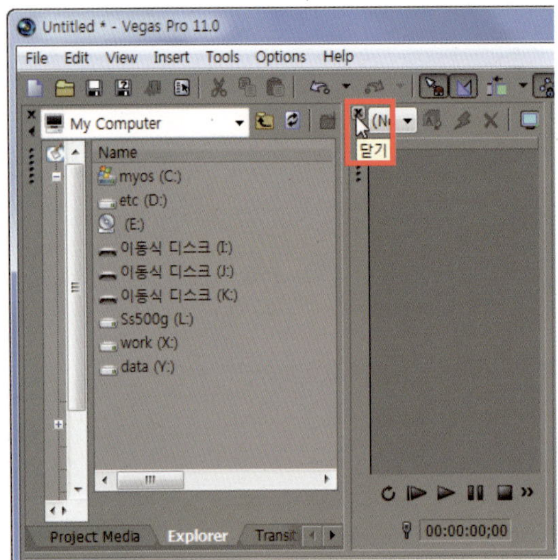

04. 작업 화면을 보다 넓게 사용하기 위해 자주 사용하지 않는 부분을 닫도록 합니다. 트리머 좌측 상단에 [x]로 표시되는 닫기 버튼을 클릭합니다.

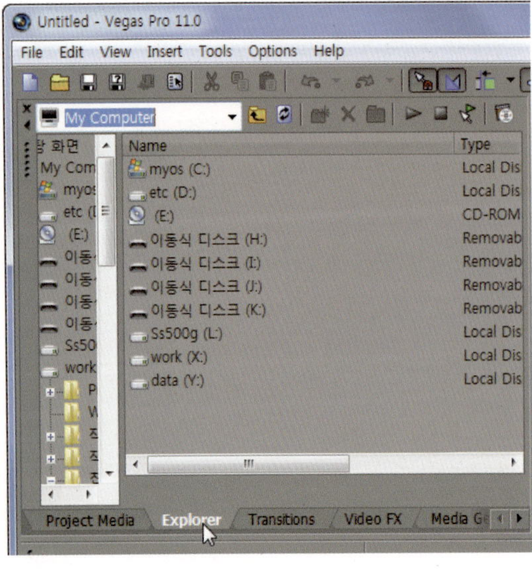

05. 트리머가 화면에서 사라져 그만큼 다른 영역이 크게 보이게 됩니다. 이러한 식으로 우측에 있는 마스터 버스도 화면에 나타나지 않도록 하고 윈도우 도킹 영역에서 [Explorer] 탭을 클릭합니다.

화면에 사라진 구성 요소를 다시 나타나게 하려면 [View] 메뉴를 클릭하고 원하는 항목을 선택하면 됩니다. 현재 화면에 나타나고 있는 요소들은 이름 좌측에 체크 표시가 되어 있습니다.

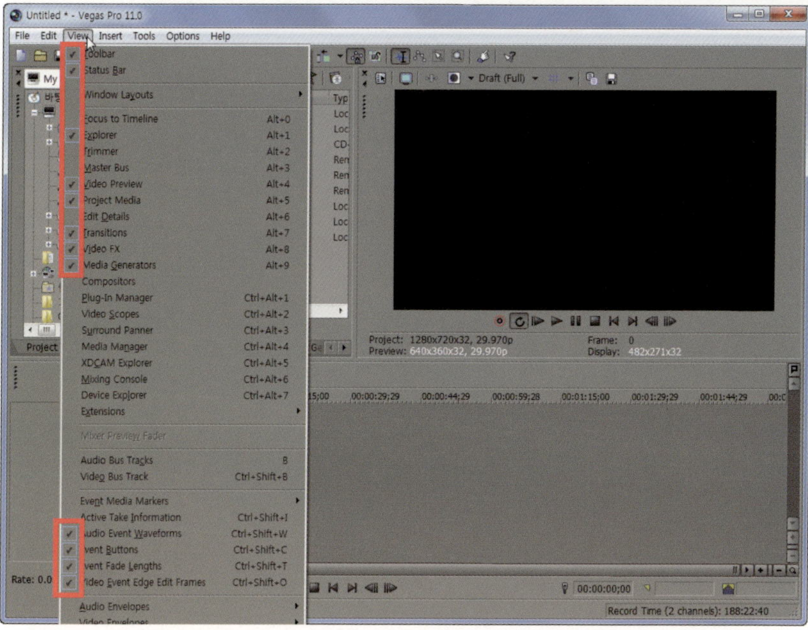

또한 작업 화면의 각 요소들 사이의 경계 부분을 드래그하면 크기를 조절할 수 있습니다. 따라서 작업 상황에 따라 해당 부분의 내용을 보다 자세히 살펴볼 수 있습니다.

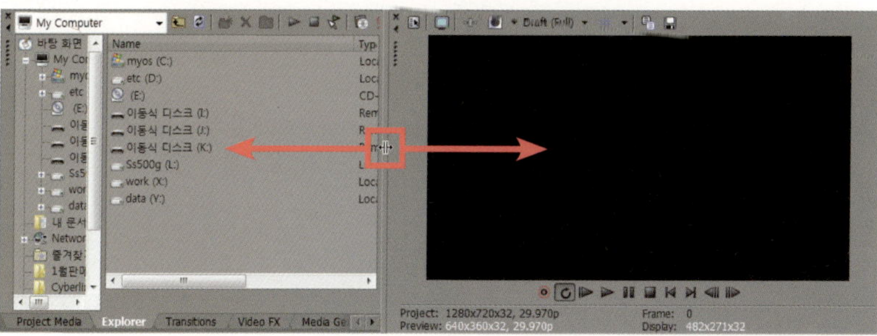

좌우로 드래그하여 크기 조절

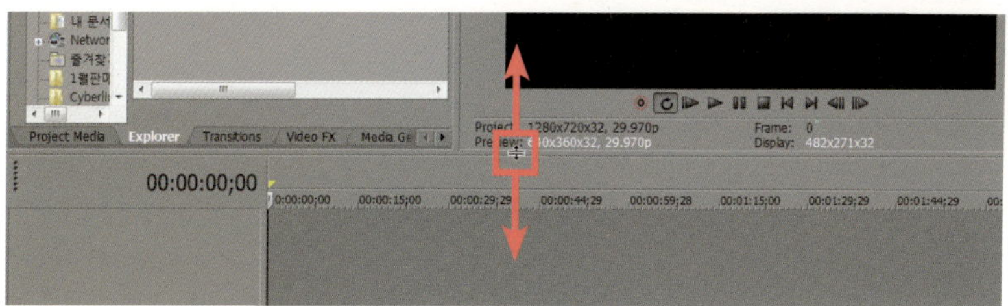

상하로 드래그하여 크기 조절

06. Explorer 윈도우는 윈도우 탐색기처럼 컴퓨터의 각 저장 장치 목록을 표시해 줍니다. 작업에 필요
한 사진이 저장된 폴더를 찾아 원하는 사진을 더블클릭하거나 트랙으로 드래그합니다.

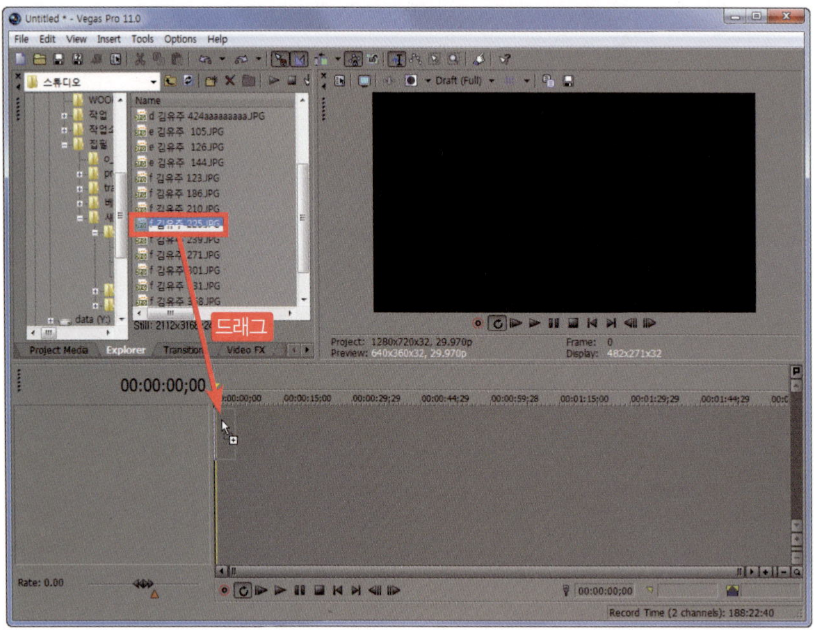

07. 비어있던 트랙에 새로운 트랙이 생성되고 드래그한 사진이 등록됩니다. 아울러 해당 사진이 프리
뷰 윈도우를 통해 나타납니다.

08. Explorer 윈도우를 통해 파일을 등록하는 것은 다소 불편할 수 있습니다. 별도로 윈도우 탐색기를 띄우고 사진의 썸네일을 보아가며 등록하는 것이 편리합니다. 그림처럼 윈도우 탐색기를 통해 사진이 저장된 폴더를 열고 원하는 사진을 앞에 등록된 사진 바로 뒤로 드래그합니다.

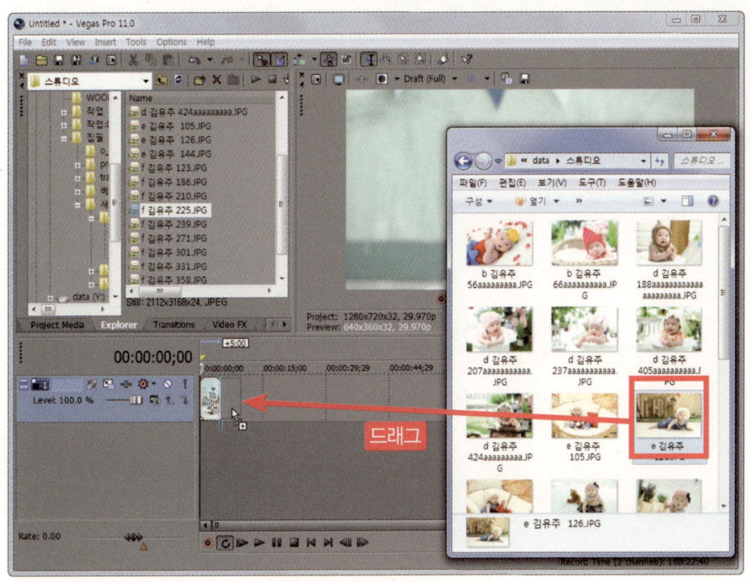

09. 해당 사진이 트랙에 등록된 것을 볼 수 있습니다. 베가스 프로에서는 트랙에 등록된 파일을 이벤트 (Event)라고 부르며 눈금의 간격을 조절함으로써 이벤트를 보다 쉽게 살펴볼 수 있습니다. 트랙 위에서 마우스의 휠을 위쪽으로 드래그할수록 줌 인(Zomm In)으로 전환되어 이벤트의 폭이 넓게 표시됩니다.

10. 즉, 타임 룰러의 눈금 단위가 작게 변경되어 동일한 길이를 갖는 이벤트이지만 길게 표시된 것입니다. 반대로 트랙 위에서 마우스의 휠을 아래로 내릴수록 줌 아웃(Zoom Out) 상태로 전환되어 이벤트가 짧게 표시됩니다.

11. 트랙 아래에 있는 버튼을 통해 이러한 표시 방법을 바꿀 수도 있습니다. + 버튼은 줌 인(Zoom In) 버튼으로서 길게 표시하며, – 버튼은 줌 아웃(Zoom Out)으로 짧게 표시합니다. 가운데 버튼은 좌우로 드래그하여 줌 인과 줌 아웃 상태로 조절할 수 있습니다.

12. 타임 마커를 두 번째 등록한 사진 위로 드래그하거나 두 번째 사진 위의 마커 바 영역(또는 트랙에 등록된 두 번째 사진의 임의 지점)을 클릭합니다.

타임 마커를 드래그

사진 위의 마커 바를 클릭

개개의 이벤트를 자세히 살펴보려면 트랙을 줌 상태로 전환할 필요가 있습니다. 굳이 프리뷰 윈도우를 보지 않더라고 트랙에 놓인 이벤트는 썸네일 형태로 그 형태를 보여주기 때문입니다. 또한, 많은 이벤트가 등록되어 있는 상태에서 전체적인 상태를 보려면 트랙을 줌 아웃 상태로 전환해야 합니다.

줌 인 상태 : 개개의 이벤트를 정밀하게 살펴볼 수 있습니다.

줌 아웃 상태 : 여러 이벤트의 등록 상태를 전체적으로 살펴볼 수 있습니다.

13. 타임 마커가 두 번째 사진위에 놓이게 되므로 프리뷰 윈도우를 통해 두 번째 사진의 내용이 나타나게 됩니다. 이러한 식으로 다른 시간 지점에 있는 이벤트의 내용을 파악할 수 있습니다.

1초 11 프레임에서 7초 8프레임까지 재생

Space Bar 로 정지 : 마커 바가 재생 시작 지점(1초 11프레임)으로 되돌아갑니다.

Enter 키로 정지 : 마커 바가 마지막 재생 지점(7초 8프레임)에 위치합니다.

14. 타임 마커를 사용하면 특정 지점으로 곧 바로 이동할 수 있지만 트랙에 등록된 이벤트의 전체적인 내용을 살펴보기 위해 재생하려면 재생을 시작하려는 지점에 마커 바를 위치시키고 Space Bar 나 Enter 키를 누르면 됩니다. 재생 도중 정지시키려면 다시 Space Bar 나 Enter 키를 누르면 되는데 정지된 이후의 마커 바 위치는 누른 키에 따라 다릅니다.

재생, 정지 외에 더욱 다양한 재생 관련 기능을 사용하려면 트랙 아래나 프리뷰 윈도우 아래쪽에 있는 트랜스포트 바를 사용하는 것이 좋습니다.

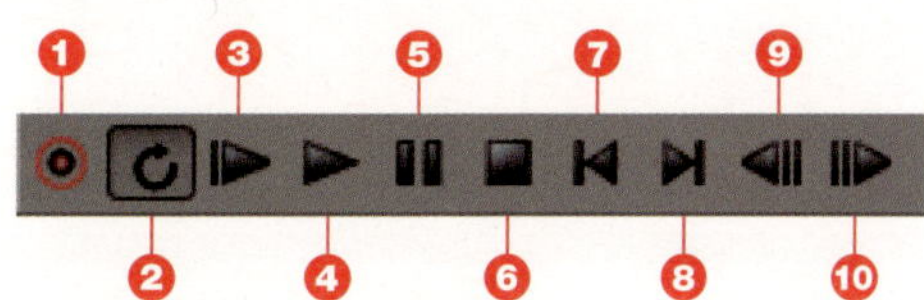

1 Record : 사운드를 녹음합니다.

2 Loop Playback : 버튼이 켜져 있으면 구간으로 선택한 영역을 반복하여 재생합니다.

3 Play from Start : 마커 바의 위치와 관계없이 트랙의 시작 지점부터 재생을 시작합니다.

4 Play : 마커 바의 현재 지점부터 재생을 시작합니다.

5 Pause : 재생을 일시 중단하고 마커 바는 최종 재생 지점에 위치합니다.

6 Stop : 재생을 중단하고 마커 바는 재생을 시작했던 지점에 위치합니다.

7 Go to Start : 마커 바를 트랙의 시작 지점으로 이동시킵니다.

8 Go to End : 마커 바를 트랙에 놓인 이벤트의 끝 지점으로 이동시킵니다.

9 Previous Frame : 마커 바를 1프레임 앞으로 이동시킵니다.

10 Next Frame : 마커 바를 1프레임 뒤로 이동시킵니다.

13 CHAPTER

이벤트의 조절과
애니메이션 효과 주기

트랙에 등록된 파일, 즉 이벤트를 조절하는 다양한 방법을 익혀보고 성장 동영상에서 필수적으로 사용되는
애니메이션 효과를 적용하는 과정에 대해서 알아봅니다. 정지된 화면인 사진만 나열되면 지루해 보이므로
크기나 위치 등에 대한 설정을 통해 움직이는 것처럼 보이도록 해주어야 합니다.

01. 윈도우 탐색기에서 가로로 촬영된 사진 하나를 트랙의 시작 지점(가장 왼쪽)으로 드래그하여 등
록하고 자세히 살펴볼 수 있도록 마우스 휠 버튼을 위쪽으로 여러 번 드래그하여 이벤트가 길게 나타
나도록 합니다.

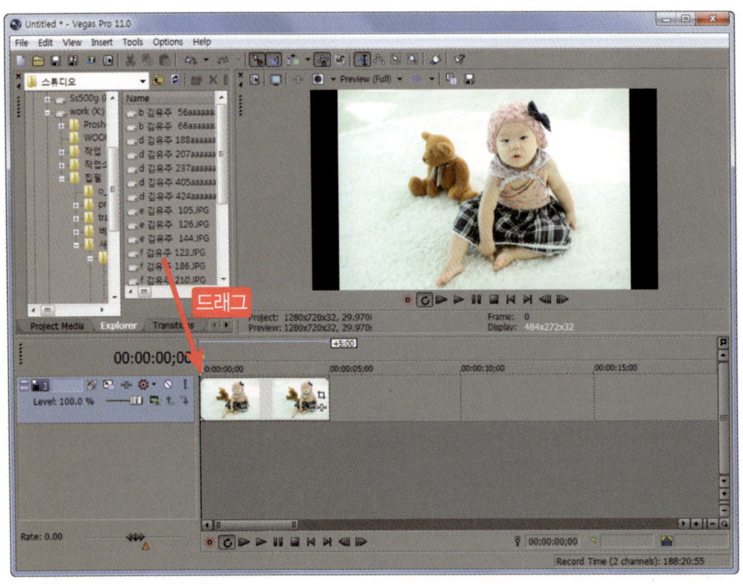

02. 프리뷰 윈도우를 보면 좌우에 검정색 여백이 생겨 보기 좋지 않습니다. 이것은 사진과 프로젝트 설정에서 지정한 값의 가로 세로 비율이 다르기 때문입니다. 메뉴에서 [Options] → [Preferences]를 선택합니다.

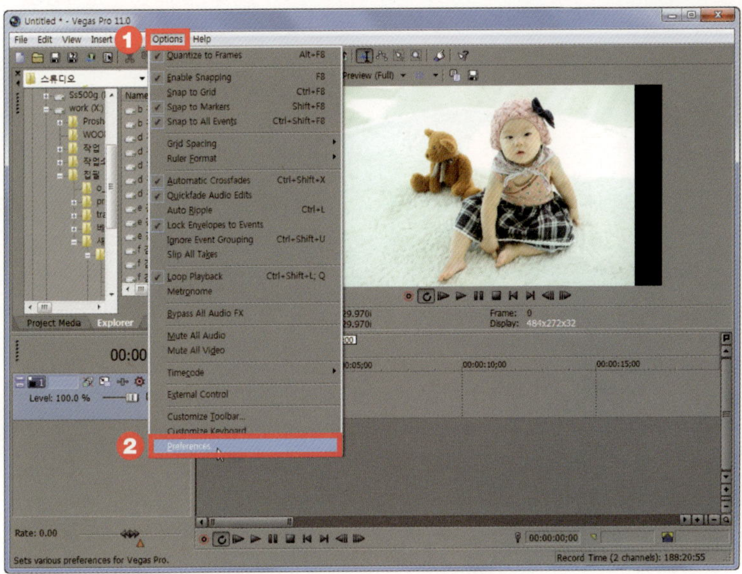

03. Preferences 창, 즉 환경 설정 창이 나타납니다. [Editing] 탭을 클릭합니다.

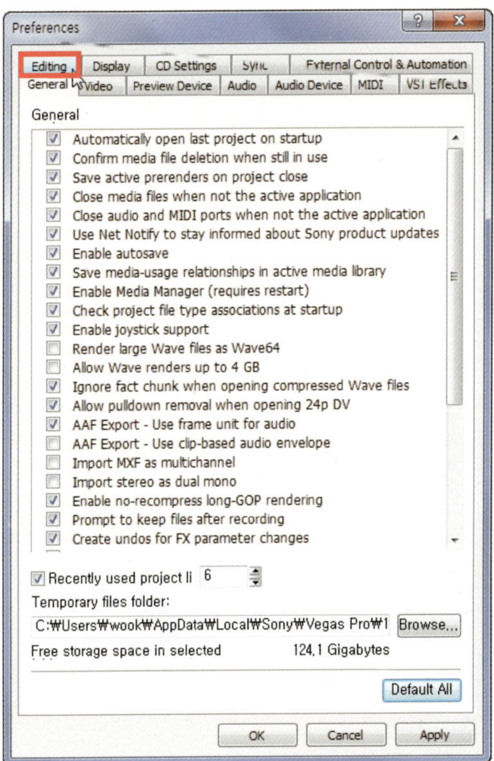

04. 가장 아래에 있는 [Automatically crop still images added to timeline] 옵션을 클릭하여 체크하고 [OK] 버튼을 클릭합니다. 이 옵션은 사진과 같은 이미지 파일이 타임라인에 등록될 때 자동으로 여백이 나타나지 않도록 잘라주는 역할을 합니다. 일일이 수정하려면 번거로우므로 옵션을 체크해두는 것이 편리합니다.

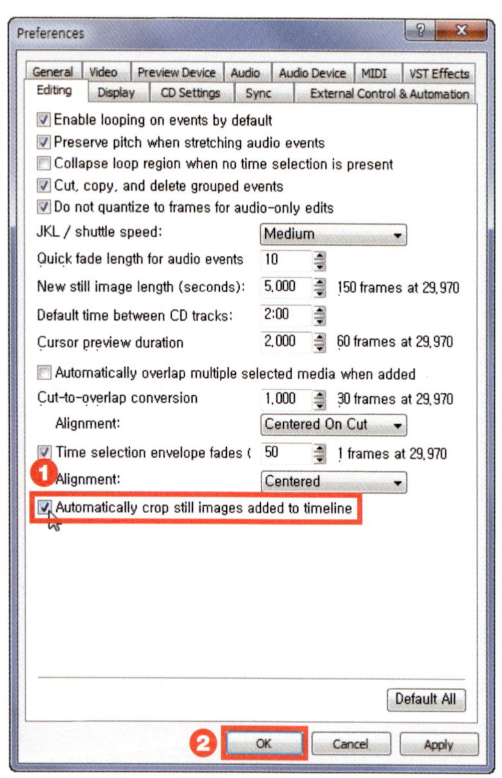

05. 옵션을 설정하였지만 아직 사진 주위의 여백은 그대로 나타나 보입니다. 이것은 옵션을 설정한 이후의 이벤트부터 적용되기 때문입니다. 등록되어 있는 이벤트를 클릭하여 선택하고 Delete 키를 눌러 삭제합니다.

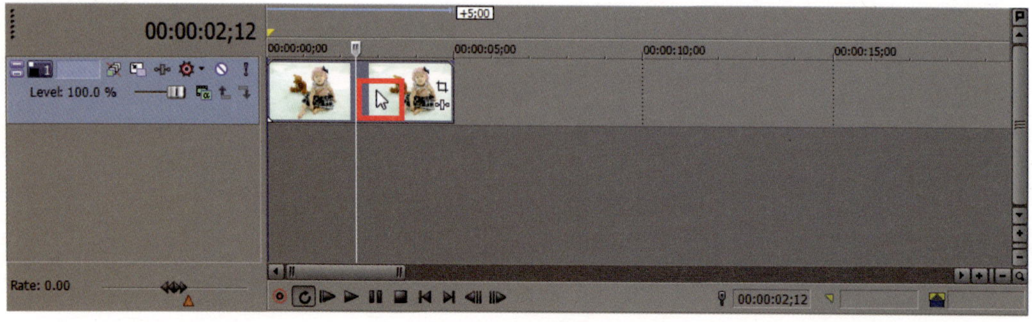

이벤트를 선택하고 Delete 키를 누름

06. 다시 동일한 사진을 트랙으로 드래그하여 등록해보면 이전과 달리 사진 주위에 여백이 나타나지 않는 것을 볼 수 있습니다. 만일 프리뷰 윈도우를 통해 보이는 사진이 다소 흐릿하다면 프리뷰 윈도우의 프리뷰 화질(Preview Quality) 버튼을 클릭합니다.

07. Draft, Preview, Good, Best 등의 메뉴가 나타나며 아래쪽 메뉴를 선택할수록 프리뷰 윈도우에 나타나는 화질은 좋아지지만 시스템 사양이 따라주지 못할 경우 동영상이 원활하게 재생되지 못하고 끊기게 됩니다.
또한 각 메뉴는 모두 Auto, Full, Half, Quater 등의 하위 메뉴를 통해 프리뷰 화질을 선택할 수 있습니다. 일반적으로 [Preview] → [Full]을 선택하는 것이 좋으며 고화질 동영상을 작업할 때 다소 끊기는 느낌이 있다면 [Preview] → [Auto]를 선택하는 것이 좋습니다.

Preview Quality 메뉴

❶ Auto : 시스템 사양에 맞게 베가스 프로가 자동으로 프리뷰 화질을 결정해 보여줍니다.

❷ Full : 영상의 모든 픽셀을 프리뷰합니다.

❸ Half : 영상 픽셀의 1/2만 프리뷰합니다. 화질이 다소 떨어져 보입니다.

❹ Quarter : 영상 픽셀의 1/4만 프리뷰합니다. Half보다 더욱 화질이 나빠 보입니다.

08. 트랙의 이벤트 우측에서 팬/크롭 버튼(Event Pan/Crop)을 클릭합니다.

09. 팬/크롭 윈도우가 나타납니다. 크기가 작아 전체적으로 보이지 않는다면 윈도우 옆의 경계선을 드래그하여 충분한 크기를 확보해주도록 합니다. 팬/크롭 윈도우에서는 이벤트가 보일 영역을 자유롭게 설정할 수 있습니다. 좌측의 [Lock Aspect Ratio] 버튼이 눌러져 있는지 확인합니다. 이것은 이벤트의 크기를 변경할 때 가로/세로 비율이 유지되도록 합니다.

10. 팬/크롭 윈도우의 사진을 보면 중앙에 점선으로 F자가, 외곽에는 점선과 작은 사각형들이 자리하고 있습니다. F자는 이벤트의 방향을 알 수 있도록 하며 점선이나 사각형은 크기를 변경하는데 사용합니다. 타임 마커를 이벤트의 시작 지점에 두고 아래쪽 점선 위에 마우스를 올려놓습니다. 마우스 포인터가 양쪽 화살표 형태로 변경됩니다.

11. 이 상태에서 마우스를 위쪽으로 조금 드래그하면 점선으로 이루어진 사각형의 크기가 작아집니다. Lock Aspect Ratio 버튼이 켜져 있기 때문에 사각형 크기가 변경되면서 가로/세로 비율은 동일하게 유지됩니다. 이 사각형 영역이 최종 결과물로 동영상을 만들 때 보이게 되는 영역입니다.

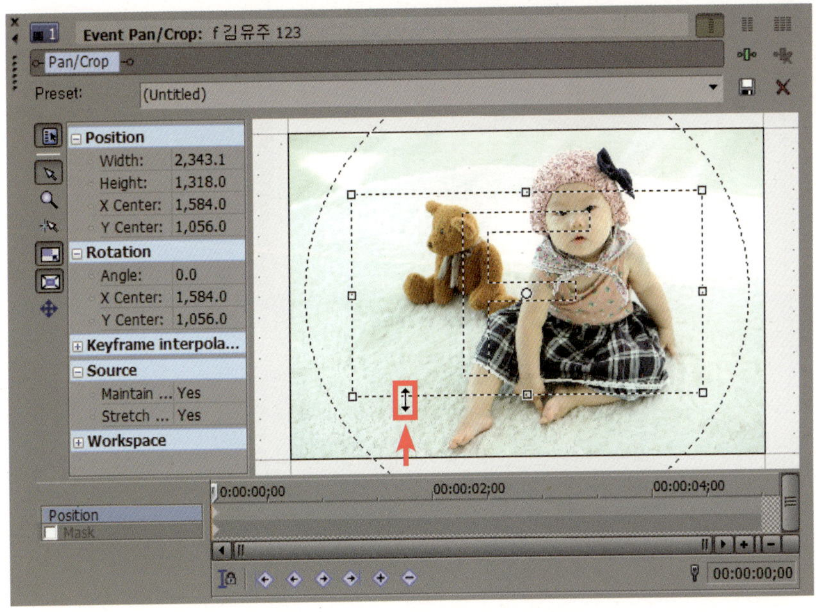

12. 프리뷰 윈도우를 보면 F 영역이 작아진만큼 해당 영역만 확대되어 보이게 됩니다.

13. 팬/크롭 윈도우에서 F자 영역 안에 마우스를 둡니다. 그림과 같이 마우스 포인터가 4방향 화살표 형태로 나타납니다.

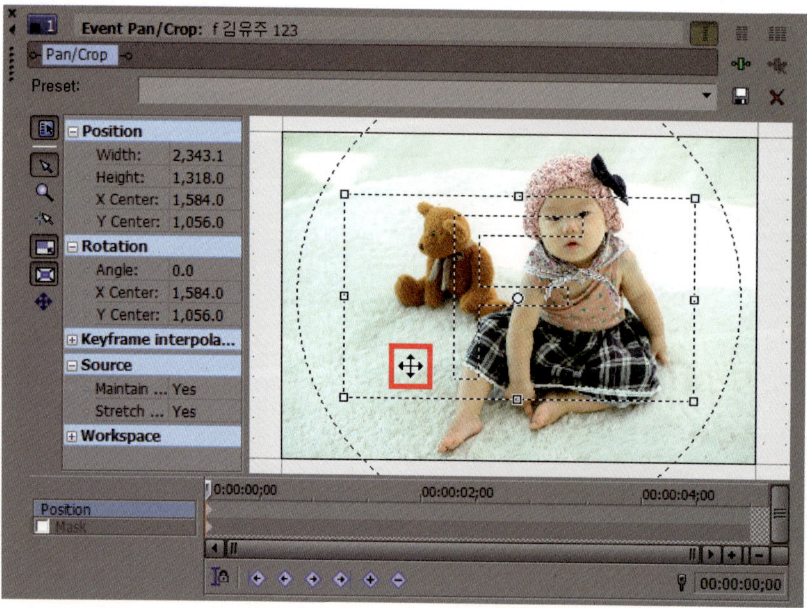

14. 이 상태에서 위쪽으로 드래그합니다. F 영역 안으로 아이의 얼굴이 잘리지 않고 들어가도록 하려는 것입니다.

15. 프리뷰 윈도우를 보면 역시 F 영역의 이동으로 인해 아이의 얼굴 부분이 모두 나타나는 것을 볼 수 있습니다.

16. 팬/크롭 윈도우의 타임 룰러 바로 아래의 시간 끝 지점을 클릭합니다.

17. 타임 마커가 곧 바로 해당 지점으로 이동됩니다. 굳이 드래그하여 이동시킬 필요가 없습니다. 단, 정확히 원하는 지점을 클릭하지 못했다면 드래그하여 위치를 이동시켜 주면 됩니다.

18. F 영역 내부를 드래그하여 중앙 부분으로 이동시킵니다.

19. 아울러 F 영역의 점선 부분을 드래그하여 그림처럼 영역의 크기를 키워줍니다. 다른 사진으로 작업하는 경우에도 적절히 크기를 키우고 아이의 얼굴 영역이 잘려 나가지 않도록 위치를 조절해주면 됩니다.

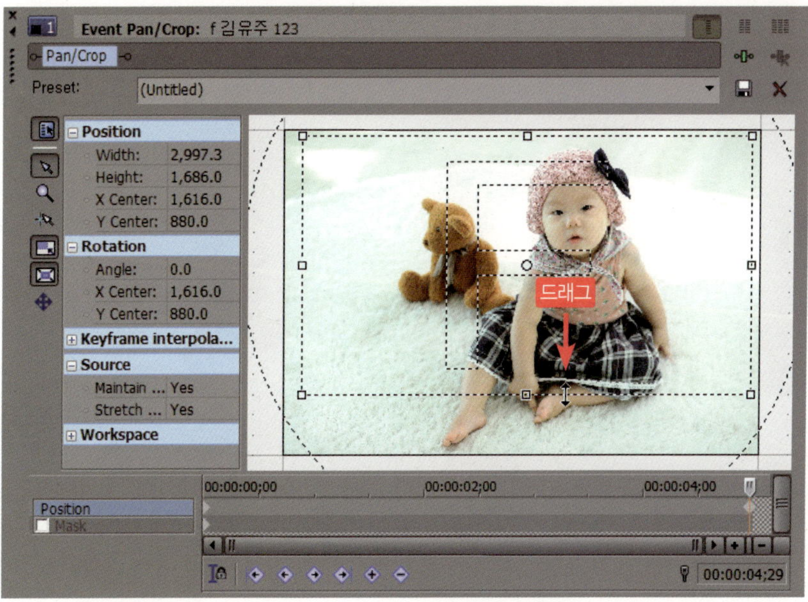

20. 현재 타임 마커 지점을 보면 회색으로 타임라인에 마름모꼴 표시가 생겨난 것을 볼 수 있습니다. 기본적으로 타임라인의 시작 지점에 한 개만 생성되어 있지만 다른 시간 지점에 타임 마커를 두고 이벤트에 어떤 변화를 주면 자동으로 생성됩니다. 이것은 키프레임(Keyframe)이라고 부르며 어떤 변화가 생긴 프레임을 가리킵니다.

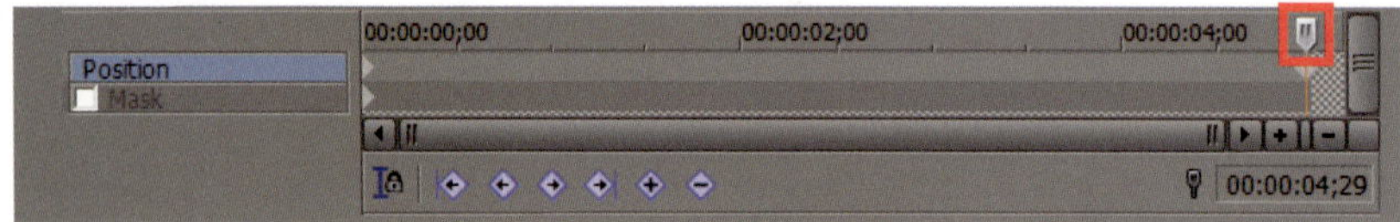

21. 트랙의 마커 바에서 시작 지점을 클릭하여 트랙의 타임 마커를 시작 지점에 둡니다.

22. Enter 키를 눌러 이벤트를 재생하면서 프리뷰 윈도우를 통해 결과를 확인해보기 바랍니다. 시작 지점의 팬/크롭 설정이 끝 지점의 팬/크롭 설정값으로 점차 변화하면서 진행되므로 아이의 얼굴이 점차 작아지는 줌 아웃(Zoom Out) 효과를 볼 수 있습니다. 이벤트의 팬/크롭 설정을 통해 크기나 위치가 변경되어 가도록 하는 작업은 성장 동영상에서 빠뜨릴 수 없는 기본적이면서도 필수적인 작업입니다. 사진에 따라 시작 지점과 끝 지점의 F 영역의 위치, 크기 등을 자유롭게 지정하여 변화되는 화면을 만들어주면 됩니다.

23. 팬/크롭 윈도우 안에서 마우스 우측 버튼을 클릭하면 다음과 같은 메뉴가 나타납니다. 이들은 다음과 같은 역할을 합니다.

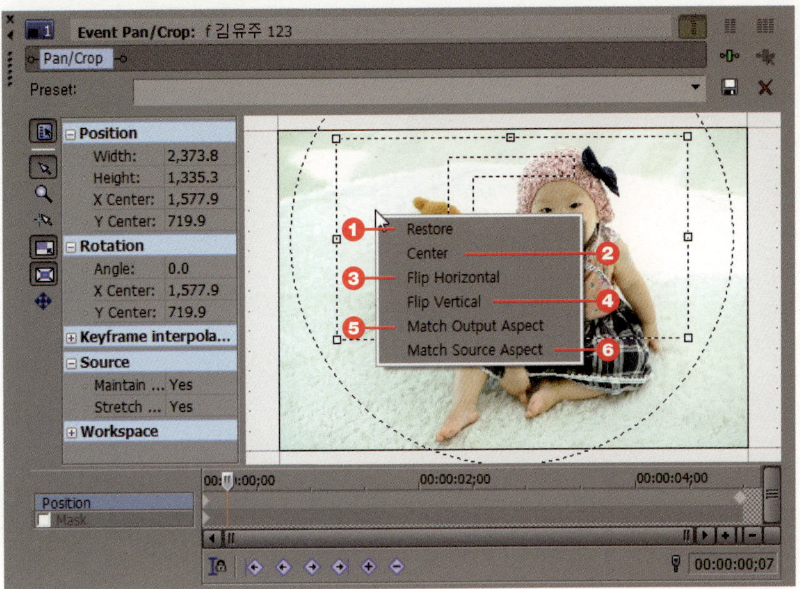

1 **Restore :** F 영역을 이벤트의 원래 크기로 되돌립니다.

2 **Center :** F 영역을 중앙으로 위치시킵니다.

3 **Flip Horizontal :** 이벤트의 좌우를 뒤바꾸어 줍니다.

4 **Flip Vertical :** 이벤트의 상하를 뒤바꾸어 줍니다.

5 **Match Output Aspect :** F 영역의 가로/세로 비율을 프로젝트의 비율과 동일하게 설정합니다. 자칫 다른 부분을 손대어 비율이 잘못되었을 때 선택해주면 됩니다.

6 **Match Source Aspect :** F 영역의 가로/세로 비율을 이벤트의 원래 비율과 동일하게 설정합니다.

24. 한 가지 더 살펴보도록 하겠습니다. 스마트 폰으로 촬영하다보면 세로 사진을 많이 찍게 되는데 동영상 작업은 주로 가로가 넓은 화면으로 작업합니다. 이때 여백이 나타나지 않도록 하기 위해 사진의 많은 부분이 잘려나가 답답하게 보일 수 있습니다. 세로로 아이 얼굴 부분만 크게 촬영한 사진을 트랙에 등록하고 프리뷰 윈도우를 보면 다음과 같이 나타납니다.

25. 트랙에 놓인 이벤트의 이벤트 팬/크롭 버튼을 클릭하여 팬/크롭 윈도우를 열어보면 다음과 같은 상태임을 확인할 수 있습니다. F 영역에 표시되는 것처럼 위아래는 잘리고 중앙의 일부 영역만 나타나 도록 되어 있는 것이죠.

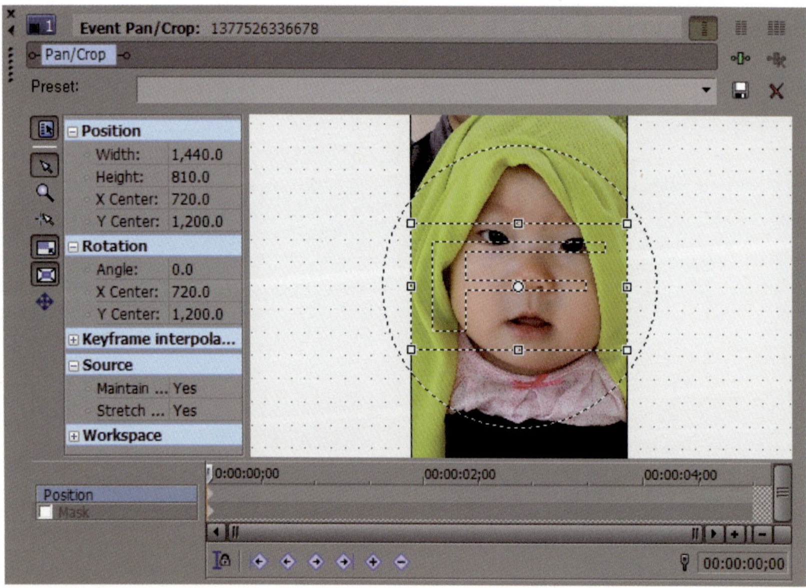

26. 이러한 사진으로는 앞에서 살펴보았던 것처럼 줌 인이나 줌 아웃 같은 작업을 하기는 곤란합니다. 더 이상 변화를 줄 여백이 없기 때문입니다. 굳이 사용해야 한다면 위아래로 조금 움직이는 정도의 변화를 줄 수밖에 없습니다. 아이의 얼굴이 많이 가려지지 않는 한도 내에서 말이죠.

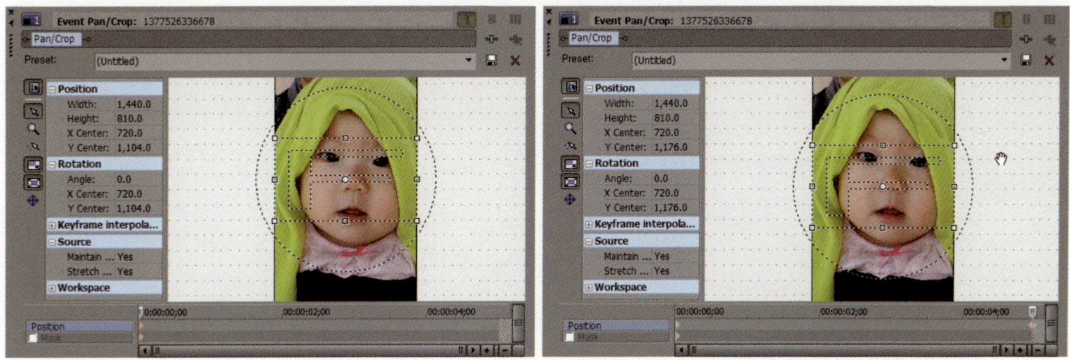

첫 번째 키프레임(시작 지점)　　　　　　　　　두 번째 키프레임(끝 지점)

27. 따라서 가급적이면 세로 사진을 사용할 때는 얼굴 주위에 여백이 충분한 사진을 사용하는 것이 좋습니다. 표시 영역을 좀 더 다양하게 이동시킬 수 있어 자유롭게 작업할 수 있으며 주위 모습도 볼 수 있어 답답하지 않기 때문입니다.

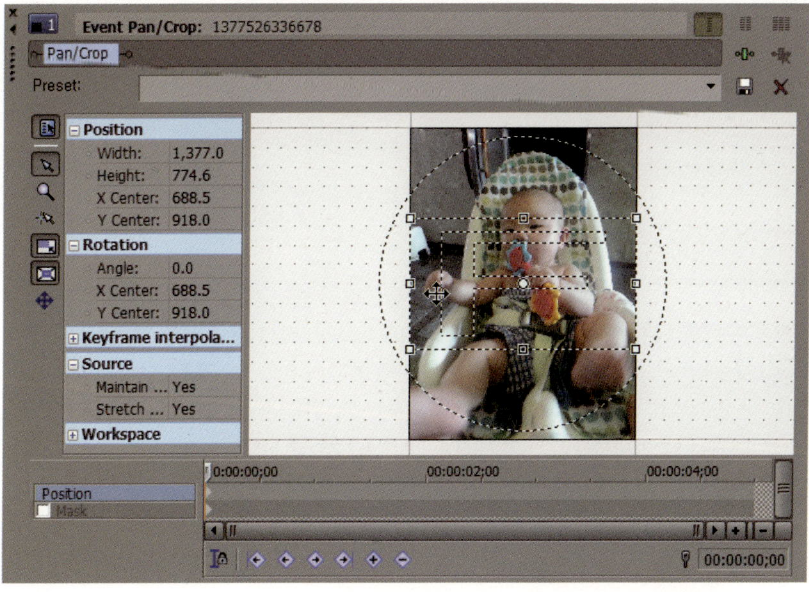

베가스 프로에서는 하나의 작업 단위를 '프로젝트'라고 부르며 저장해 놓은 프로젝트는 베가스 프로를 종료한 후에도 언제든지 다시 불러와 수정하거나 추가 작업을 계속할 수 있습니다. 시간상, 동영상 작업을 한 번에 끝내지 못할 것이므로 추후 작업을 계속하기 위해서 반드시 프로젝트를 저장해두는 것이 좋습니다.

프로젝트를 저장하려면 [File] → [Save]를 선택합니다.

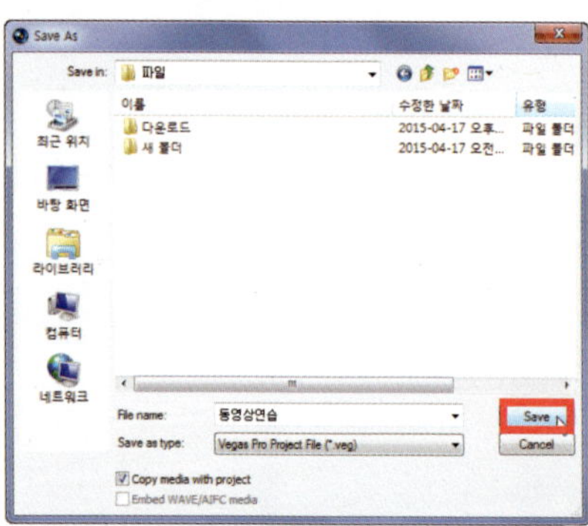

Save as 창이 나타나면 저장할 폴더로 이동하여 File name에 파일 이름을 입력하고 [Save] 버튼을 클릭합니다.

프로젝트가 저장되면 저장된 파일 이름이 베가스 프로의 타이틀바에 나타나게 됩니다. 저장된 프로젝트 파일을 더블클릭하면 곧바로 베가스 프로가 실행되면서 해당 프로젝트가 곧 바로 나타나게 됩니다.

CHAPTER 14

다양한 이펙트와 트랜지션 적용하기

트랙에 등록된 이벤트에는 여러가지 효과를 적용함으로써 이벤트를 색다르게 보이게 하거나 변화되는 영상을 만들 수 있습니다. 또한 여러 이벤트가 연속해서 등록되어 있을 때 트랜지션을 적용하면 하나의 이벤트에서 다른 이벤트로 진행할 때 다양한 효과가 나타나게 할 수 있습니다.

01. 앞에서 해보았던 것처럼 사진 하나를 트랙에 등록하고 윈도우 도킹 영역에서 [Video FX] 탭을 클릭합니다.

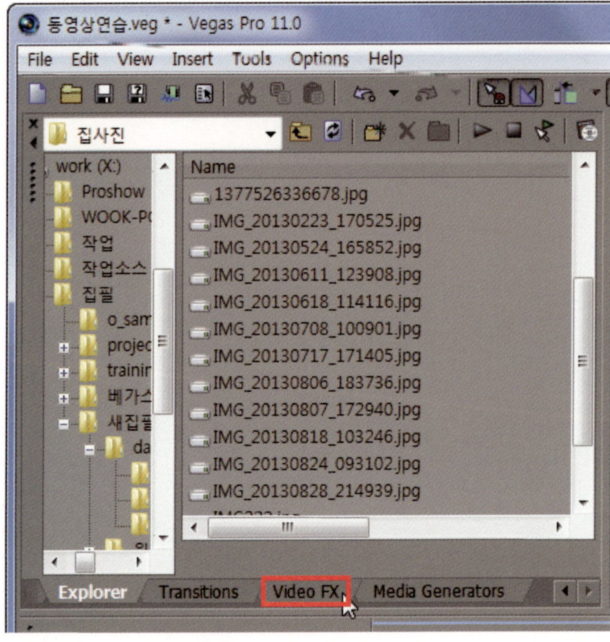

작업 화면이 좁거나 다른 윈도우가 띄워져 있어서 윈도우 도킹 영역의 크기가 작다면 원하는 탭이 안보일 수 있습니다. 그럴 때는 탭 우측 아래에 있는 ◀, ▶ 버튼을 원하는 탭이 나타날 때까지 클릭해주면 됩니다.

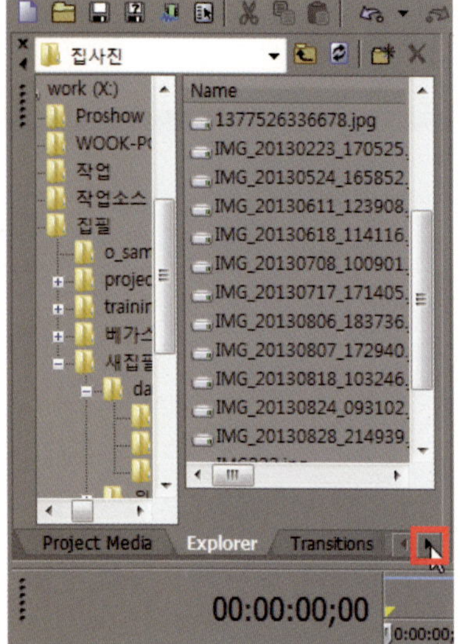

Video FX 탭이 보이지 않으므로 ▶ 버튼을 클릭

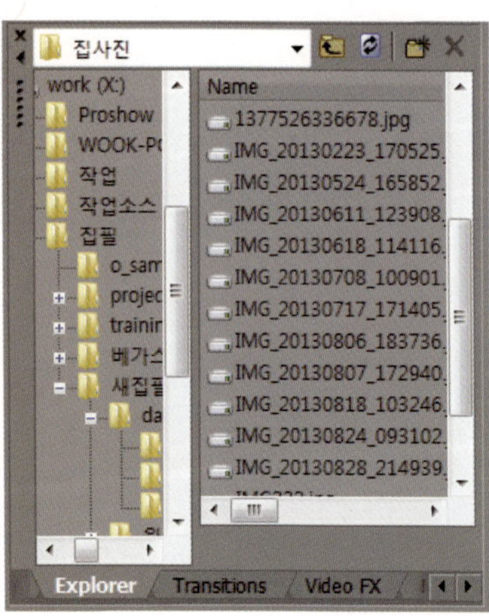

Video FX 탭이 나타나게 됩니다.

02. Video FX 윈도우에 다양한 이펙트 목록이 나타납니다. 이펙트란 이벤트에 적용할 수 있는 특별한 효과를 가리킵니다. 트랙에 다소 어둡게 찍힌 사진 하나를 등록하고 Video FX 윈도우에서 [Brightness and Contrast] 이펙트를 트랙의 사진 위로 드래그합니다.

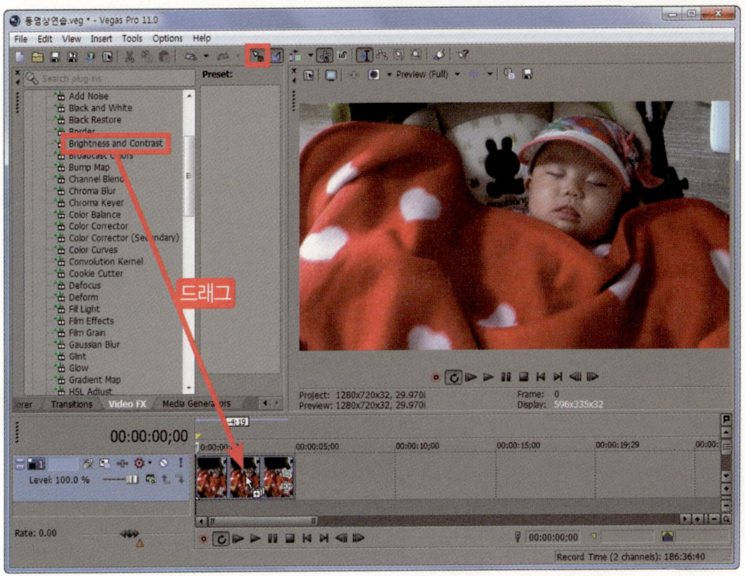

03. 트랙의 이벤트 우측을 보면 Event FX 버튼이 녹색으로 바뀌어 나타납니다. 이것은 이벤트에 이펙트가 적용되었다는 것을 의미합니다. [Event FX] 버튼을 클릭합니다.

04. Video Event FX 윈도우가 나타나며 해당 이펙트에 대한 여러 속성들이 표시됩니다. Brightness and Contrast 이펙트는 이벤트의 밝기나 명암을 조절할 수 있도록 합니다. 프리뷰 윈도우를 보면서 사진이 적절히 밝아지도록 Brightness 슬라이더를 우측으로 드래그합니다.

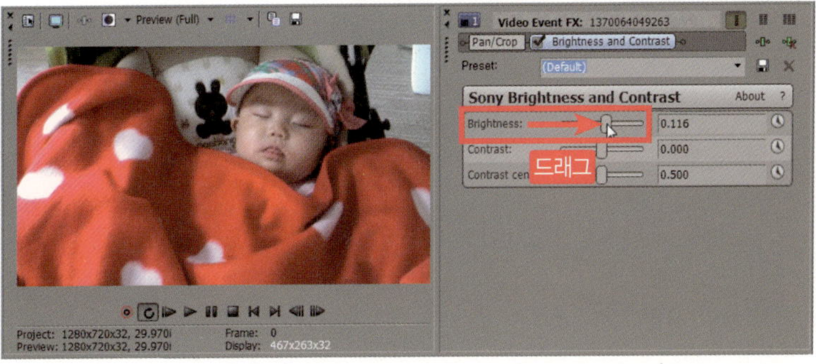

05. Brightness 값이 증가됨으로 인하여 사진이 흐릿하게 나타난다면 Contrast 값도 조금 키워주도록 합니다.

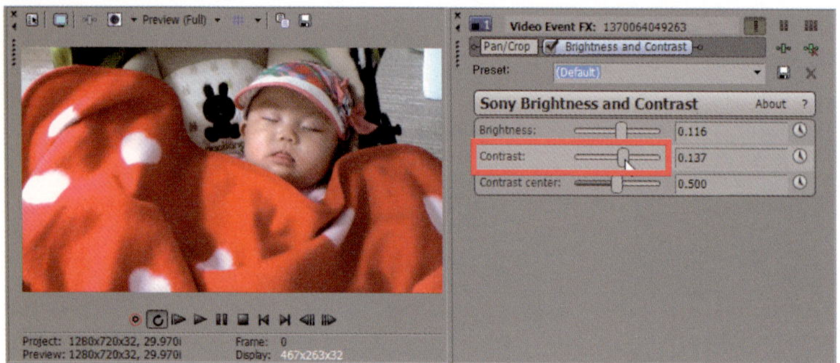

06. 하나의 이벤트에 여러 이펙트를 적용할 수도 있습니다. 이번에는 Video FX 윈도우에서 [Gaussian Blur] 이펙트를 트랙의 사진 위로 드래그합니다.

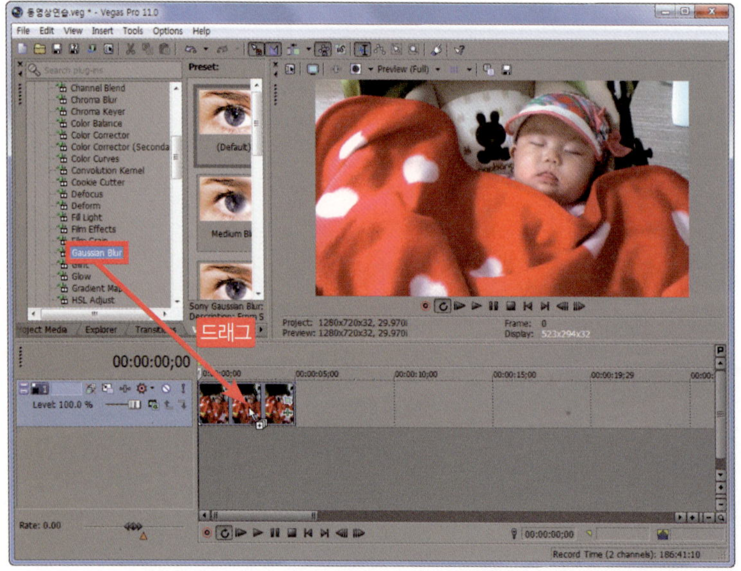

07. 다시 이벤트의 Event FX 버튼을 클릭하여 Video Event FX 윈도우를 열어보면 상단에 새로 추가한 이펙트가 등록된 것을 볼 수 있습니다. 이 이펙트는 두 개의 속성을 가지고 있는 것으로 나타나는데 위에 있는 Horizontal range 속성 우측의 [Animate] 버튼을 클릭합니다.

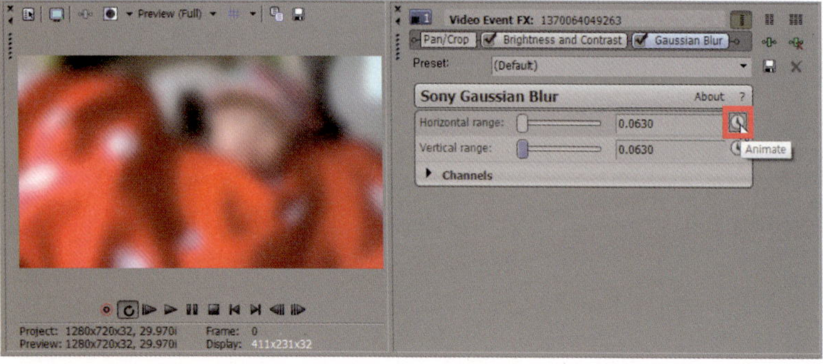

08. 이어서 아래에 있는 Vertical range 속성 우측의 [Animate] 버튼도 클릭합니다. 아래쪽에 타임라인이 나타납니다. 타임 마커를 시작 지점에 두고 Horizontal range 슬라이더와 Vertical range 슬라이더를 모두 좌측 끝으로 드래그합니다.

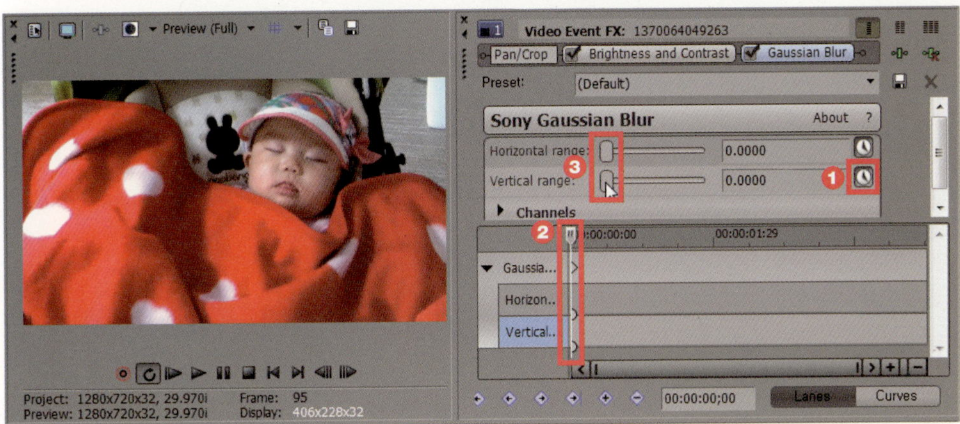

09. 프리뷰 윈도우를 보면 사진이 선명하게 보이는 것을 볼 수 있습니다. Gaussian Blur 이펙트는 블러 효과, 즉 이벤트를 흐릿하게 보이도록 하는데 속성값을 모두 '0'으로 설정하여 이펙트가 적용되지 않은 것처럼 하였습니다. 타임라인에서 Gaussian Blur의 끝 지점을 클릭합니다.

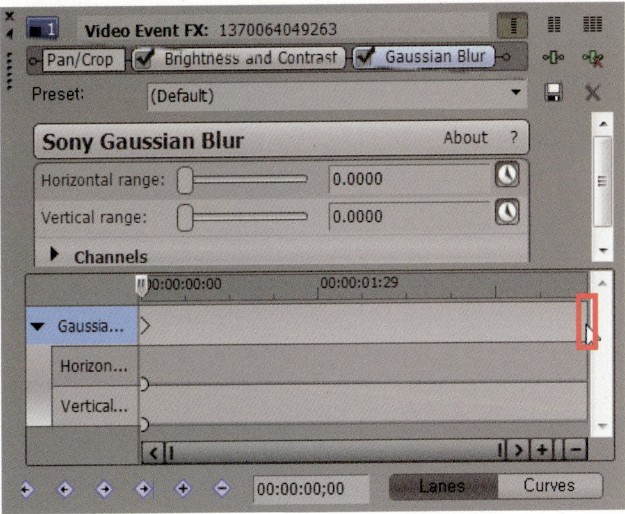

10. 타임 마커가 이벤트의 끝 지점으로 이동합니다. Horizontal range와 Vertical range 슬라이더를 모두 우측으로 드래그하여 속성값이 0.12 정도가 되도록 설정합니다. 프리뷰 윈도우를 보면 사진이 상당히 흐릿하게 바뀌어 나타나는 것을 볼 수 있습니다.

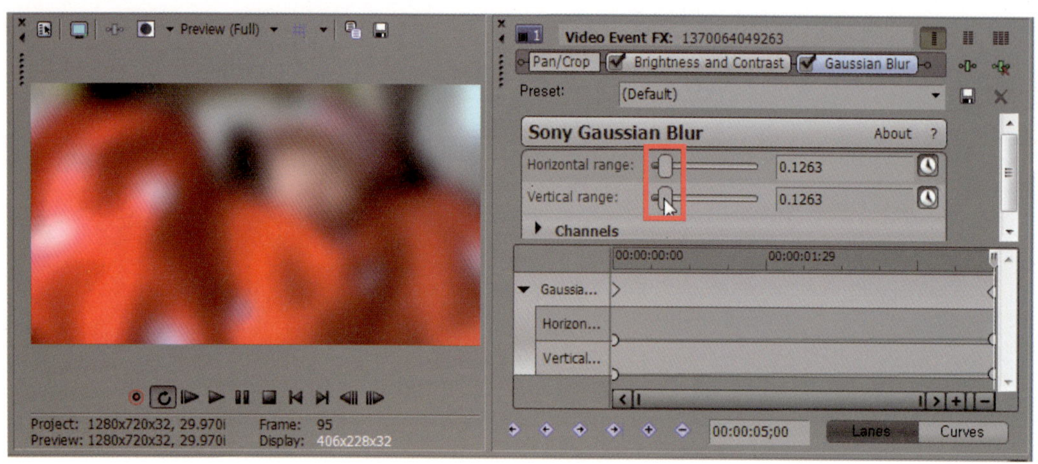

11. 타임 마커를 시작 지점에 두고 Enter 키를 누르면 선명했던 사진이 점차 흐릿해지는 애니메이션 효과가 나타납니다. 이렇듯 이펙트에도 각각 다른 두 시간 지점에 다른 속성값을 지정하여 애니메이션 효과를 만들 수 있습니다. Video Event FX 윈도우의 [Preset 목록] 버튼을 클릭하면 여러 메뉴가 나타납니다. 이것은 일정한 속성값을 설정해놓은 것으로 "프리셋"이라고 부르며 사용자가 일일이 설정값을 지정하지 않아도 간단히 몇 가지 형태 중에서 선택해 사용할 수 있도록 하고 있습니다.

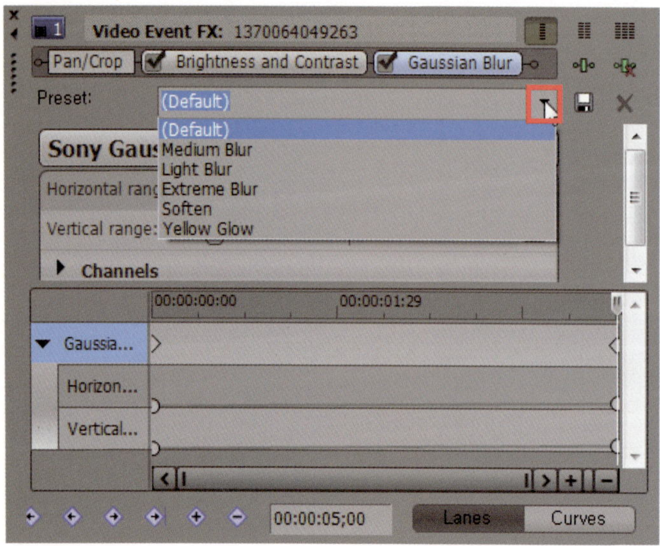

12. 이러한 프리셋은 Video FX 윈도우에서 이펙트를 선택했을 때 우측 창에도 나타나며 여기에서 원하는 것을 이벤트로 드래그하여 곧 바로 해당 프리셋이 적용된 상태로 이펙트를 적용할 수도 있습니다. 하지만 각 프리셋에 설정된 값이 어느 정도의 효과를 갖는지 가늠하기 곤란하다면 그냥 이펙트 목록에서 이펙트를 적용하고 적절히 원하는 값으로 설정해 사용하는 것이 좋습니다.

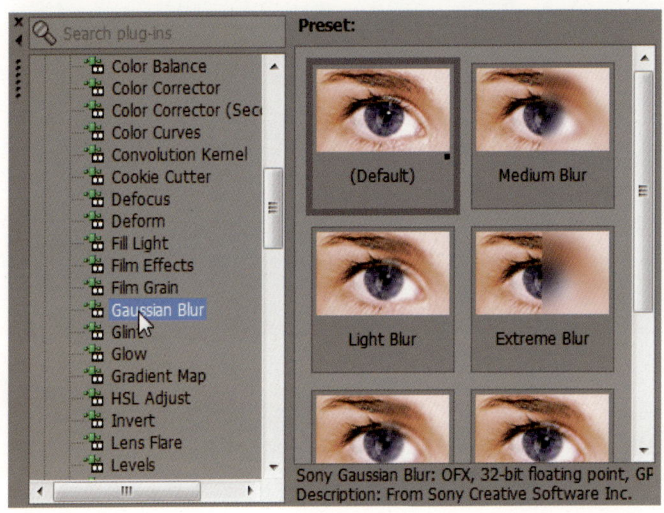

13. 이벤트에 적용된 이펙트 목록을 보면 체크 표시가 되어 있습니다. 이 부분을 클릭하면 이펙트가 등록되었으나 적용되지 않도록 합니다.

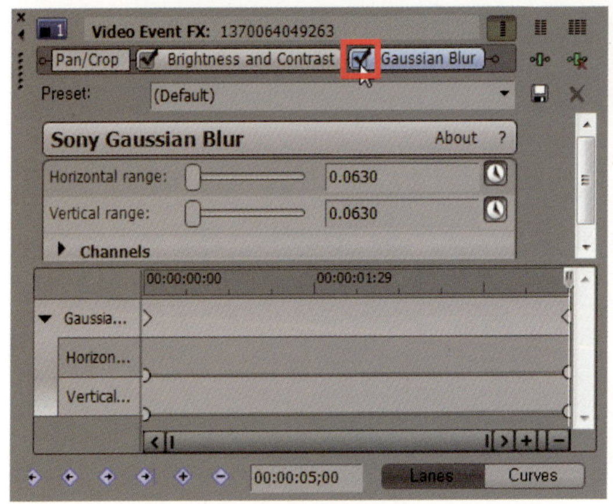

체크 부분을 클릭

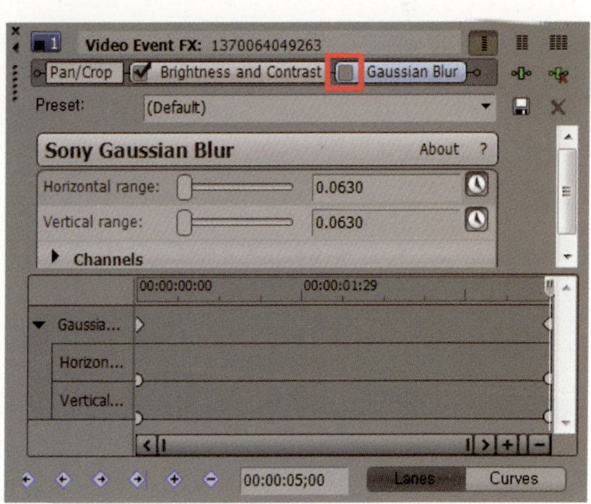

이펙트의 적용을 해제

14. 이벤트에 적용된 이펙트를 아예 제거하려면 이펙트를 선택하고 Remove 버튼을 클릭하면 됩니다.

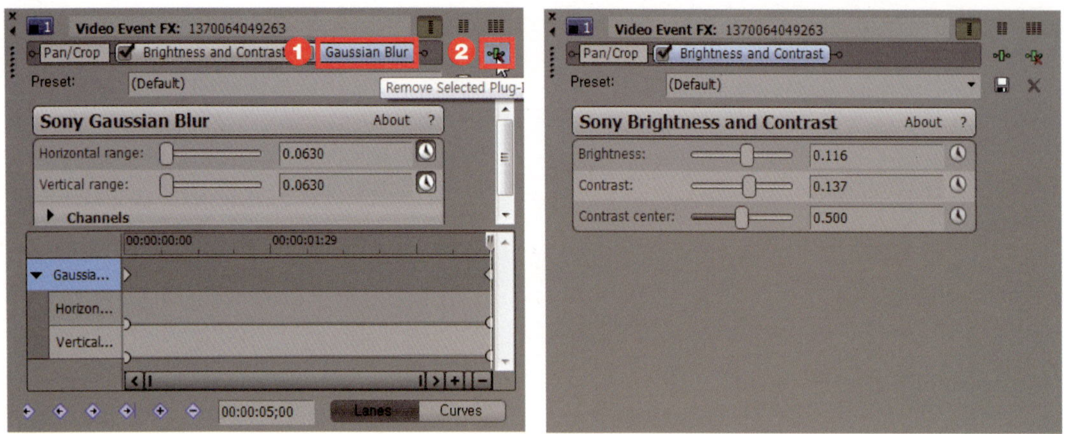

이펙트를 선택하고 Remove 클릭   해당 이펙트가 제거됩니다.

15. 이번에는 트랜지션(Transition)을 적용해보도록 하겠습니다. 트랜지션이란 전환 효과를 의미하는 것으로 일반적으로 앞 이벤트의 끝 지점과 뒤 이벤트의 앞 지점 일부분을 겹치도록 하고 이 지점이 재생될 때 독특한 효과가 나타나도록 할 때 사용합니다. 윈도우 탐색기에서 사진 하나를 트랙에 등록된 이벤트 뒤에 살짝 겹치도록 드래그합니다.

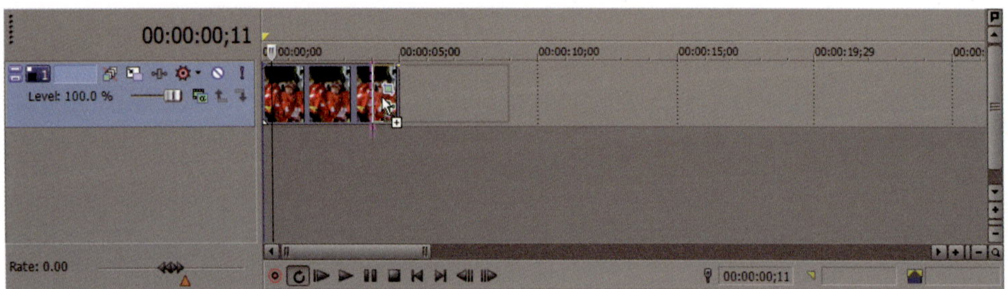

16. 마우스 버튼을 놓으면 겹친 부분의 거리가 표시됩니다. 그림의 경우 0;27로 표시되고 있는데 이것은 27프레임 겹쳐져 있다는 것입니다. 보통 1초 정도 겹치게 하는 것이 자연스러우므로 1초보다 짧게 표시되는 경우 뒤에 있는 이벤트를 좌측으로 더 드래그하고, 1초보다 길다면 우측으로 드래그하여 1초(1;00)로 표시되도록 합니다.

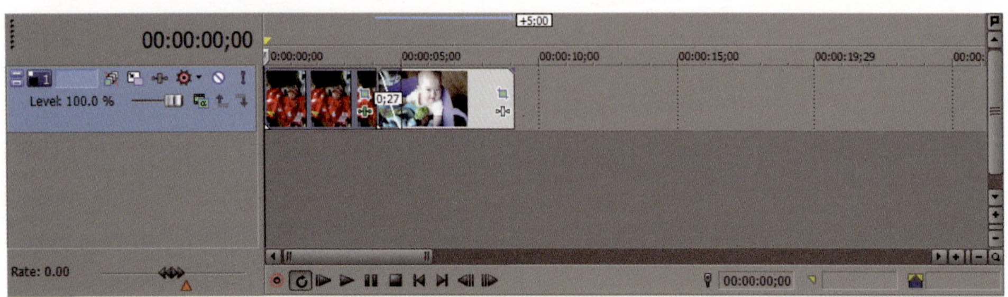

겹친 부분이 27 프레임

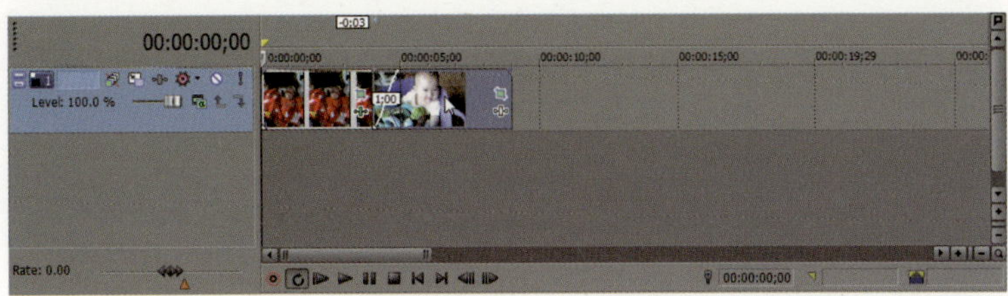

1초 구간이 겹치도록 조절합니다.

17. 두 이벤트가 겹친 부분은 자동적으로 앞 이벤트에 페이드 아웃(Fade Out), 뒤 이벤트에 페이드 인 (Fade In)이 적용됩니다. 즉, 그림과 같이 앞 이벤트가 점차 희미해지면 뒤 이벤트가 점차 짙게 나타납니다.

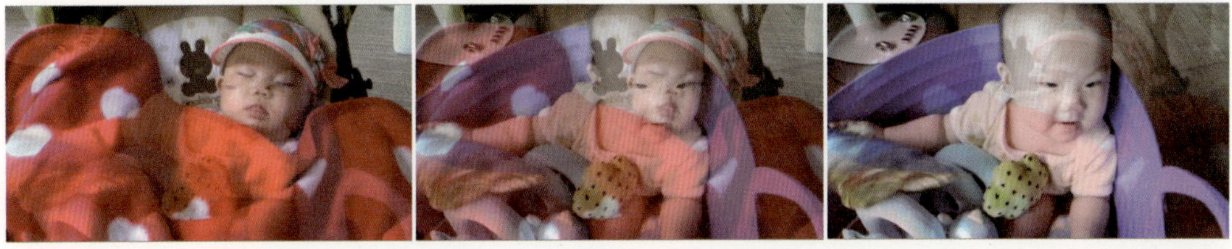

▶ **참고하세요!**

페이드 인(Fade In)이란 희미한 상태로 나타난 이벤트가 점차 밝아지면서 원래의 상태로 나타나도록 하는 효과를 말하며 페이드 아웃(Fade Out)이란 점차 어두워지면서 재생을 마치도록 하는 효과를 말합니다.

18. 두 이벤트가 바뀌는 형태를 다른 것으로 변경하기 위해 윈도우 도킹 영역에서 [Transitions] 탭을 클릭합니다.

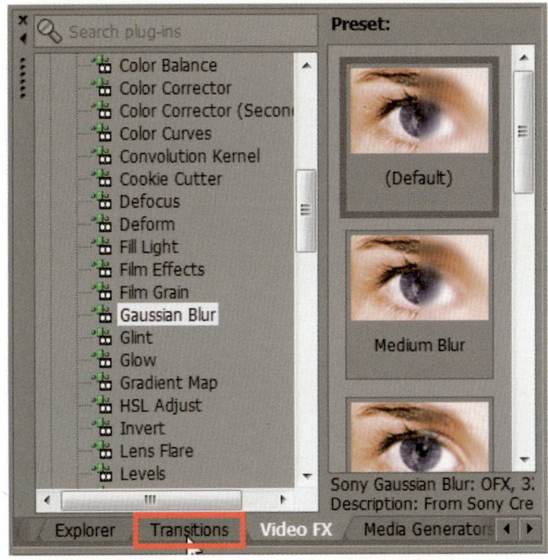

19. 트랜지션 윈도우가 나타납니다. 트랜지션 목록에서 [Page Peel] 트랜지션을 트랙의 이벤트가 겹쳐진 부분으로 드래그합니다.

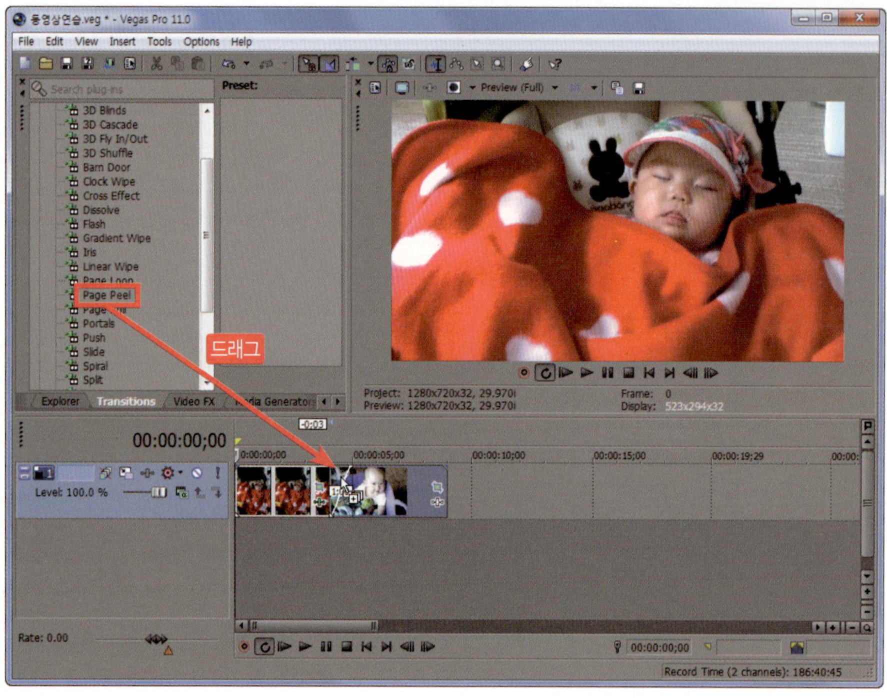

20. 겹쳐진 부분에 드래그한 트랜지션 이름이 표시됩니다. 트랜지션 이름이 모두 표시되지 않는다면 트랙 위에서 마우스 휠을 위쪽으로 드래그하여 트랙을 줌 인합니다. 이름과 함께 이름 옆에 있는 트랜지션 속성 버튼을 클릭합니다.

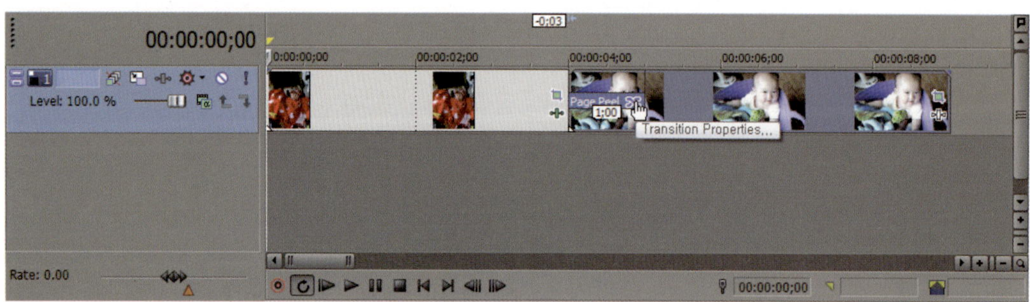

21. 트랜지션 속성 윈도우가 나타나 여러 속성을 설정할 수 있습니다. 트랜지션 역시 프리셋을 선택해 사용할 수 있습니다.

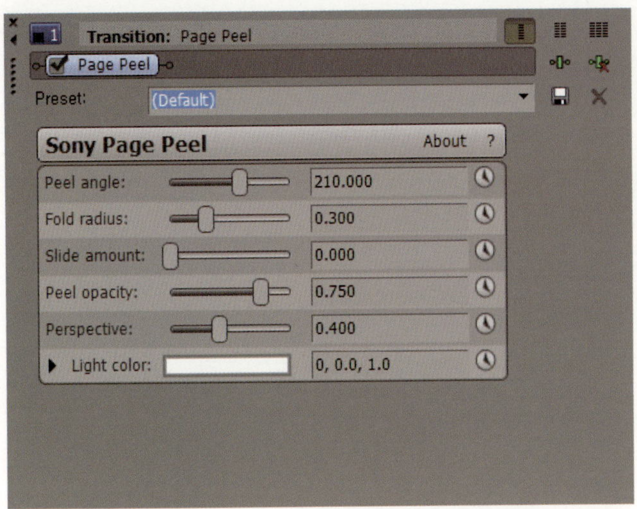

22. 트랜지션이 적용된 상태를 보기 위해 겹쳐진 구간을 재생해보면 다음과 같이 페이지가 벗겨지듯이 다음 이벤트로 전환되는 것을 볼 수 있습니다.

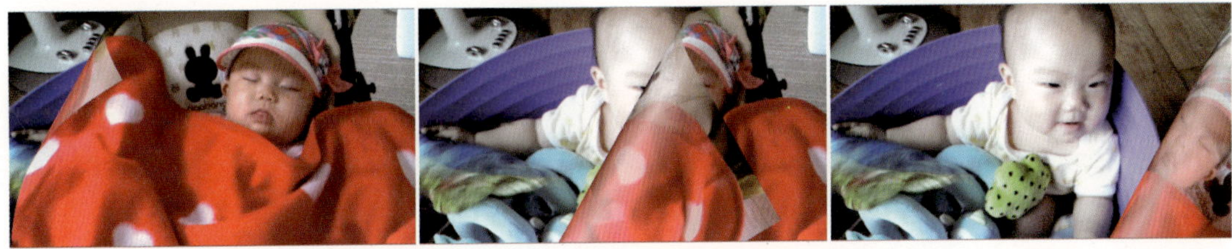

트랜지션 윈도우에서 우측의 [Remove] 버튼을 클릭하면 현재 적용된 트랜지션이 제거되며 트랜지션이 제거되면 기본적인 전환 효과, 즉 두 이벤트에 각각 페이드 아웃과 페이드 인이 적용된 상태로 돌아갑니다. 트랜지션은 하나의 구간에 대해 한 가지만 적용됩니다. 만일 동일 구간에 대해 여러 번 다른 트랜지션을 드래그하였다면 최종적으로 드래그한 트랜지션만 적용됩니다. 따라서 현재 적용한 트랜지션이 마음이 들지 않아 다른 것으로 바꾸어 적용하려면 현재 트랜지션을 삭제하고 다른 트랜지션을 적용할 필요 없이 곧바로 원하는 트랜지션을 적용하면 됩니다.

23. 트랜지션은 두 이벤트가 겹쳐진 부분이 아닌, 하나의 이벤트 앞부분과 뒷부분에도 사용할 수 있습니다. 트랙에 등록된 이벤트를 클릭하여 Delete 키를 눌러 모두 삭제하고 다른 이벤트 하나를 등록한 다음, 이벤트 앞부분 위쪽에 마우스를 둡니다. 그림과 같이 부채꼴의 Fade 마크가 나타납니다.

24. 표시되는 시간을 보면서 이것을 우측으로 1초 지점까지 드래그합니다.

25. 시작 지점에서 1초 지점까지 이벤트 위에 사선 표시가 나타납니다.

26. 재생해보면 점차 짙게 나타나는 페이드 인 효과가 적용된 것을 알 수 있습니다.

27. 페이드가 적용된 구간 끝에 마우스를 두면 다시 페이드 마크가 나타나며 드래그함으로써 페이드 구간의 길이를 조절할 수 있습니다. 페이드 마크가 나타난 상태에서 마우스 우측 버튼을 클릭합니다.

28. 여러가지 페이드 타입이 나타나 다른 것으로 선택, 변경할 수 있습니다. 즉, 구간의 변화를 좀 더 급격하게 하거나 완만하게 변경할 수 있습니다.

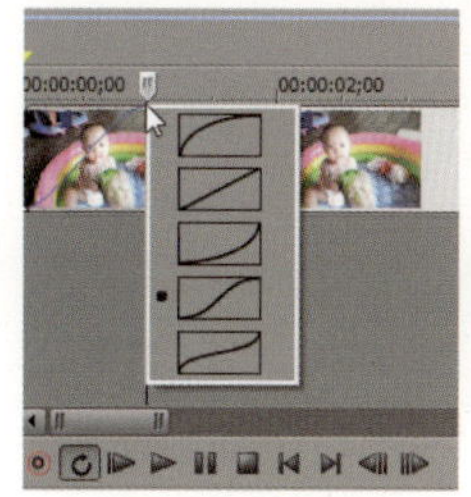

29. 이렇게 페이드로 지정된 구간에는 다른 트랜지션을 적용할 수 있습니다. 트랜지션 윈도우에서 [3D Fly In/Out] 트랜지션을 페이드 구간으로 드래그합니다. + 표시가 나타나 적용할 수 있음을 표시해 줍니다.

30. 마우스 버튼을 놓으면 해당 구간에 트랜지션 이름이 표시되어 적용되었다는 것을 알 수 있습니다.
물론 이벤트의 트랜지션 속성 버튼을 클릭하여 트랜지션에 대한 속성을 설정할 수도 있습니다.

31. 이벤트의 뒤쪽에도 앞쪽처럼 페이드 구간을 설정할 수 있습니다. 이벤트의 끝 지점 위에 마우스를
가져가면 역시 페이드 마크가 나타납니다.

32. 페이드 마크를 좌측으로 드래그하면 구간이 설정되어 점차 희미해져가는 페이드 아웃 효과가 나
타나게 됩니다. 물론, 이 구간에도 다른 트랜지션을 드래그하여 적용할 수 있으며 페이드 타입을 변경
할 수도 있습니다.

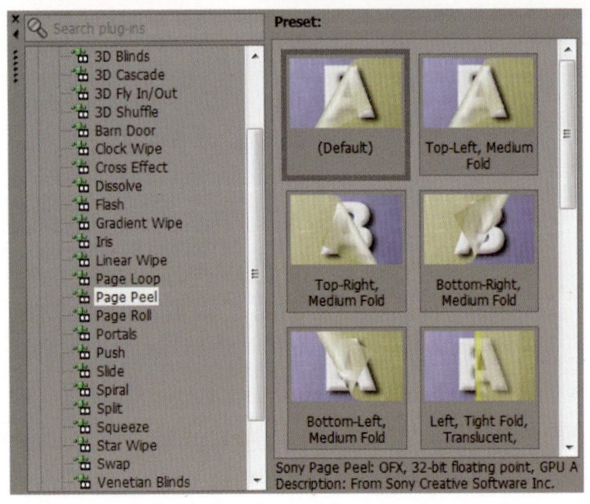

〈트랜지션 프리셋〉

15 CHAPTER

동영상 편집과 변환 작업 익히기

성장 동영상에는 사진을 비롯하여 동영상이나 타이틀, 음악 등 다양한 미디어 파일이 사용됩니다. 동영상을 삽입하고 원하는 구간만을 편집하거나 동영상에 포함된 오디오에 대한 조작 방법에 대해 익혀보겠습니다. 아울러 베가스 프로에서 인식하지 못하는 동영상을 제대로 사용할 수 있도록 변환하는 방법에 대해서도 알아봅니다.

1. 동영상 등록하고 원하는 부분만 편집하기

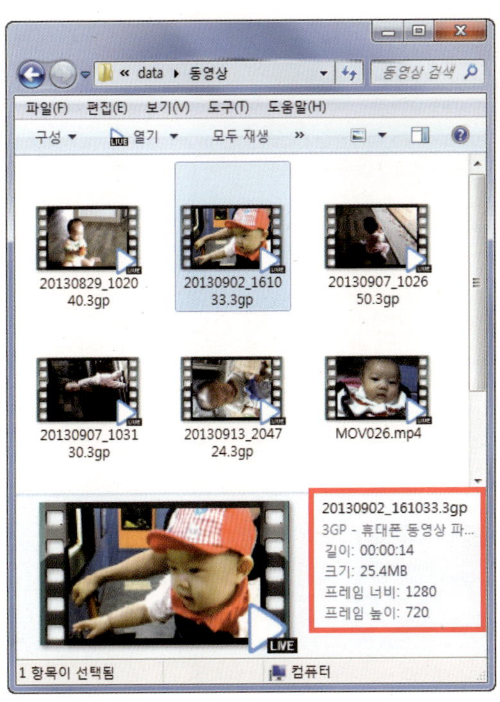

01. 동영상 촬영에 대한 설정 부분에서 설명했듯이 동영상은 최소 720p(1280X720)의 해상노를 갖는 동영상을 사용하는 것이 좋습니다. 동영상의 해상도는 윈도우 탐색기에서도 확인할 수 있습니다. 즉, 동영상을 선택하면 하단에 동영상의 길이와 파일 크기 그리고 해상도(너비와 높이) 등이 표시됩니다.

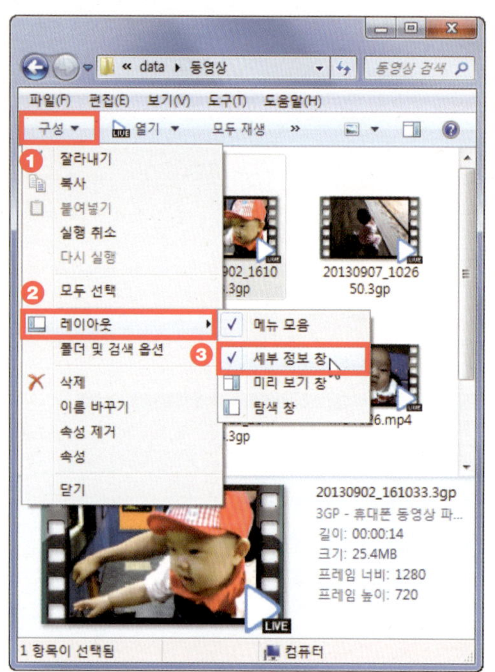

02. 동영상도 사진 파일처럼 드래그하여 등록하는 것이 가장 편리합니다. 동영상 파일이 저장되어 있는 폴더에서 동영상 하나를 트랙으로 드래그합니다.

03. 트랙이 없었다면 자동으로 트랙이 생성되면서 드래그한 동영상이 등록됩니다. 아울러 사진을 드래그할 때와 달리 두 개의 트랙이 나타나게 됩니다. 영상은 사진처럼 비디오 트랙에 등록되며 동영상에 포함된 오디오(사운드)는 오디오 트랙에 등록되기 때문입니다. 오디오 트랙에 등록된 오디오는 파형이 표시되는 것을 볼 수 있습니다.

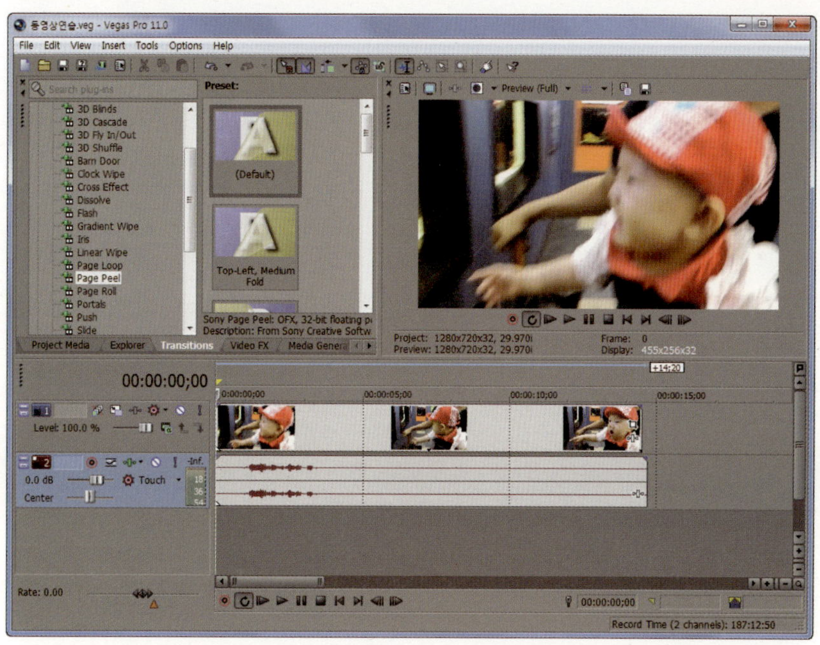

04. 이벤트는 시작 지점이나 끝 지점을 드래그하여 그 길이를 변경할 수 있습니다. 사진은 정지된 장면이므로 단순히 길이만 변경되지만 동영상은 해당 부분이 잘려나가게 되므로 원치 않는 부분을 제거할 수 있습니다. 동영상의 앞부분을 잘라 내려면 이벤트 앞부분에 마우스를 두어 마우스 포인터가 그림과 같이 나타나도록 합니다.

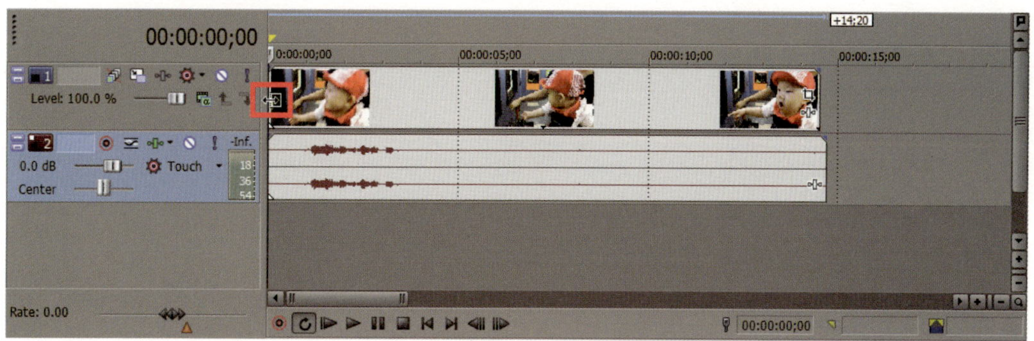

05. 이 상태에서 잘라 내고자 하는 만큼 우측으로 드래그합니다. 드래그되는 길이는 마커 바에 표시되며 현재 드래그되고 있는 지점의 영상은 프리뷰 윈도우를 통해 표시되므로 잘라내고자 하는 지점을 참고할 수 있을 것입니다. 그림에서는 3초의 길이를 드래그한 것으로 나타납니다.

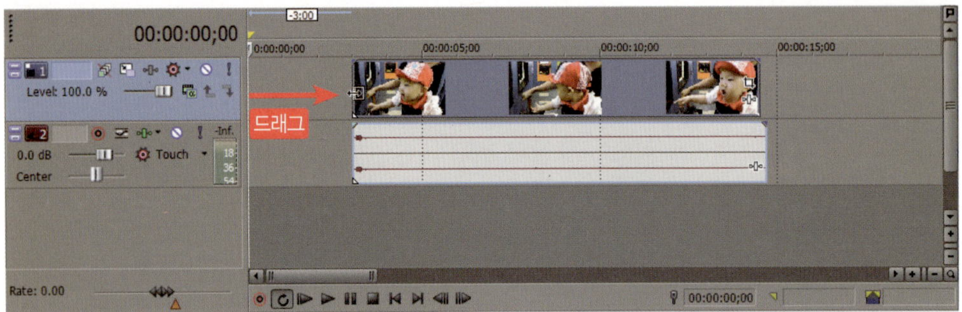

06. 끝부분도 마찬가지 방법으로 잘라낼 수 있습니다. 이벤트의 끝부분에 마우스를 둡니다.

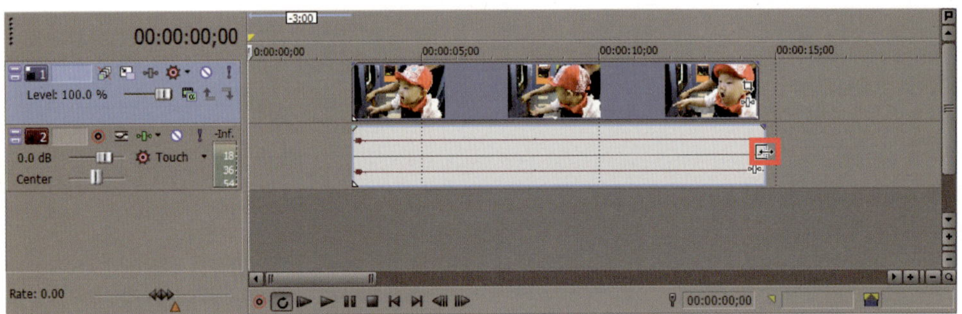

07. 잘라 내고자 하는 길이만큼 좌측으로 드래그합니다. 역시 마커 바에 드래그한 길이가 표시되며 현재 드래그되고 있는 지점에 대한 내용이 프리뷰 윈도우를 통해 나타나므로 참고할 수 있습니다.

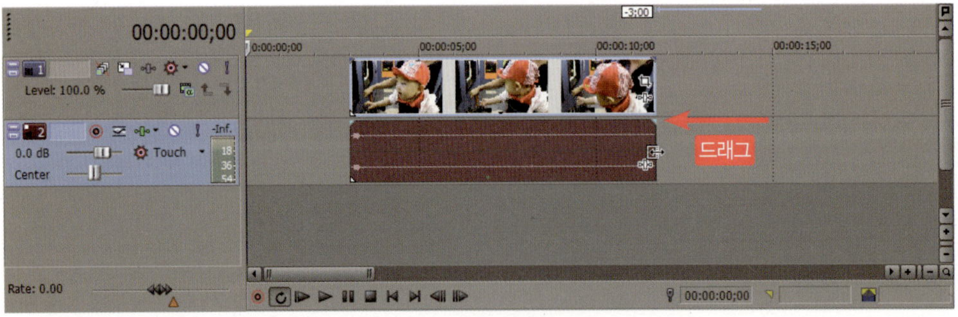

▶ **참고하세요!**

기본적으로 동영상의 비디오 부분과 오디오 부분은 한 몸으로 이루어져 있으므로 어느 한쪽으로 드래그하면 다른 한쪽도 같이 드래그되어 잘라집니다. 그런데 그림에서는 이벤트의 끝부분을 드래그할 때 오디오 이벤트의 끝에서 드래그하였습니다. 일부 동영상의 경우, 비디오를 드래그하면 오직 비디오 이벤트만 드래그되는 현상이 있기 때문이며 이럴 때는 오디오 이벤트 쪽을 드래그하여 잘라 내도록 합니다.

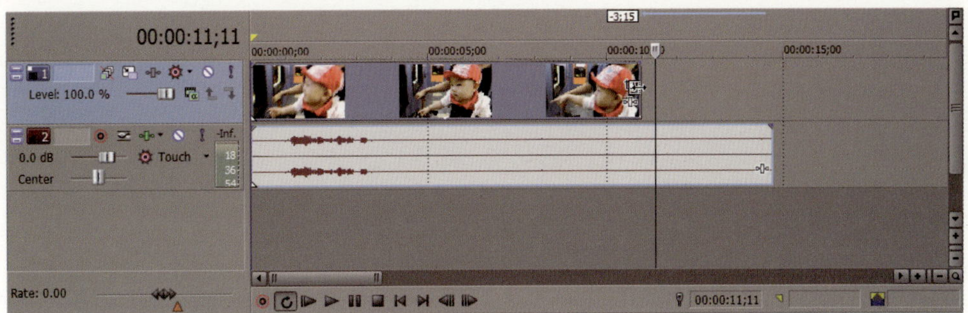

08. 이렇게 편집을 마친 동영상은 드래그함으로써 원하는 시간 지점으로 이동시켜 사용하면 됩니다. 이번에는 앞뒤가 아니라 동영상의 중간 특정 부분을 편집하는 방법을 살펴봅니다. 타임 마커를 드래그 하거나 Enter 등을 사용하여 동영상을 재생하다가 잘라 내고자 하는 시작 지점에 타임 마커를 둡니다.

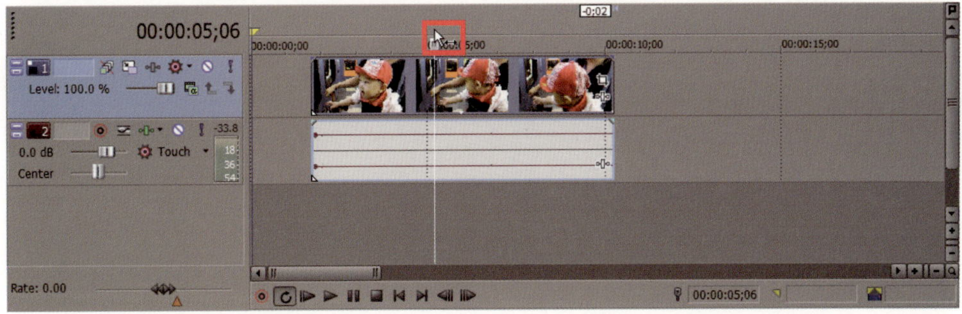

09. 메뉴에서 [Edit] → [Split]를 선택하거나 단축키인 'S'를 누릅니다.

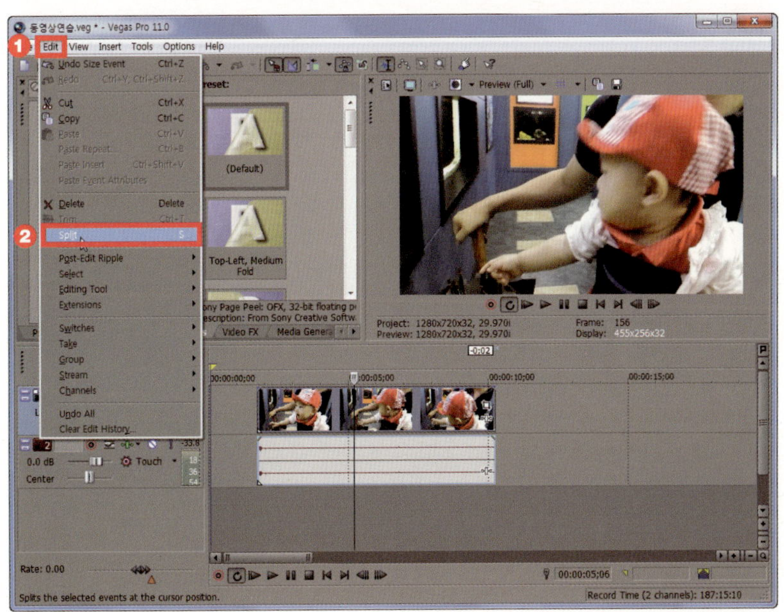

▶ **참고하세요!**

베가스 프로에서 단축키를 사용할 때는 반드시 키보드가 영문 모드 상태여야 합니다. 한글 모드에서는 단축키가 작동하지 않습니다.

10. 현재 타임 마커 지점을 기준으로 이벤트가 분할됩니다.

11. 다시 이벤트를 재생하거나 타임 마커를 이동하면서 잘라 내고자 하는 끝지점에 타임 마커를 두고
이벤트를 분할 [Edit] → [Split]합니다(09번 참고). 뒤에 있는 이벤트가 또 분할됩니다.

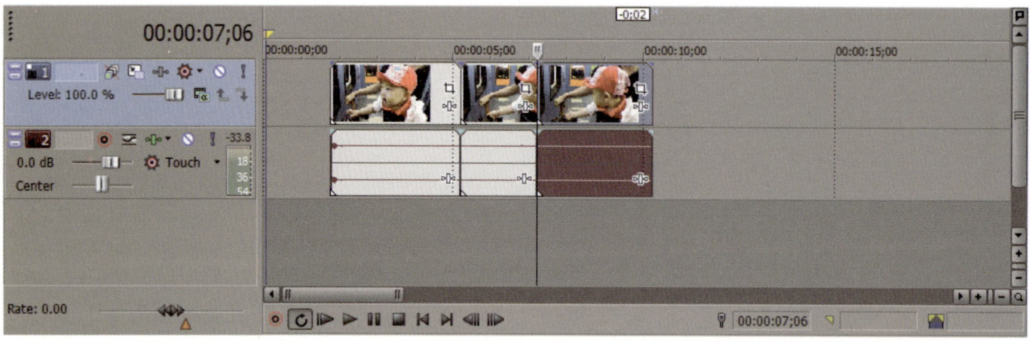

12. 잘라내고자 하는 영역인 중간에 있는 이벤트를 선택하고 Delete 키를 누르거나 이 이벤트 위에서
마우스 우측 버튼을 클릭하고 [Delete]를 선택합니다.

13. 해당 이벤트가 제거되어 사라집니다. 뒤에 있는 이벤트를 좌측으로 드래그하여 앞 이벤트 뒤에 붙이거나 원하는 위치로 이동시켜 사용하면 됩니다. 트랜지션을 다룰 때 본 것처럼, 뒤 이벤트를 앞 이벤트와 1초 정도 겹쳐 놓으면 두 이벤트가 자연스럽게 전환되면서 진행됩니다.

중앙의 이벤트가 제거됩니다.

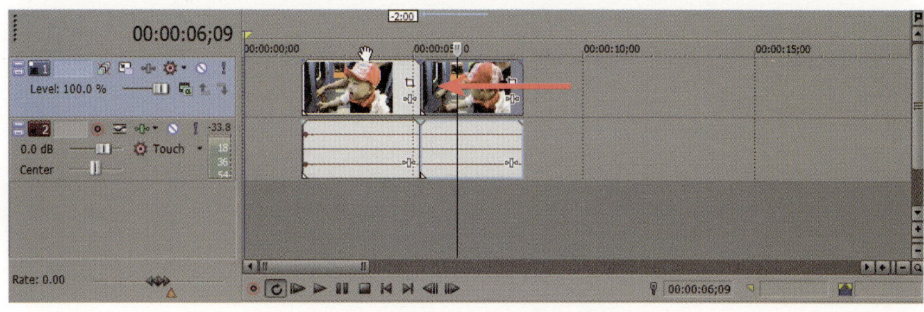

뒤 이벤트를 앞 이벤트 뒤로 이동시킵니다.

14. 아이를 촬영한 동영상을 보다보면 영상은 마음에 드는데 불필요한 소리가 포함되어 거북스러운 경우가 있습니다. 동영상에서 오디오의 소리만 줄이려면 오디오 이벤트의 가장 위쪽에 마우스를 두어 'Gain is 0.0 db'라는 표시가 나타나도록 합니다. 이것은 '볼륨 엔벌로프'라고 부릅니다.

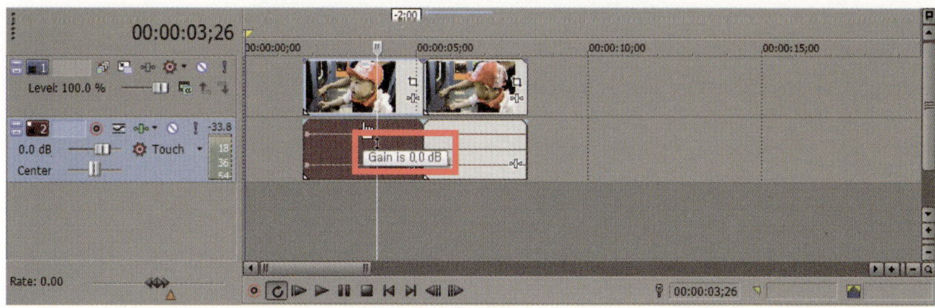

15. 이 상태에서 아래쪽으로 드래그할 수록 볼륨 엔벌로프가 아래로 이동하며 오디오의 볼륨이 줄어 듭니다. 가장 아래로 드래그하면 아예 소리가 나지 않습니다.

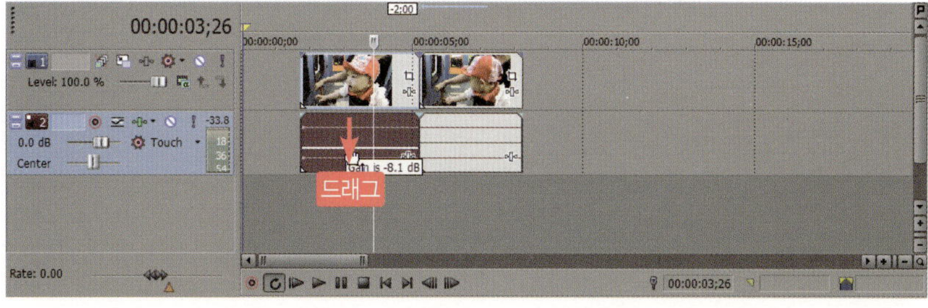

16. 동영상에서 아예 오디오 부분만 제거하려면 비디오나 오디오 이벤트 위에서 마우스 우측 버튼을 클릭하고 [Group] → [Remove From]을 선택합니다.

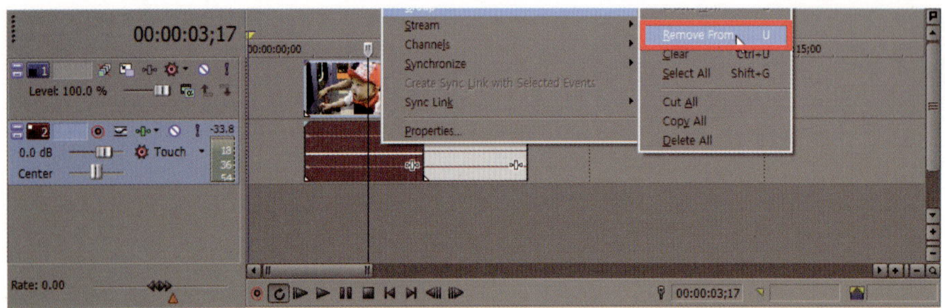

17. 비디오와 오디오가 분리됩니다. 따라서 서로 연결된 상태가 아니므로 오디오 이벤트를 클릭하고 Delete 키를 누르면 오디오만 삭제됩니다.

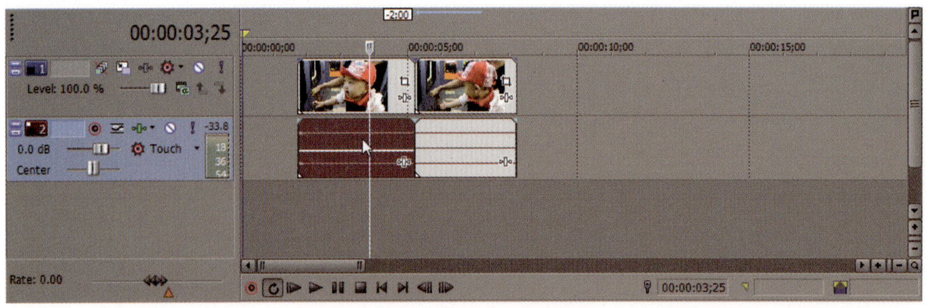

오디오 이벤트를 클릭하고 Delete

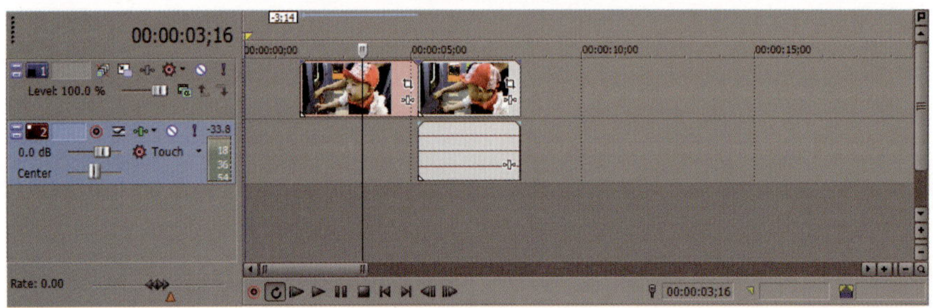

오디오만 삭제됩니다.

18. 앞의 경우와는 반대로 아이의 웃음소리나 목소리가 너무 작게 녹음되어 아쉬운 경우가 있습니다. 이럴 경우 오디오 이벤트 위에서 마우스 우측 버튼을 클릭하고 [Switches] → [Normalize]를 선택합니다.

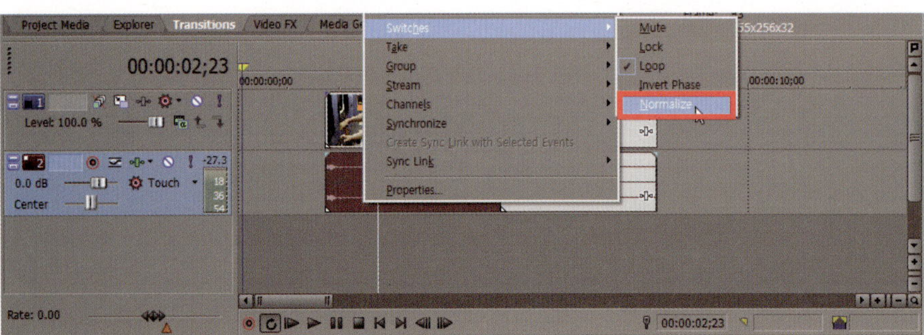

19. 오디오의 볼륨이 어느 정도 증가되며 이에 따라 이벤트에 표시되는 오디오 파형도 이전보다 크게
나타납니다. 물론 오디오 엔벌로프는 이벤트의 가장 위에 있어야 합니다.

2. 인식하지 못하는 동영상 변환하기

흔치는 않지만 동영상 파일을 베가스 프로의 트랙으로 드래그했음에도 등록이 되지 않는 경우가 있습
니다. 이것은 베가스 프로가 인식하지 못하는 형태의 동영상이기 때문이며 특정 기기에서 촬영한 동영
상의 경우 이런 경우가 발생합니다. 아까운 동영상이라서 꼭 삽입하고 싶다면 이것을 베가스 프로에서
인식하는 파일 형태로 변환해서 사용하면 됩니다.

01. 인터넷 검색 창에서 "다음 팟 인코더"를 검색하여 설치합니다. 설치는 화면 설명대로 순서대로 진
행하면 되므로 별도로 설명하지는 않겠습니다. 설치 후, 윈도우 바탕화면에서 "Daum 팟 인코더" 아이
콘을 더블클릭하면 다음과 같은 화면이 나타납니다. [불러오기] 버튼을 클릭하거나 윈도우 탐색기에서
파일을 다음 팟 인코더의 위쪽으로 드래그합니다.

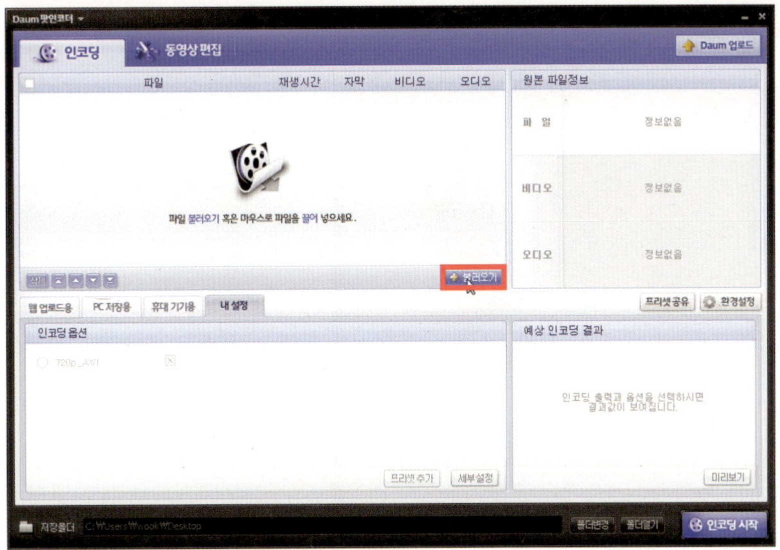

02. 파일이 목록에 나타나면 아래의 탭에서 [PC 저장용]을 클릭합니다.

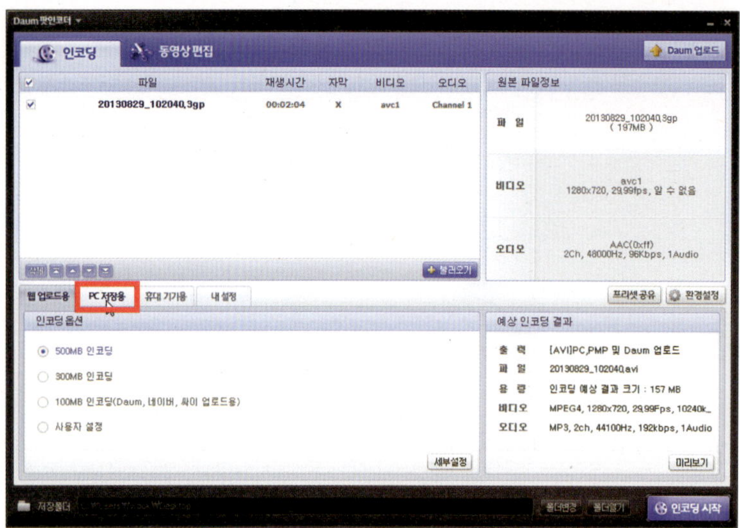

03. PC 저장용 옵션 좌측에서 "PC/PMP용"이 선택되어 있는지 확인하고 화면크기 메뉴를 열어 "원본 크기 사용"을 선택합니다.

04. 특별히 세부 설정할 필요는 없습니다. 변환된 파일이 저장될 폴더를 변경하려면 아래에 있는 [폴더변경] 버튼을 클릭하여 원하는 폴더로 지정한 다음 우측 아래의 [인코딩 시작] 버튼을 클릭합니다.

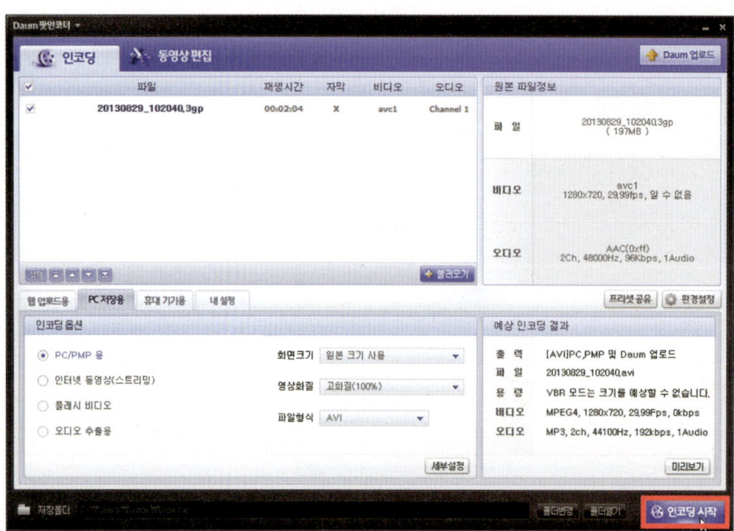

05. 인코딩 창이 나타나며 파일 변환이 진행됩니다.

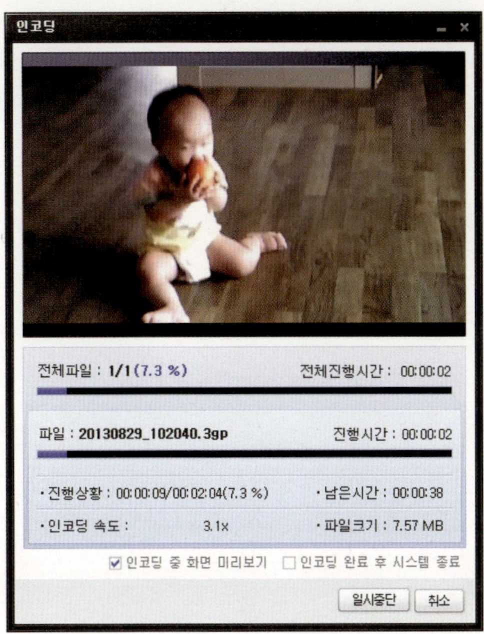

06. 파일 변환이 완료되며 지정한 폴더로 이동하거나 [폴더열기]를 클릭하여 해당 폴더에 저장된 변환된 파일을 베가스 프로에서 사용하면 됩니다.

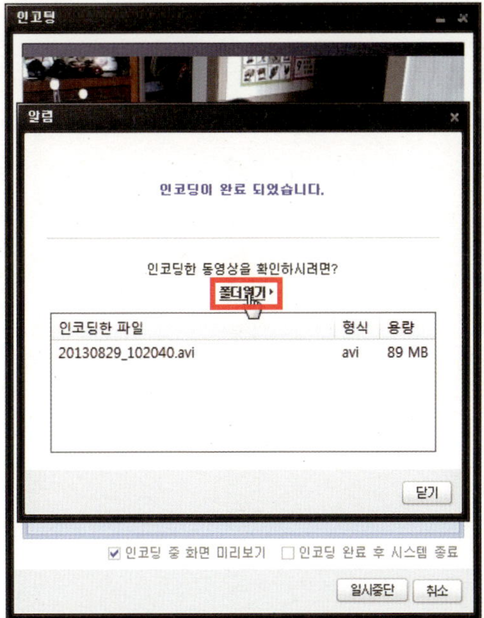

배경 음악 삽입과 인사말 녹음하기

성장 동영상에 배경 음악을 추가하면 감동이나 재미를 더할 수 있습니다. 배경 음악을 삽입하거나 직접 음성을 녹음하여 사용할 수 있는 방법을 알아봅니다. 동영상 업체에서는 해주지 않는 엄마표만의 특별한 동영상을 만들 수 있을 것입니다.

1. 배경 음악 삽입하고 편집하기

01. 윈도우 탐색기에서 배경 음악으로 사용할 mp3 파일을 베가스 프로의 트랙으로 드래그합니다. 오디오 트랙이 존재한다면 이곳으로 드래그하면 되고 비어 있는 트랙이 없다면 트랙 부분으로 드래그하면 자동으로 오디오 트랙이 생성되며 드래그한 파일이 등록됩니다.

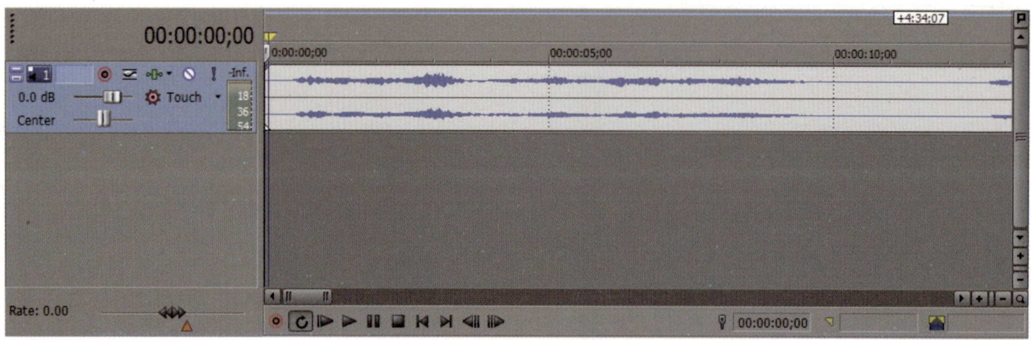

02. 오디오 이벤트는 동영상 파일을 다룰 때 여러 부분을 살펴본 것처럼 볼륨을 조절하거나 특정 부분을 잘라낼 수 있습니다. 또한 앞부분과 뒷부분을 각각 페이드 인과 페이드 아웃으로 설정함으로써 자연스럽게 들리도록 하는 것이 좋습니다.

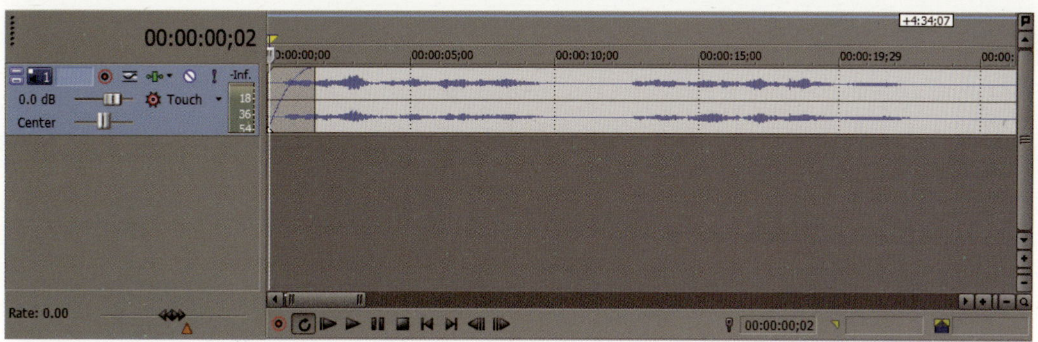

03. 성장 동영상에서 배경 음악으로 mp3 파일 하나만을 사용하지는 않습니다. 메인과 엔딩 부분 등 최소한 2~3개 정도를 사용합니다. 두 mp3 파일이 이어지는 부분은 약간 겹치도록 하여 자연스럽게 전환되게 하는 것이 좋습니다. 사진이나 동영상과 달리 오디오 이벤트는 겹치는 구간을 좀 더 길게(2~3초) 해주는 것이 자연스럽습니다.

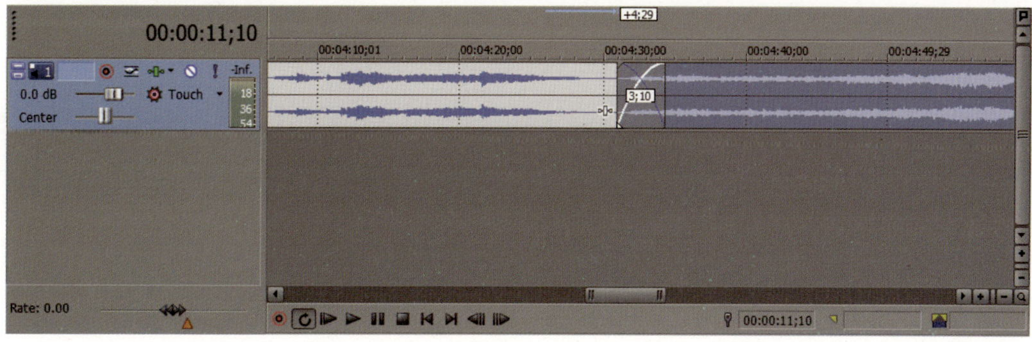

2. 엄마표만 가능하다. 음성 녹음하여 삽입하기

하객에 전하는 엄마의 인사말이나 아기에게 전하는 음성을 성장 동영상에 삽입하면 그 감동과 기억은 배가 될 것입니다. 업체에 의뢰한 성장 동영상에서는 볼 수 없는 엄마표 성장 동영상의 장점을 누릴 수 있는 것이죠. 베가스 프로에서 마이크로 녹음하면 곧 바로 타임라인의 오디오 이벤트로 등록되므로 번거롭지 않습니다.

01. 먼저 녹음을 위한 환경부터 체크하도록 합니다. 사운드 카드의 마이크 입력 단자에 마이크를 연결한 다음, 제어판에서 [하드웨어 및 소리]를 클릭합니다.

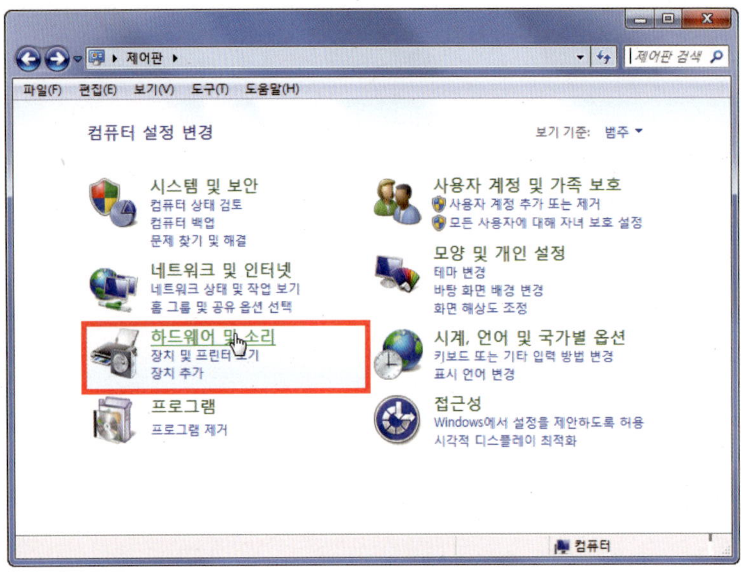

02. 하드웨어 및 소리 관련 항목들이 나타납니다. [소리]에 있는 [오디오 장치 관리]를 클릭합니다.

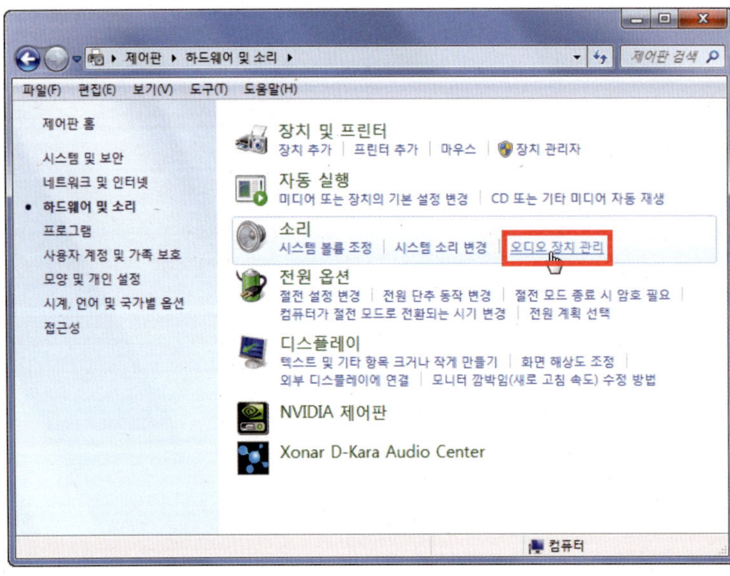

03. [소리] 대화상자가 나타나면 [녹음] 탭을 클릭합니다.

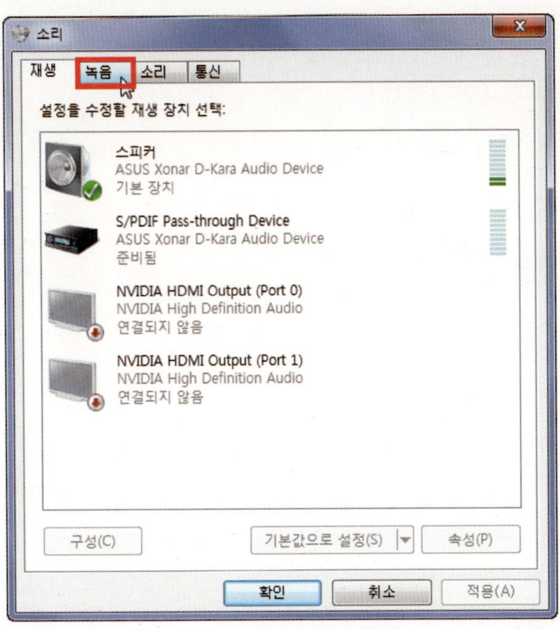

04. 현재 녹음에 사용할 수 있는 여러 장치 목록이 나타납니다. [마이크] 아래에 '기본장치'라고 표시되어 있는지 확인합니다. 만일 사용할 수 없다거나 준비됨 등이라고 표시되면 마이크 장치 위에서 마우스 우측 버튼을 클릭하고 [기본 장치로 설정]을 선택합니다. [적용] 버튼을 클릭합니다.

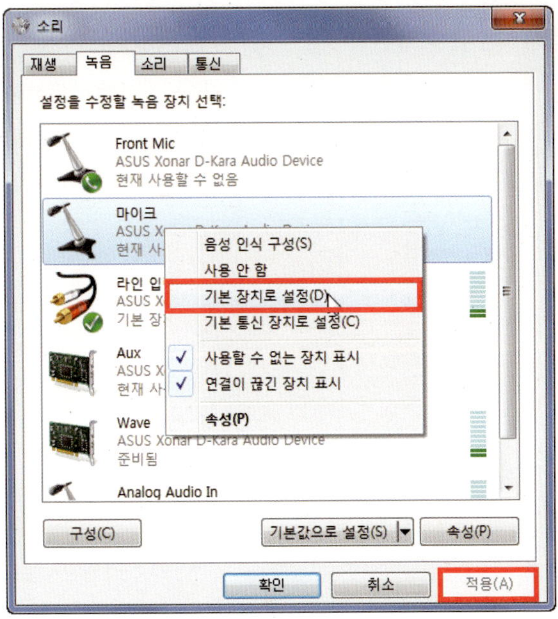

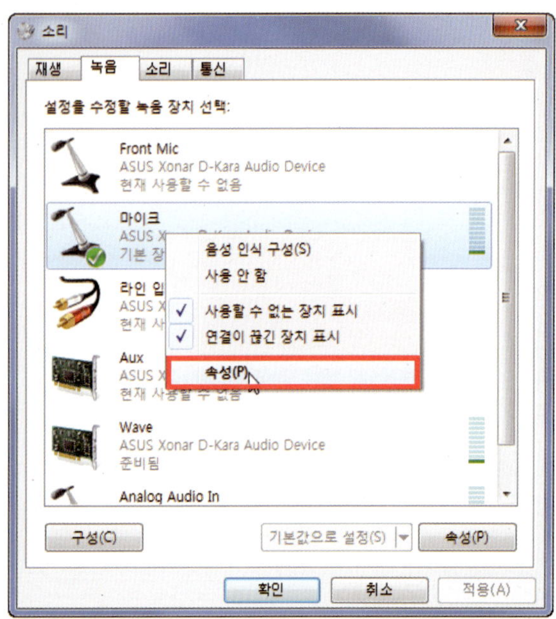

▶ **참고하세요!**

제어판을 통하지 않고 윈도우 우측 하단의 알림 영역에서 스피커 모양의 아이콘을 마우스 우측 버튼을 클릭하여 나타나는 메뉴에서 [녹음 장치]를 선택하면 곧 바로 동일한 녹음 장치 목록 창을 열 수 있습니다.

05. 기본장치로 설정된 마이크 위에서 다시 마우스 우측 버튼을 클릭하고 [속성]을 선택합니다.

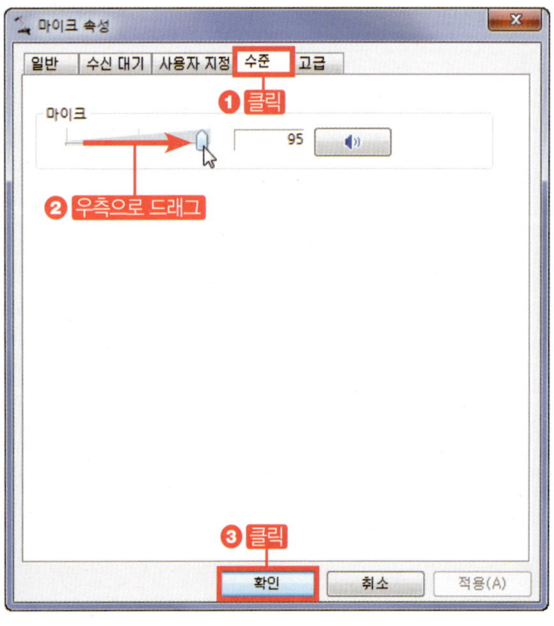

06. [마이크 속성] 창이 나타나면 [수준] 탭을 클릭하고 컴퓨터와 연결된 마이크로 말을 하면서 마이크 항목의 슬라이더를 드래그하여 소리가 충분히 들리도록 볼륨을 높여준 다음, [확인] 버튼을 클릭하여 창을 닫습니다.

07. 베가스 프로를 실행하고 트랙 아래에 있는 트랜스포트 바에서 [Record] 버튼을 클릭합니다.

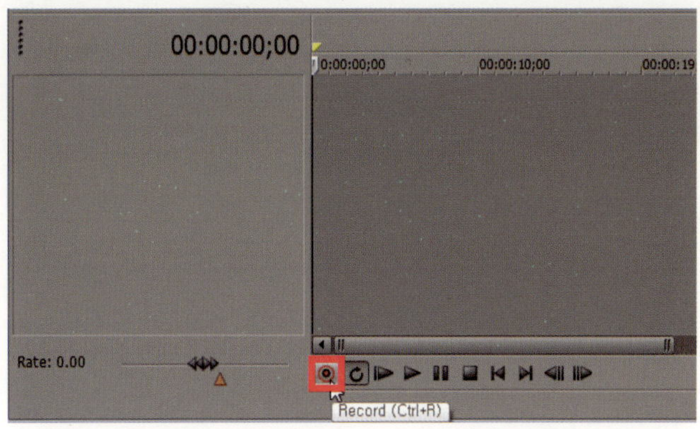

08. 녹음될 wav 파일이 저장될 위치를 묻는 대화상자가 나타납니다. [Browse] 버튼을 클릭하여 원하는 위치를 지정할 수 있습니다. [OK] 버튼을 클릭합니다.

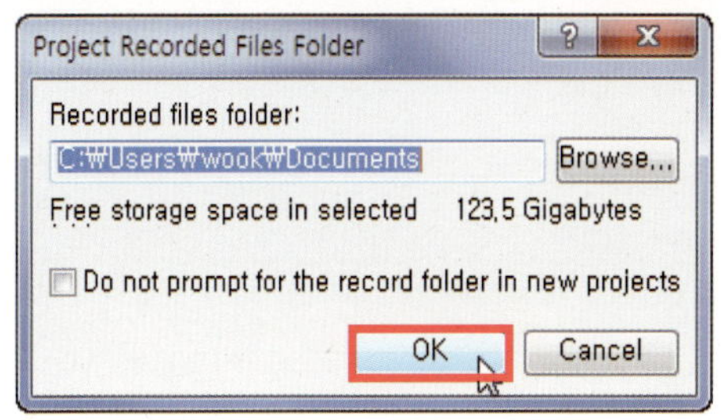

09. 오디오 트랙이 생성되며 타임 마커가 이동되면서 현재 지점을 표시합니다. 마이크를 통해 음성을 녹음합니다. 트랙 리스트에는 레코드 미터를 통해 현재 음성의 레벨을 표시해주며 오디오 이벤트에 녹음된 소리가 파형으로 나타납니다. 녹음을 중지하려면 다시 [Record] 버튼을 클릭하거나 [정지] 버튼을 클릭합니다.

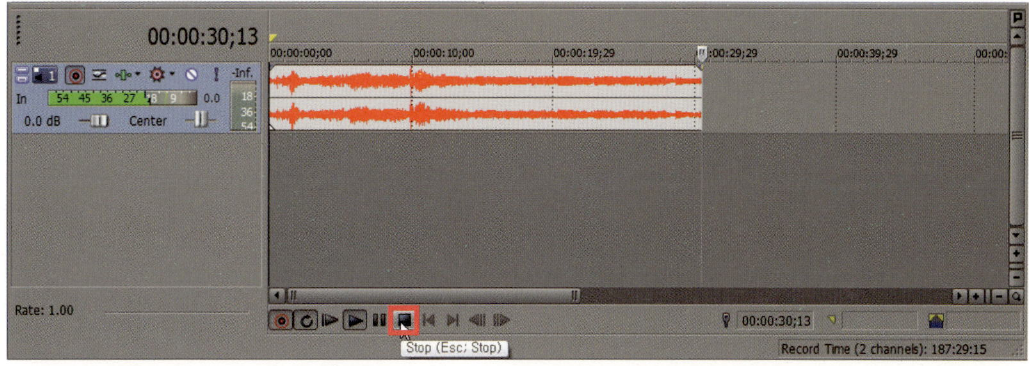

10. 대화상자가 나타나 녹음된 파일의 경로와 파일 이름을 표시해줍니다. [Delete] 버튼으로 삭제하거나 [Rename] 버튼으로 이름을 변경할 수 있습니다. 특별히 변경하지 않으려면 [Done] 버튼을 클릭합니다.

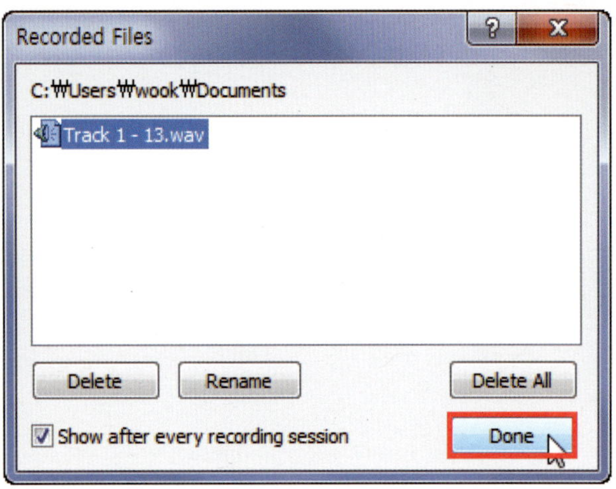

▶ **참고하세요!**

녹음된 소리가 마음에 들지 않는다면

재생 버튼이나 Enter 키를 누르면 녹음된 소리를 들을 수 있습니다. 녹음된 소리가 마음에 들지 않는다면 타임 마커를 이벤트의 시작 지점에 두고 다시 [Record] 버튼을 클릭합니다. 트랙에 등록된 오디오 이벤트(녹음된 소리)는 새로 녹음된 소리로 자동 대체됩니다.

17
CHAPTER

영상에 생명을 더하는
타이틀 작업하기

타이틀은 영상 위에 나타나는 자막을 의미합니다. 타이틀을 통하여 영상이나 사진에 대한 다양한 정보나 아이의 모습이나 특정 동작에 대한 설명을 표시할 수 있으므로 보다 완성도 높은 영상을 만들 수 있습니다. 먼저 기본적인 타이틀을 만들고 간단한 효과를 적용하는 방법부터 살펴봅니다.

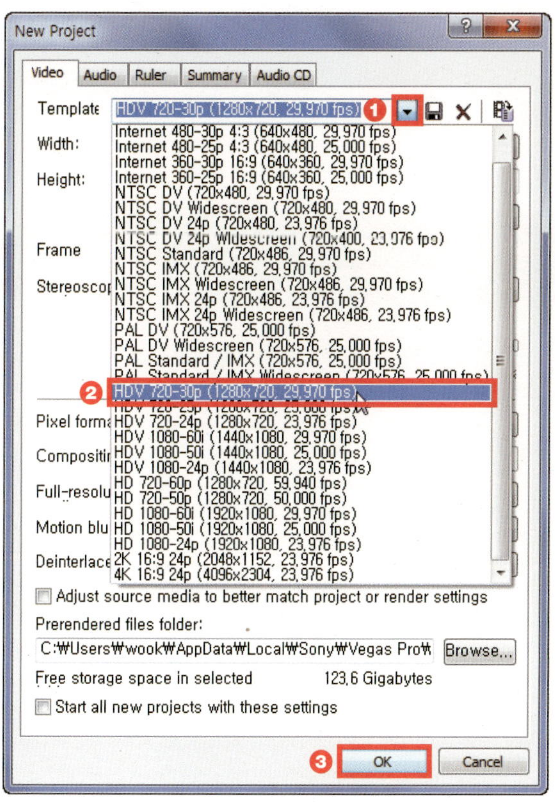

01. 새 프로젝트를 시작하기 위해 [File] → [New]를 선택하여 New Project 창이 나타나면 Template에서 [HDV 720−30p]를 선택하고 [OK] 버튼을 클릭합니다.

02. 윈도우 도킹 영역에서 [Media Generators] 탭을 클릭합니다.

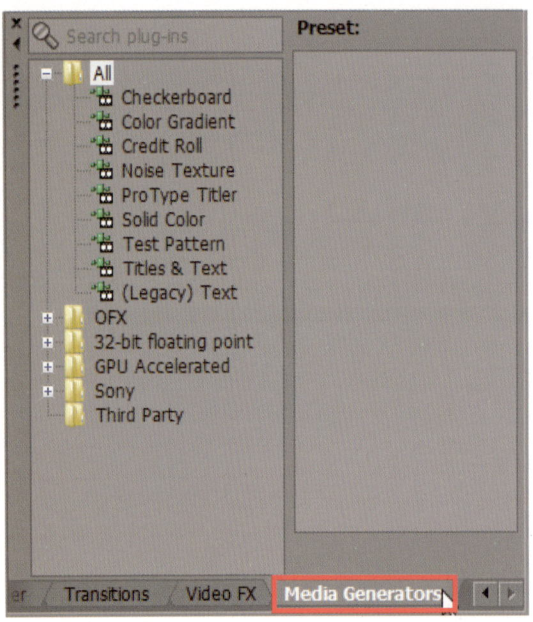

03. 미디어 제너레이터 윈도우가 나타나면 좌측의 목록에서 [(Legacy) Text]를 선택하고 트랙으로 드래그합니다. 이펙트나 트랜지션처럼 여러 가지의 프리셋을 가지고 있지만 마음에 드는 형태로 수정하려면 오히려 번거로울 수 있으므로 곧 바로 (Legacy) Text 항목을 드래그하여 등록하는 것이 좋습니다.

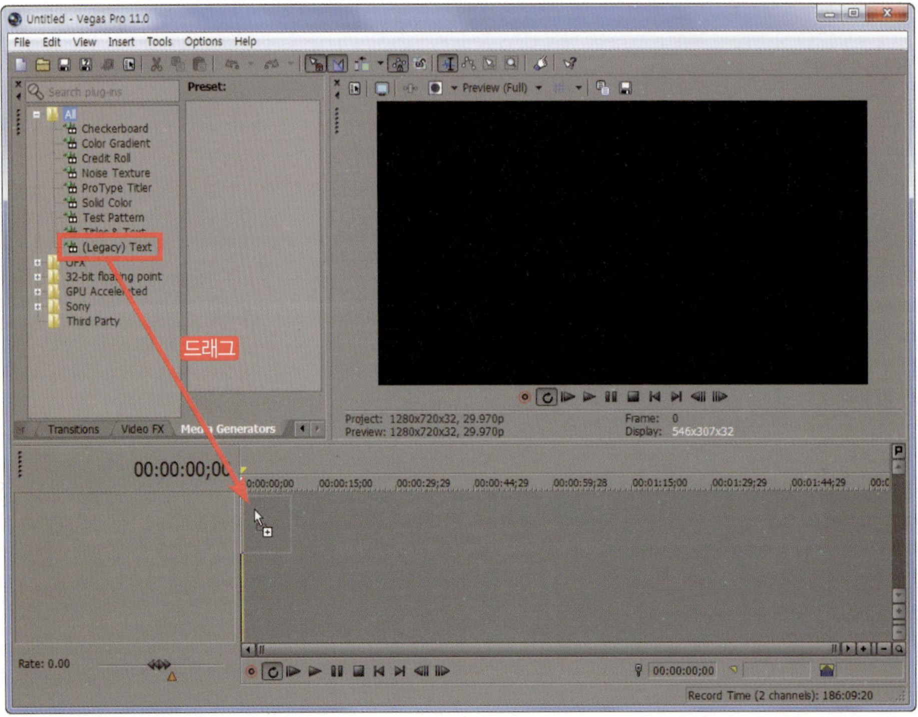

04. Video Media Generator 윈도우가 열리면서 기본적인 텍스트가 입력되어 있는 것을 볼 수 있습니다. 입력되어 있는 텍스트를 마우스로 드래그하여 블록으로 설정한 다음, 마우스 우측 버튼을 클릭하여 [Delete]를 선택하거나 키보드의 Delete 키를 누릅니다.

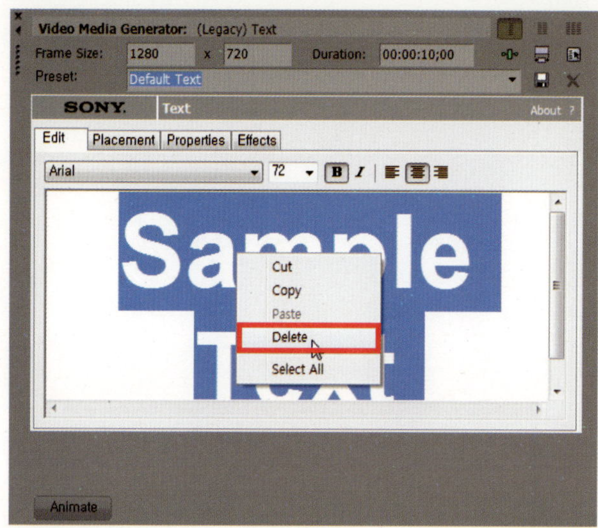

05. 입력창 위의 메뉴를 통해 적절한 폰트와 크기를 선택합니다. 문자를 입력한 후에도 폰트와 크기를 변경할 수 있으므로 자유롭게 선택하면 됩니다. 예제에서는 폰트는 '나눔고딕'을, 크기는 '48'을 선택하였습니다.

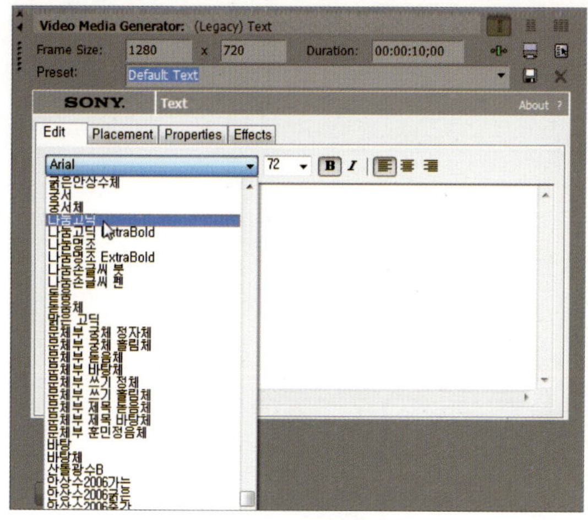

폰트를 선택합니다.

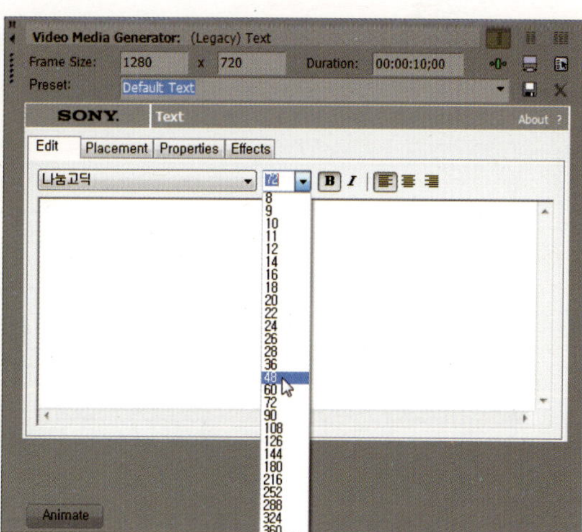

크기를 선택합니다.

적절한 폰트가 없다면 네이버 검색창에서 '나눔글꼴'을 입력하여 검색하여 나눔글꼴을 다운받아 사용하기 바랍니다. 무료이며 다양한 글꼴(폰트)을 제공합니다. 다운받은 글꼴 위를 마우스 우측 버튼으로 클릭하여 메뉴에서 [설치]를 선택하면 됩니다.

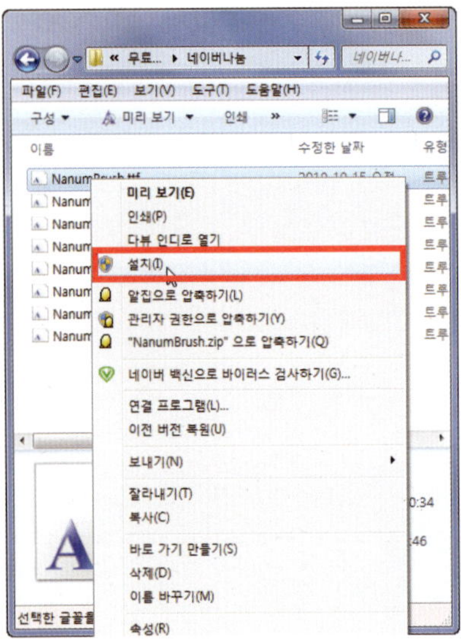

글꼴의 형태를 본 후 설치하려면 글꼴을 더블클릭합니다. 글꼴 뷰어를 통해 해당 글꼴 샘플이 나타나며 마음에 든다면 [설치] 버튼을 클릭하여 설치하면 됩니다.

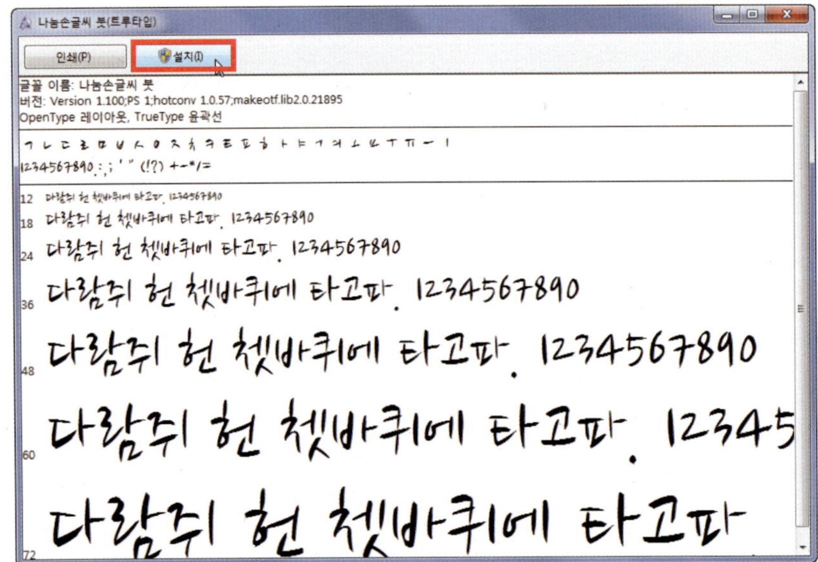

06. 키보드의 한/영키를 눌러 한글모드로 전환하고 텍스트를 입력합니다. 단, 연속해서 여러 문자의 한글을 입력할 때 받침이 있는 문자 다음에 오는 문자는 제대로 표시되지 않으므로 한 문자를 입력하고 우측 방향키를 누른 후, 다음 문자를 입력해야 합니다. 입력한 문자는 프리뷰 모니터에도 나타나므로 실제 화면에서 어느 정도의 크기로 나타나는지 짐작할 수 있습니다.

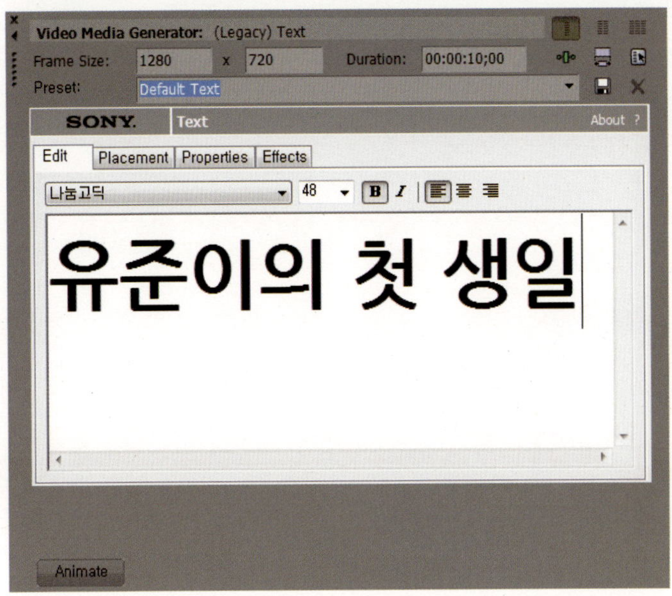

07. 문자의 입력을 마쳤다면 위치를 조정하기 위하여 [Placement] 탭을 클릭합니다.

문자 하나씩 입력하고 우측 방향키를 누르는 것은 많은 문자를 입력하는 경우 상당히 불편할 수밖에 없습니다. 이때는 일단 메모장과 같은 텍스트 편집기에서 문자를 입력하고 이것을 블록 설정하여 복사 메뉴나 Ctrl + C 키로 복사한 다음, 베가스 프로의 텍스트 입력창 안에서 팝업 메뉴를 열고 Paste를 선택하거나 Ctrl + V 키를 사용하여 붙여 넣는 것이 좋습니다. 하지만 많은 문자를 입력해야 하는 경우는 "프로타입 타이틀러"라는 것을 사용할 것이므로 너무 염려하지 않아도 됩니다. 간단한 문자는 지금 다루고 있는 Legacy Text를 사용하는 것이 편리합니다.

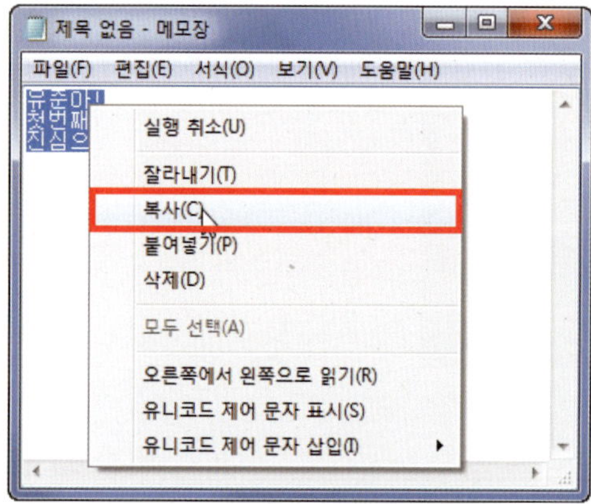

메모장에서 문자를 입력하고 블록을 설정한 다음, 복사합니다.

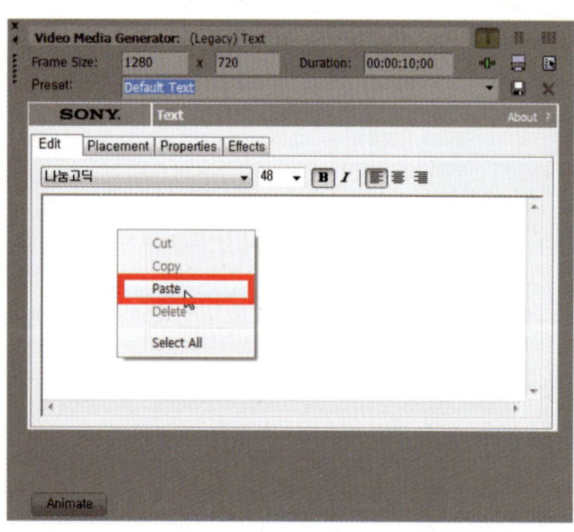

베가스에서 Paste를 선택하거나 Ctrl + V 키를 누릅니다.

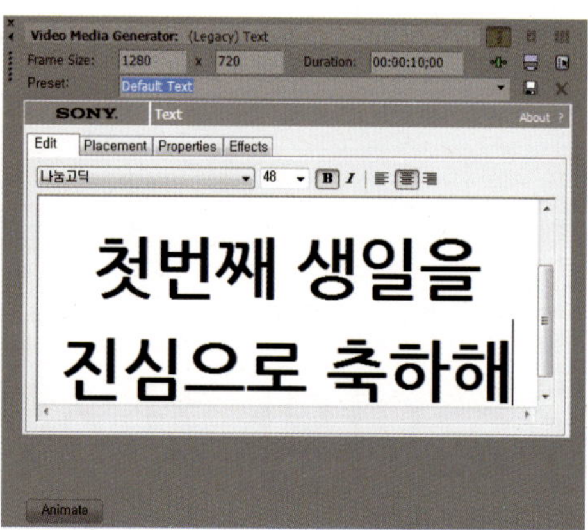

복사해두었던 문자가 나타납니다.

08. 입력된 문자를 드래그하면 위치를 이동시킬 수 있습니다. 아래로 드래그해 보겠습니다. 프리뷰 윈도우에서도 변경한 결과가 즉시 반영되어 나타나므로 실제 상황을 예측해가며 작업할 수 있습니다.

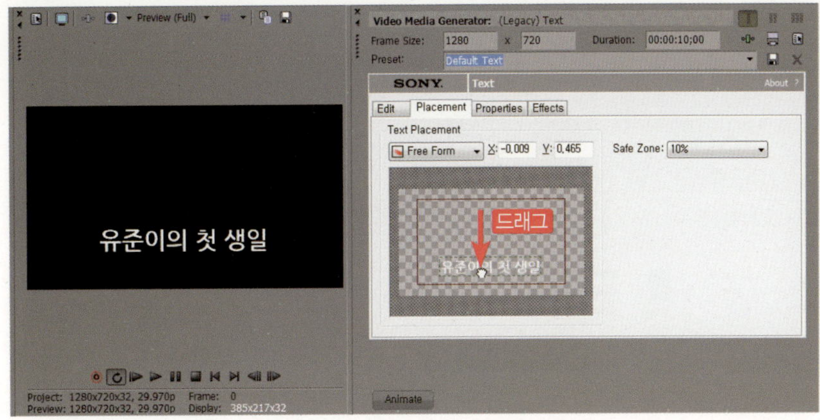

09. 문자의 크기와 글꼴, 위치 등을 설정했다면 색상 설정을 위해 [Properties] 탭을 클릭합니다. Properties 탭의 좌측에서는 문자의 색상을, 우측에서는 배경 색상을 선택합니다. 각 색상 지정 영역 좌측에는 투명도를 설정하는 부분입니다. 문자는 기본적으로 완전히 불투명한 상태로서, 설정을 위한 삼각형(◁)이 가장 위에 위치하고 있으며 배경은 완전히 투명한 상태로서 삼각형이 가장 아래에 위치하고 있습니다.

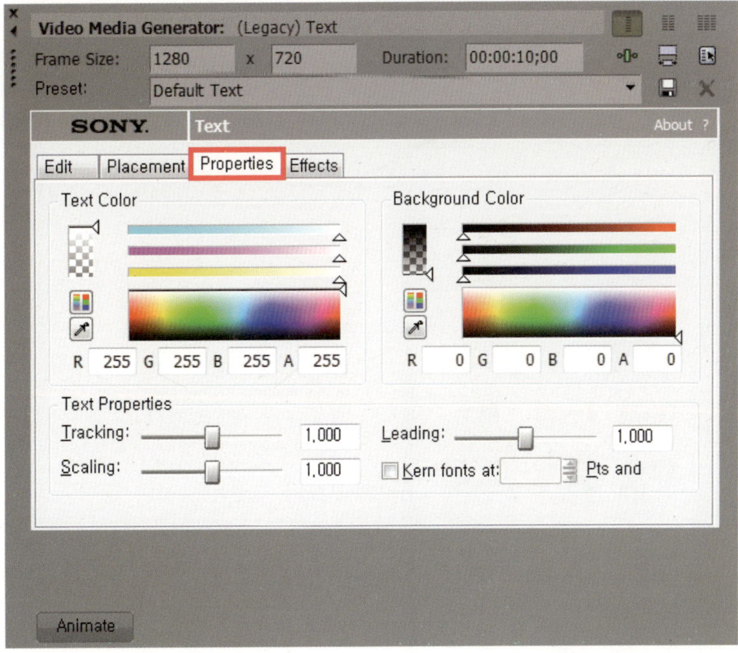

10. 배경 영역이 완전히 투명한 상태로 지정되어 있으므로 이 영역을 통해 문자 아래에 있는 이벤트를 볼 수 있습니다. 이것은 잠시 후 확인해보도록 하겠습니다. 문자의 색상 바를 그림과 같이 드래그합니다. 프리뷰 윈도우를 보면 문자가 하늘색으로 나타나게 될 것입니다.

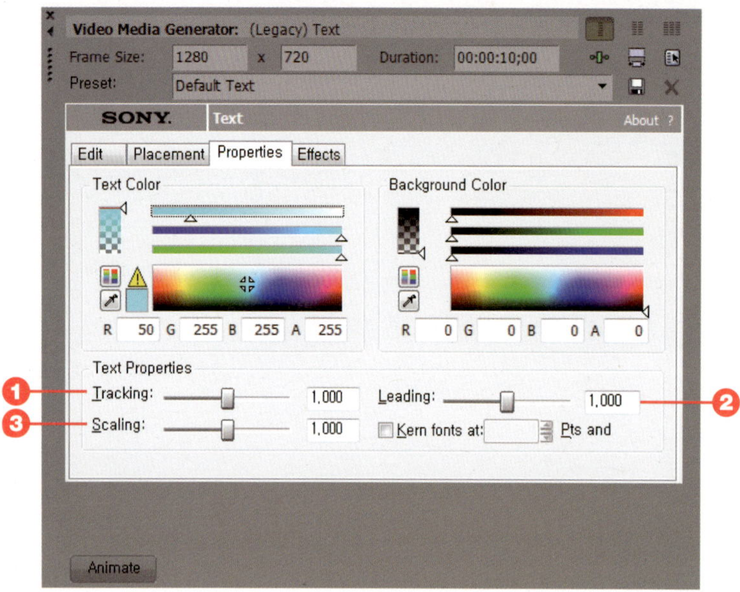

▶ **참고하세요!**

Properties 탭의 속성들

❶ **Tracking** : 문자 사이의 간격을 조절합니다.

❷ **Leading** : 여러 행으로 입력된 경우, 각 행 사이의 간격을 조절합니다.

❸ **Scaling** : 문자의 크기를 확대하거나 축소합니다.

11. 윈도우 탐색기에서 사진 하나를 타이틀 이벤트가 놓인 트랙 아래로 드래그합니다.

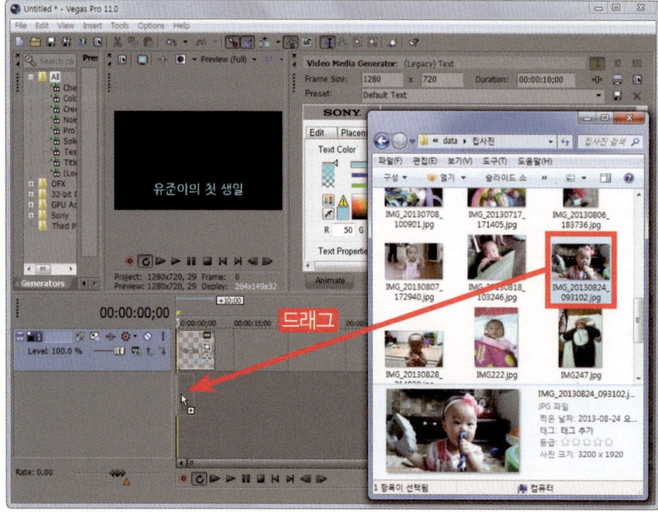

12. 트랙이 추가되며 드래그한 사진이 이벤트로 등록되어 나타납니다. 타이틀 이벤트 뒤를 드래그하여 사진과 동일한 길이를 갖도록 합니다.

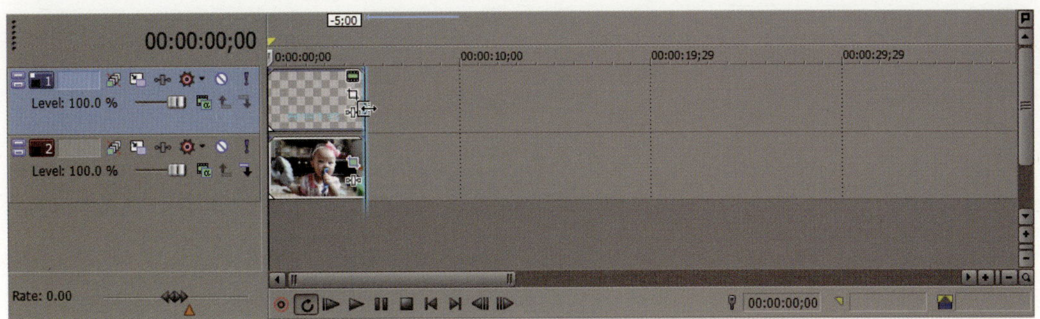

13. 프리뷰 윈도우를 보면 하위 트랙에 놓인 이벤트 위에 타이틀이 나타나는 것을 볼 수 있습니다. 즉 타이틀의 배경은 완전히 투명한 상태이므로 타이틀만 나타나는 것입니다.

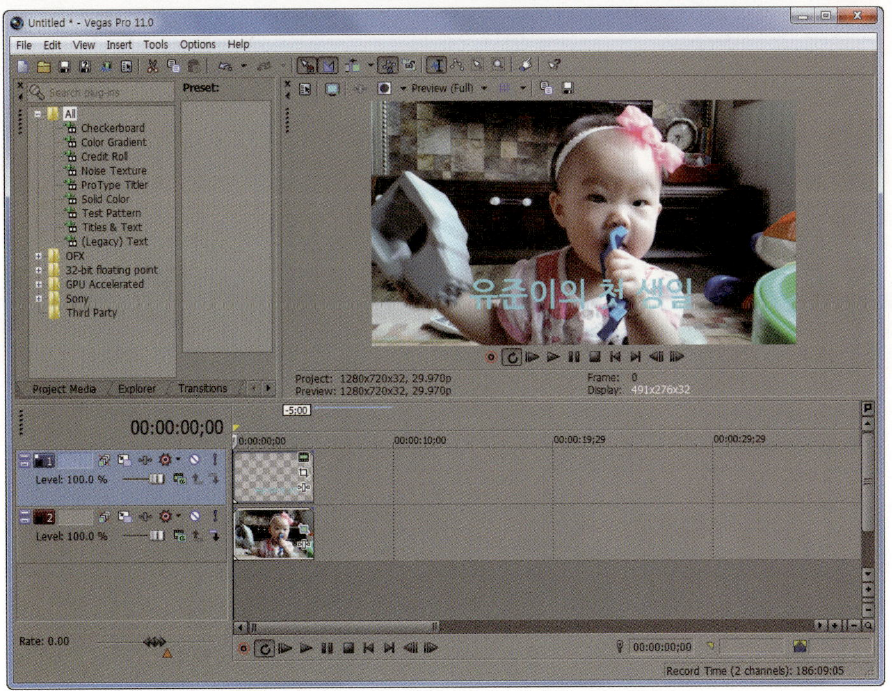

14. 앞에서 문자를 입력할 때 사용했던 Video Media Generators 윈도우를 닫았다면 타이틀 이벤트의 [Generated Media] 버튼을 클릭합니다.

15. 다시 타이틀 이벤트에 대한 Video Media Generator 윈도우가 나타납니다. [Effects] 탭을 클릭합니다. Effects 탭에서는 문자의 외곽선이나 그림자, 변형 타입 등을 설정합니다. 문자 아래 트랙에 놓이게 되는 이벤트(사진이나 동영상)의 색상에 따라 문자가 잘 보이지 않을 경우, 적절한 색상의 외곽선이나 그림자 등을 만들어 주는 것이 좋습니다. 외곽선을 만들어볼까요? [Draw Outline]을 클릭하여 체크 상태로 만듭니다.

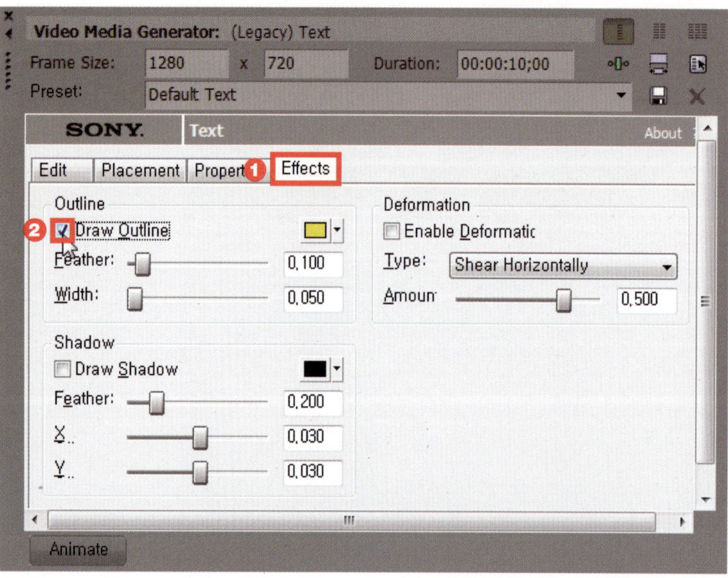

16. 우측에 있는 색상 목록 버튼을 클릭합니다.

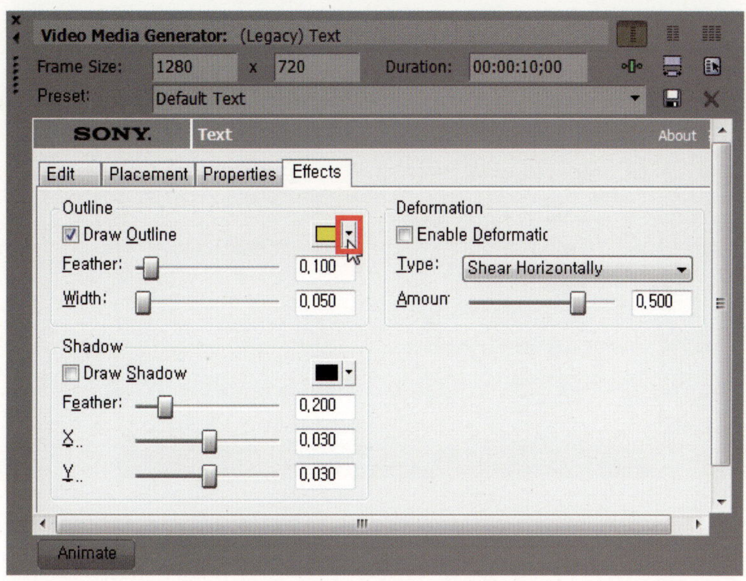

17. 색상 바를 드래그하여 원하는 색상을 만듭니다. 예제에서는 짙은 주황색을 만들어보았습니다.

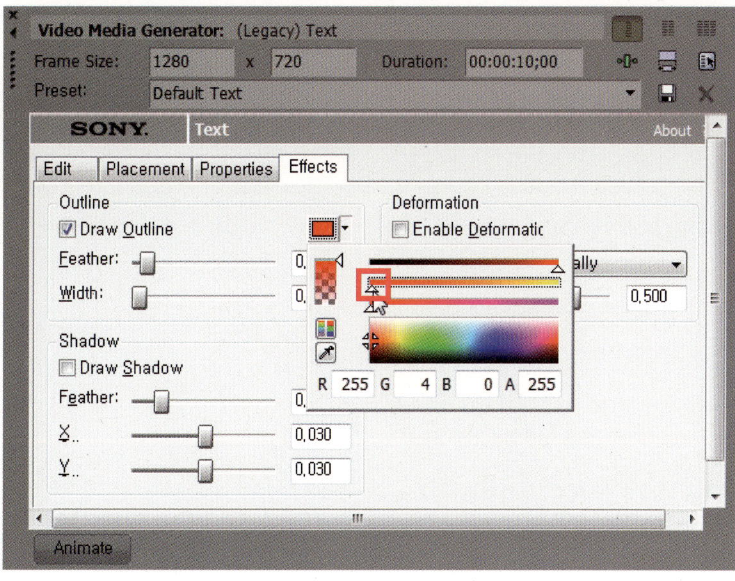

18. Outline의 Width 속성의 슬라이더를 우측으로 드래그하여 외곽선의 두께를 늘려줍니다. 프리뷰 윈도우를 보면서 적당한 두께로 설정합니다.

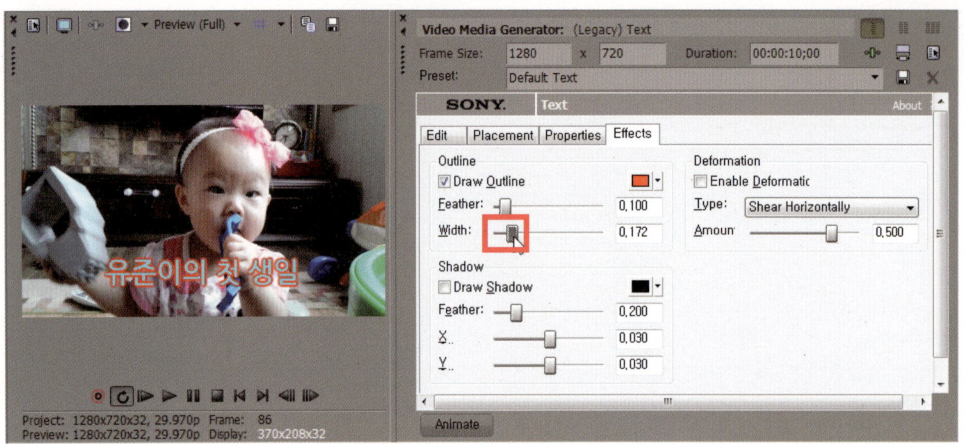

▶ **참고하세요!**

Effects 탭의 속성들

❶ Outline

- **Draw Outline :** 외곽선이 나타나도록 합니다.

- **Feather :** 외곽선의 가장자리에 대한 부드러운 정도를 설정합니다.

- **Width :** 외곽선의 두께를 설정합니다.

❷ Shadow

- **Draw Shadow :** 그림자가 나타나도록 합니다.

- **Feather :** 그림자의 부드러운 정도를 설정합니다.

- **X/Y :** 그림자의 위치를 설정합니다.

❸ Deformation

- **Enable Deformation :** 문자를 지정한 형태로 변형되어 나타나도록 합니다.

- **Type :** 변형 형태를 선택합니다. Amount에서 변형의 강도를 조절할 수 있습니다. 그리 많이 사용하는 기능은 아니므로 예를 보이지는 않겠습니다. 직접 선택하여 각 변형 상태를 확인해보기 바랍니다.

18 CHAPTER

더욱 편리하게 통통 튀는 타이틀 만들기

프로타입 타이틀러를 사용하면 한글 입력의 불편함이 없을 뿐 아니라 다양한 형태의 애니메이션 효과가 적용된 타이틀을 쉽게 만들 수 있습니다. 특별한 효과나 편지글처럼 많은 문자를 입력하는 타이틀을 만들 때는 프로타입 타이틀러로 타이틀 작업을 하는 것이 좋습니다.

1. 타이틀 입력하고 기본 속성 설정하기

01. 새 프로젝트를 시작하고 Media Generators 윈도우에서 [ProType Titler]를 트랙으로 드래그합니다.

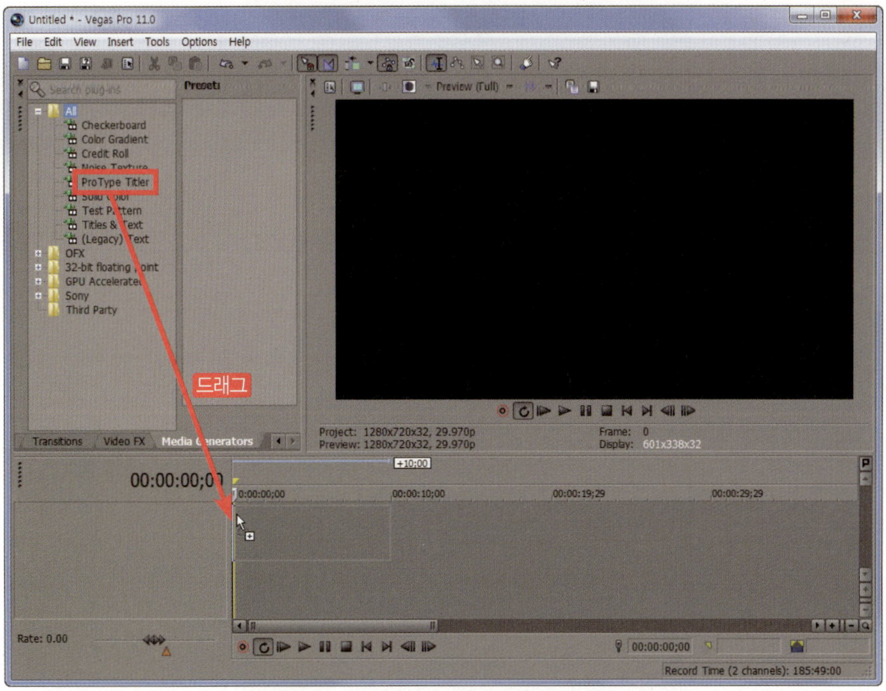

 타이틀 입력을 위한 Video Media Generator 윈도우가 나타납니다. 우측의 문자 입력 부분 상단에 있는 [+] 버튼을 클릭합니다.

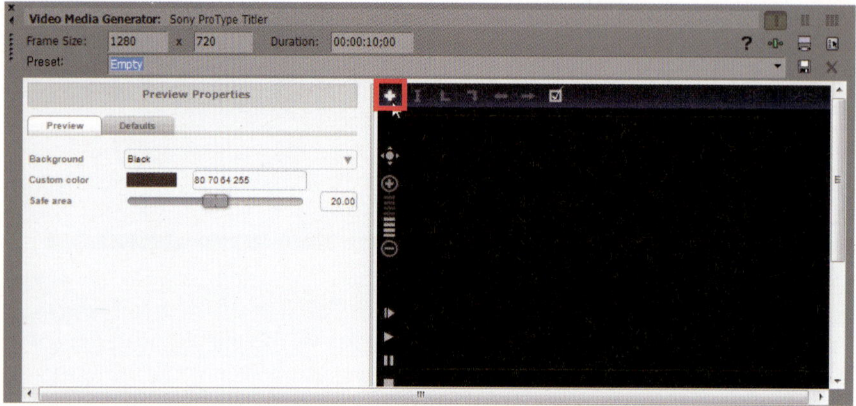

03. 기본적으로 Sample Text 라는 문자가 나타납니다. 드래그하여 문자 영역을 선택합니다.

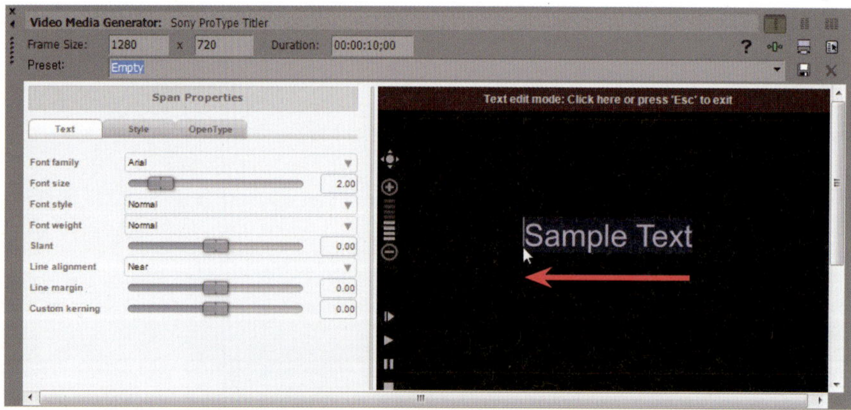

04. 이 상태에서 원하는 문자를 입력합니다. 예제에서는 "뽀미의 하루"라고 입력하였습니다.

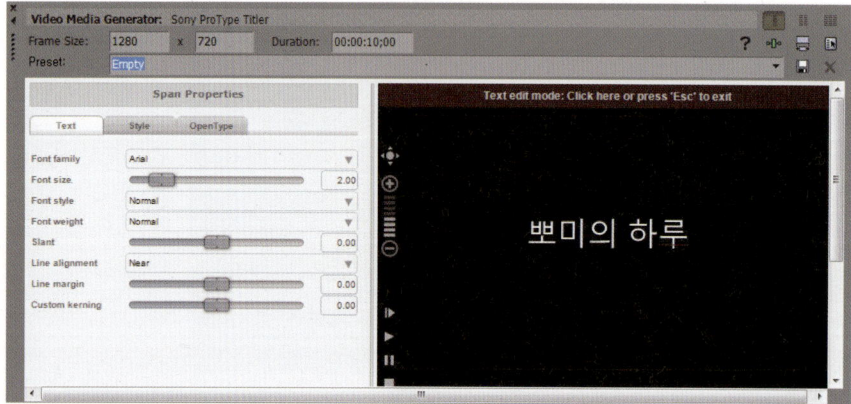

05. 문자 입력을 마쳤다면 다시 드래그하여 전체 문자를 선택합니다. 좌측에 있는 여러 속성을 설정할 차례입니다. 먼저 Text 탭의 [Font family] 우측의 메뉴를 열고 원하는 폰트를 선택합니다. 폰트 목록에 마우스가 놓일 때마다 타이틀이 해당 폰트로 즉시 바뀌어 나타나므로 원하는 폰트를 쉽게 선택할 수 있습니다.

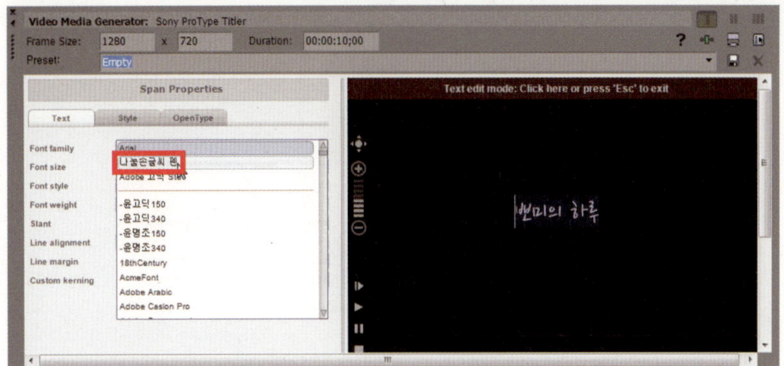

06. 예제에서는 '나눔손글씨 펜'을 선택하였습니다. Font size의 슬라이더 바를 드래그하거나 우측에서 직접 값을 입력하여 폰트 크기를 '5.0' 정도로 설정합니다. 글자가 커지게 되는데 커지는 정도는 폰트에 따라 다르므로 다른 폰트를 선택했다면 그림과 비슷한 크기로 키워주도록 합니다.

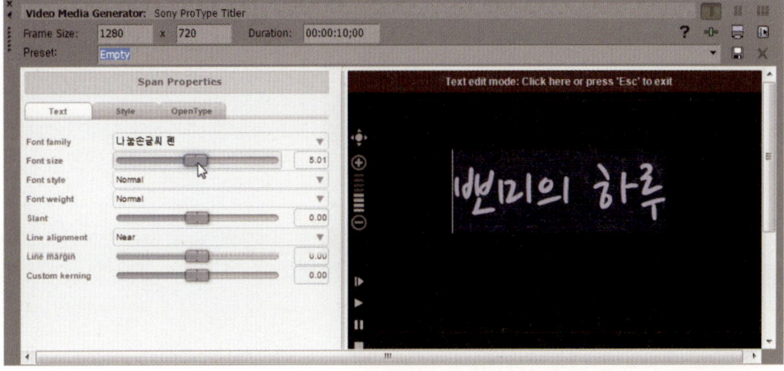

07. [Style] 탭을 클릭합니다. Style 탭에서는 타이틀의 색상이나 외곽선, 배경색 등을 설정할 수 있습니다. Style의 [Fill color] 속성에 있는 색상 박스를 클릭합니다.

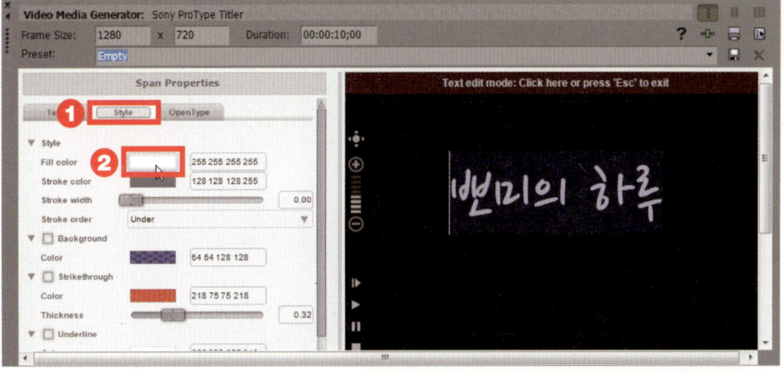

08. 색상 설정 창이 나타납니다. 각 색상 바를 드래그하면 타이틀의 색상이 변하는 것을 볼 수 있습니다. 그림처럼 설정하여 하늘색으로 변경하고 컬러 설정 창 우측 상단의 [X] 버튼을 클릭하거나 컬러 설정 창 이외의 영역을 클릭합니다.

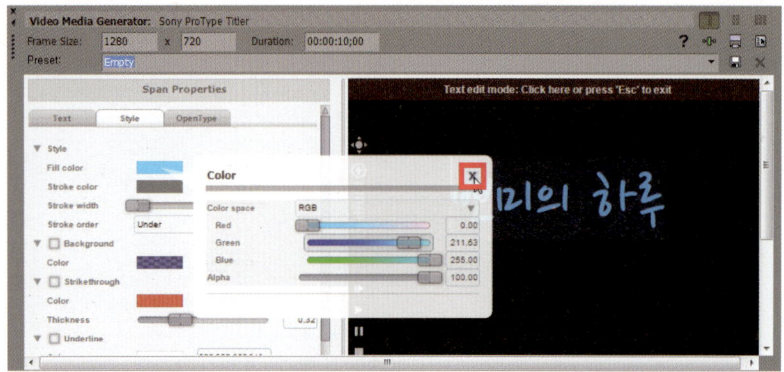

09. Color 설정 창이 닫힙니다. 이번에는 Stroke color의 색상 박스를 클릭하고 노란색을 지정합니다.

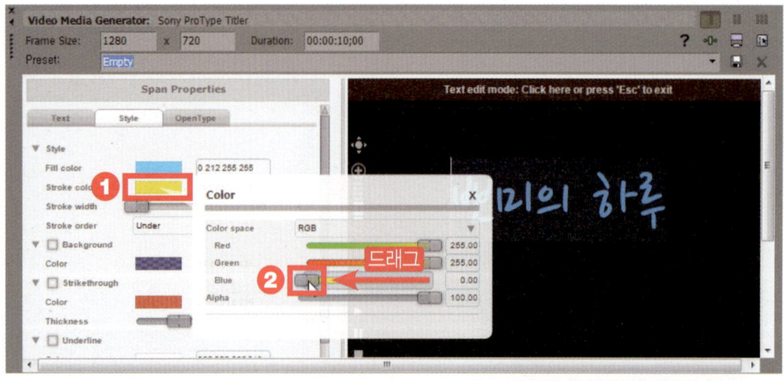

10. 컬러 설정 창을 닫습니다. Stroke color를 설정하였지만 외곽선은 나타나지 않습니다. 기본적으로 외곽선의 두께가 '0'으로 지정되어 있기 때문입니다. Stroke width의 바를 우측으로 드래그하거나 직접 값을 입력하여 '8.00' 정도로 설정합니다. 지정한 색상의 외곽선이 나타납니다.

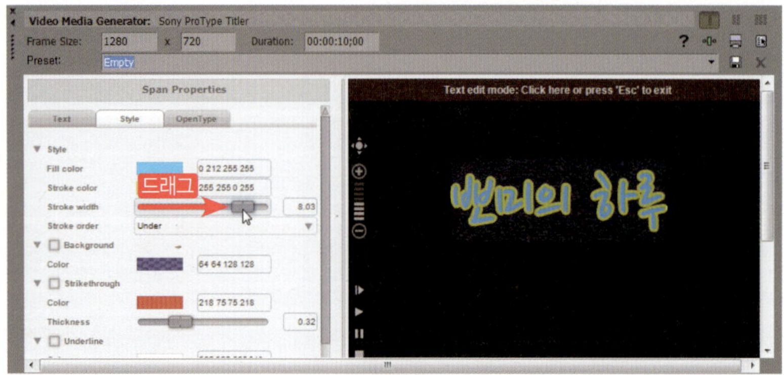

타이틀을 입력할 때나 수정할 때는 타이틀러 윈도우의 좌측 상단에 Span Properties라고 표시되며 Span 속성은 세 개의 탭을 통해 크기, 색상, 외곽선 등을 설정할 수 있습니다.

Text 탭

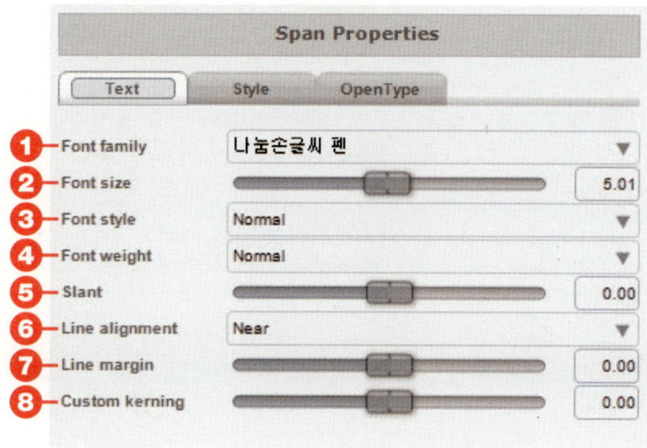

1 Font family : 폰트를 선택합니다.

2 Font size : 폰트 크기를 설정합니다.

3 Font style : 문자를 이탤릭체로 기울게 할 수 있습니다.

4 Font weight : 문자의 두께를 선택합니다.

5 Slant : 문자를 좌측 또는 우측 방향으로 원하는 만큼 기울게 합니다.

6 Line alignment : 여러 행에 걸쳐 문자가 입력된 경우 정렬 방식을 선택합니다. Near은 좌측으로, Far는 우측으로, Center는 가운데로 정렬합니다.

7 Line margin : 여러 행에 걸쳐 문자가 입력된 경우, 각 행 사이의 간격을 조절합니다.

8 Custom kerning : 현재 커서의 위치를 기준으로 앞쪽에 있는 문자를 좌측, 또는 우측으로 이동시킵니다.

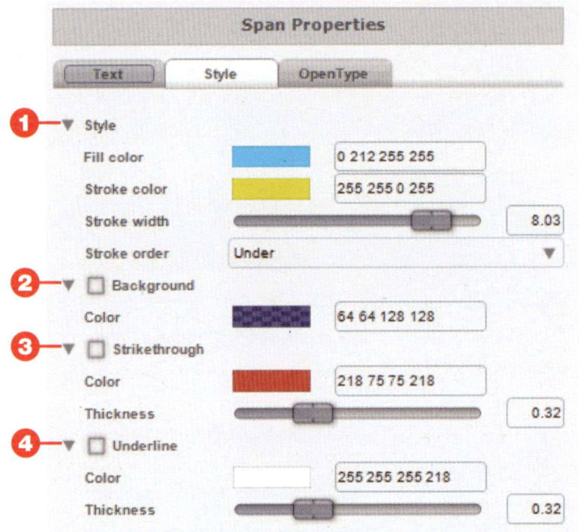

❶ Style

- **Fill color :** 문자의 색상을 설정합니다.

- **Stroke color :** 문자의 외곽선 색상을 설정합니다.

- **Stroke width :** 외곽선의 두께를 설정합니다.

- **Stroke order :** Under를 선택하면 외곽선이 문자 뒤에, Over를 선택하면 문자 앞쪽에 나타납니다.

❷ Background

- **Color :** 문자의 배경 색상을 설정합니다.

❸ Strikethrough

- **Color :** 문자의 중간에 나타나는 줄의 색상을 설정합니다.

- **Thickness :** 줄의 두께를 설정합니다.

❹ Underline

- **Color :** 문자 밑줄의 색상을 설정합니다.

- **Thickness :** 밑줄의 두께를 설정합니다.

11. 타이틀 작성과 속성 설정을 마쳤다면 Esc 키를 누르거나 우측의 문자 입력 부분 상단에 있는 갈색 부분을 클릭합니다.

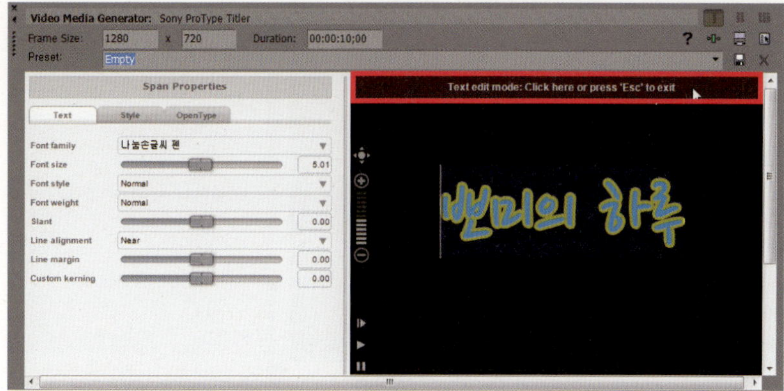

12. 타이틀 작성이 완료됩니다. 입력된 타이틀을 수정하려면 우측 상단의 [I] 버튼을 클릭하거나 입력된 타이틀을 더블클릭합니다.

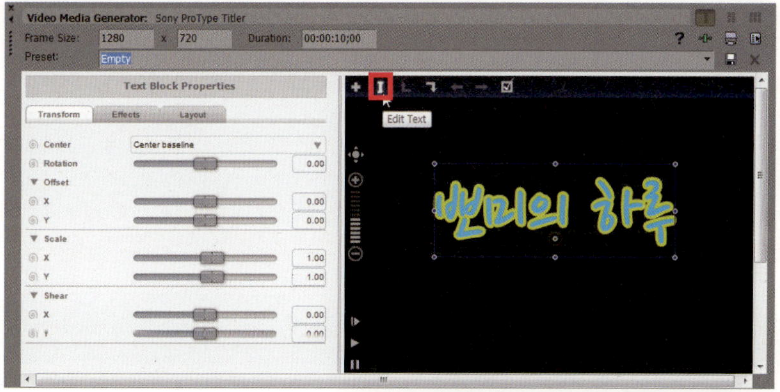

13. 수정 상태로 전환되며 원하는 부분을 드래그하여 문자를 수정하거나 속성을 변경할 수 있습니다. 프로타입 타이틀러는 입력된 문자에서 특정 부분만 선택하여 속성을 변경할 수도 있어 더욱 다양한 타이틀을 만들 수 있습니다. 앞부분의 두 글자만 드래그하여 선택합니다.

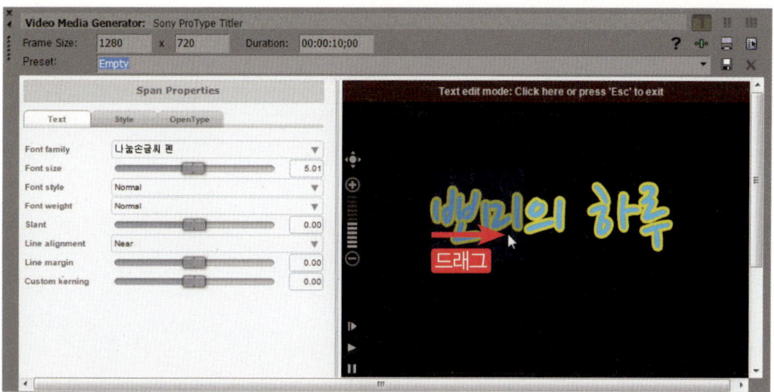

14. 좌측의 Style 탭에서 문자의 색상을 주황색 계열로 변경합니다.

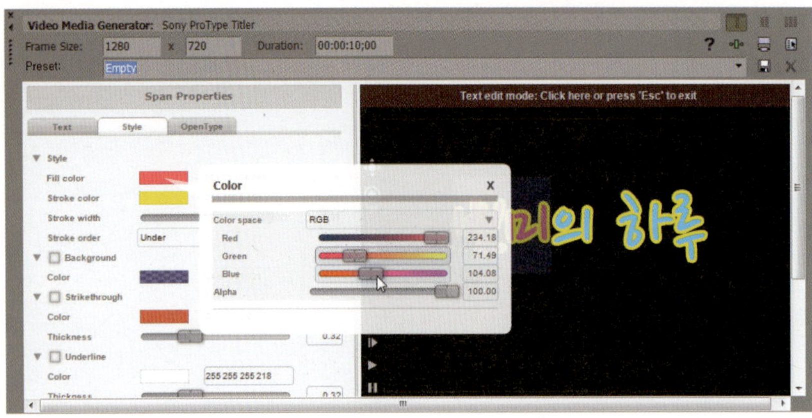

15. 선택한 부분의 문자만 색상이 변경되는 것을 볼 수 있습니다.

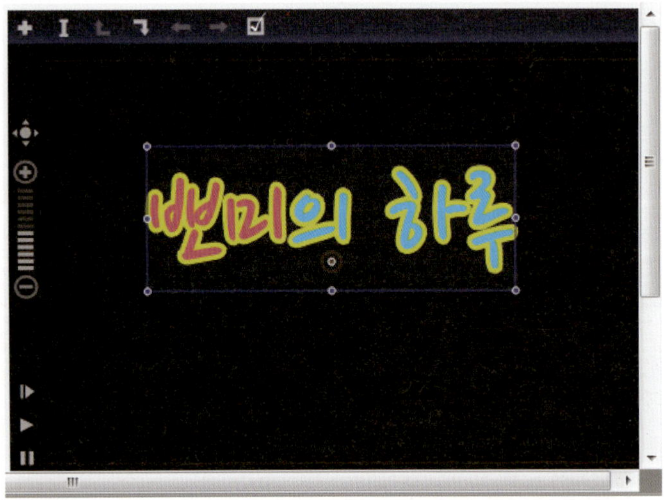

▶ Esc 기나 우측 싱단의 갈색 바를 클릭하여 타이틀 입력을 마치면 기본적으로 타이틀 전체가 선택된 상태로 나타나며 타이틀 주위에는 조절점이 나타나 크기 등을 변경할 수 있습니다. 또한 이 상태에서 좌측을 보면 이전과 달리 상단에 'Text Block Properties'라고 표시되며 이전과는 다른 형태나 효과, 움직임 등에 설정을 할 수 있습니다.

Transform탭

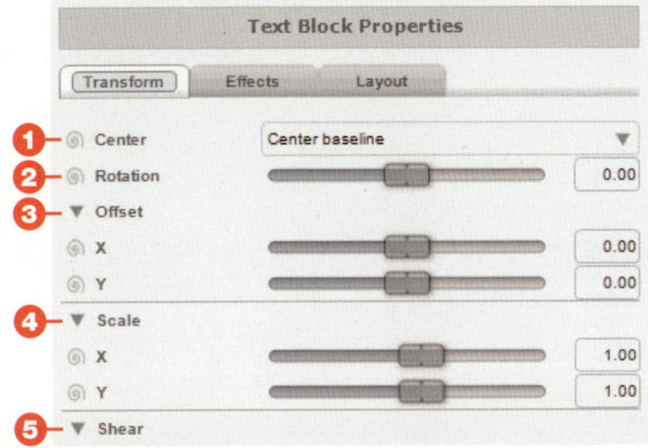

1. **Center** : 문자의 위치를 선택합니다.
2. **Rotation** : 문자의 회전 각도를 설정합니다.
3. **Offset** : X 값을 통해 문자의 가로 위치를, Y 값을 통해 세로 위치를 설정합니다.
4. **Scale** : X 값을 통해 문자의 높이를, Y 값을 통해 폭을 설정합니다.
5. **Shear** : X 값을 통해 문자를 가로 방향으로 비틀며, Y 값을 통해 세로 방향으로 비틉니다.

Effects 탭

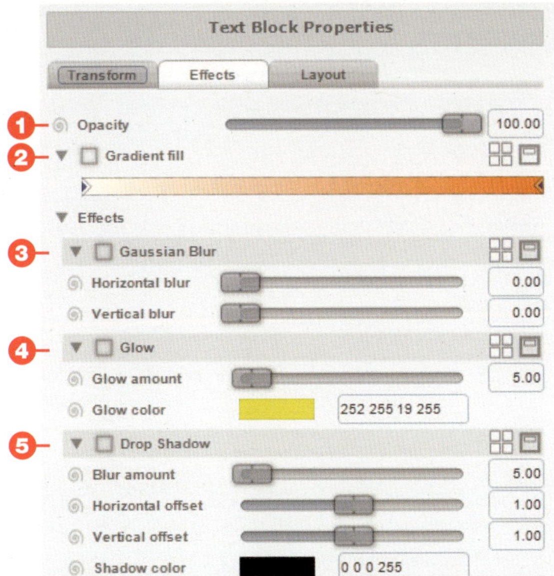

1 **Opacity :** 문자의 투명도를 설정합니다.

2 **Gradient fill :** 문자의 색상이 점진적으로 변화하도록 그러데이션을 설정합니다.

3 **Effects / Gaussian Blur**

    - Horizontal blur : 문자의 가로 방향으로 블러를 적용합니다.

    - Vertical blur : 문자의 세로 방향으로 블러를 적용합니다.

4 **Glow**

    - Glow amount : 문자의 외곽 부분에 발산하는 빛의 양을 설정합니다.

    - Glow color : 발산하는 빛의 색상을 설정합니다.

5 **Drop Shadow**

    - Blur amount : 문자에 나타나는 그림자의 뿌연 정도를 설정합니다.

    - Horizontal offset : 그림자의 가로 위치를 설정합니다.

    - Vertical offset : 그림자의 세로 위치를 설정합니다.

    - Shadow color : 그림자의 색상을 설정합니다.

Layout 탭

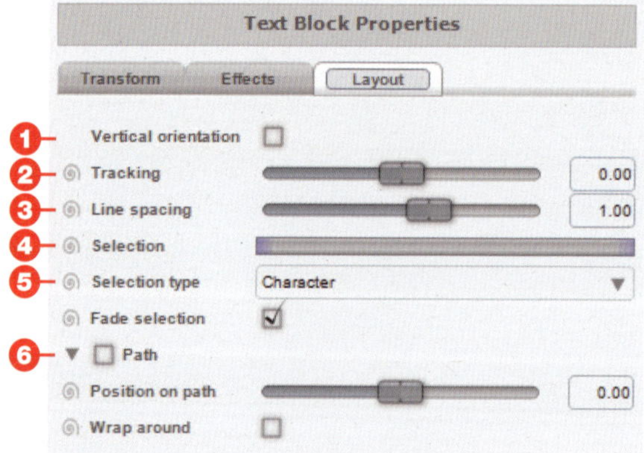

1 **Vertical orientation :** 문자가 세로 방향으로 나타나도록 합니다.

2 **Tracking :** 문자의 간격을 설정합니다.

3 **Line spacing :** 문자의 줄 간격을 설정합니다.

4 **Selection :** 문자가 보이지 않게 될 영역을 설정합니다. 바를 드래그해보면 앞쪽부터 문자가 보이지 않습니다.

5 **Selection type :** 문자가 보이지 않게 될 단위를 선택합니다. Character는 문자 단위로, Word는 단어별로, Line은 줄 단위로 사라지게 합니다.

6 **Path**

    Position on path : 경로상의 문자 위치를 설정합니다.

    Wrap around : 문자가 경로상에서 계속 반복되도록 합니다.

프로타입 타이틀러의 우측에 자리하고 있는 문자 입력 창에는 상단과 좌측에 몇 개의 도구 버튼을 통해 문자를 입력하거나 선택, 재생 기능을 지원합니다.

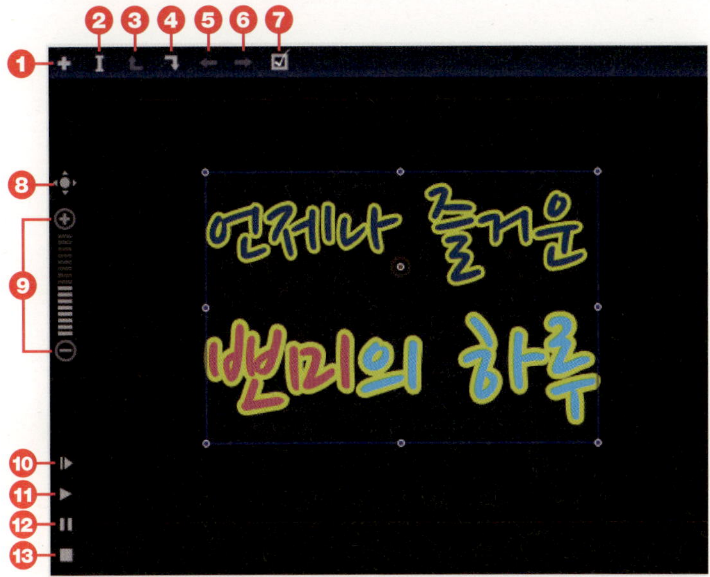

❶ **Add New Text Block :** 새로운 문자를 입력합니다.

❷ **Edit Text :** 입력된 문자를 수정할 수 있도록 편집 모드로 전환합니다. 문자를 더블클릭해도 됩니다.

❸ **Navigate to Parent :** 다음에 설명하는 Navigate to Child 버튼으로 선택한 부분을 원래대로 되돌립니다. [Navigate to Child] 버튼을 클릭했던 횟수만큼 클릭해야 이전 선택 상태로 되돌릴 수 있습니다.

❹ **Navigate to Child :** 문자 전체가 선택되어 있을 때 클릭할 때마다 행 단위(Line), 띄어 쓴 문자 단위(Word), 한 개의 문자 단위(Character)로 선택합니다. 선택된 부분별로 좌측의 속성을 사용해 문자의 형태를 변경할 수 있습니다.

❺ **Navigate to Previous Peer :** Navigate to Child 버튼으로 특정 부분을 선택했을 때, 앞쪽 단위로 선택 영역을 이동

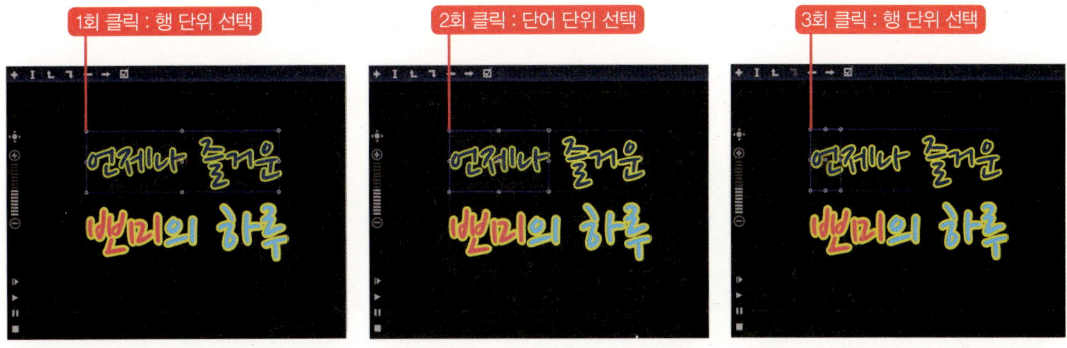

시킵니다.

6 **Navigate to Next Peer :** Navigate to Child 버튼으로 특정 부분을 선택했을 때, 뒤쪽 단위로 선택 영역을 이동시킵니다.

7 **Lock Aspect :** 문자 입력을 마치고 선택 상태에서도 문자 주위에 나타난 핸들을 드래그하여 문자의 크기를 조절할 수 있는데 [Lock Aspect] 버튼을 클릭하여 체크 상태로 두면 핸들을 드래그하여 크기를 변경할 때, 문자의 종횡비가 유지된 채로 크기가 변경됩니다. 체크 상태에서 다시 클릭하면 체크를 해제할 수 있습니다.

8 **Pan :** 드래그하면 문자의 입력 창 위치를 이동시킬 수 있습니다. 프로타입 타이틀러 윈도우의 크기를 키울 수 없거나 많은 문자를 입력함으로 인해 다른 영역을 보기 힘들 때 유용합니다. 더블클릭하면 원래의 위치인 중앙으로 이동합니다.

9 **Zoom In** / **Zoom** / **Zoom Out** : Zoom In은 입력창의 크기를 확대해주며 Zoom Out은 축소해 줍니다. 두 버튼 사이에 있는 Zoom 슬라이더는 위쪽으로 드래그할수록 확대해줍니다. 또, 마우스의 휠을 위쪽으로 올리거나 내려도 확대하거나 축소시킬 수 있습니다.

10 **Play from Start :** 타이틀을 타임라인의 처음 지점부터 재생합니다. 이러한 재생 기능은 정지된 타이틀의 경우, 어느 지점에서나 동일하게 보이므로 의미가 없지만 키프레임을 생성하여 시간의 흐름에 따라 변화되는 타이틀을 살펴보는 데 유용합니다.

11 **Play :** 타이틀을 현재 타임 마커가 위치하고 있는 지점부터 재생합니다.

12 **Pause :** 타이틀의 재생을 일시 정지시킵니다. 타임 마커는 재생 중인 지점에 위치합니다.

13 **Stop :** 타이틀의 재생을 정지시킵니다. 타임 마커는 재생 시작 지점에 위치합니다.

3. 다양한 효과 아이템 사용하기

프로타입 타이틀러는 미리 지정된 여러 효과를 내장하고 있어 독특한 효과를 간단히 구현할 수 있습니다. 따라서 정지된 형태의 타이틀이 지루하게 느껴진다면 요긴하게 사용할 수 있습니다.

01. 타이틀러에 문자가 입력되어 있다면 선택한 상태에서 Delete 키를 눌러 삭제하고 좌측 속성이 있는 아래에서 [Collections]를 클릭합니다. 여러 효과 목록이 나타나게 되는데 이 중에서 [Popup]을 더블 클릭합니다.

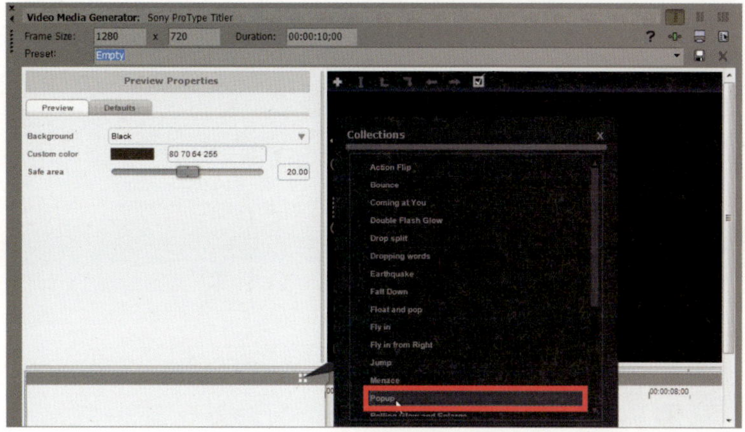

02. 기본적으로 효과 이름과 동일한 문자가 입력됩니다. 어떤 효과인지 살펴보기 위해 타임 마커를 드래그합니다. 통통 튀는 형태로 문자가 나타나는 것을 볼 수 있습니다.

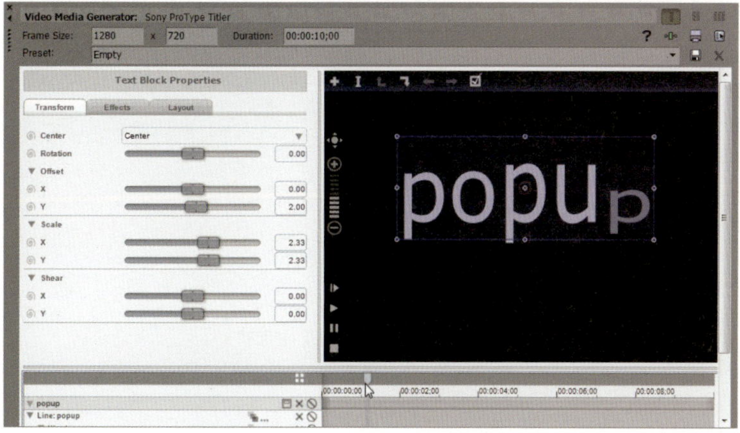

03. 기본적으로 입력된 문자를 수정하겠습니다. 문자가 모두 보이는 지점에 타임 마커를 두고 문자 영역을 더블클릭하여 수정 상태로 전환한 후 문자 전체를 블록으로 설정합니다.

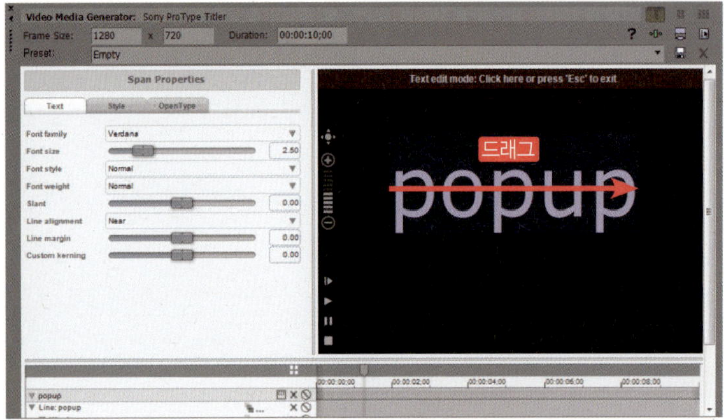

04. 기존에 입력된 문자를 삭제하면 효과가 사라지므로 블록으로 설정된 상태에서 새로운 문자를 입력해야 합니다. 일단 영문을 입력하고 상단의 갈색 부분을 클릭하여 입력을 마칩니다.

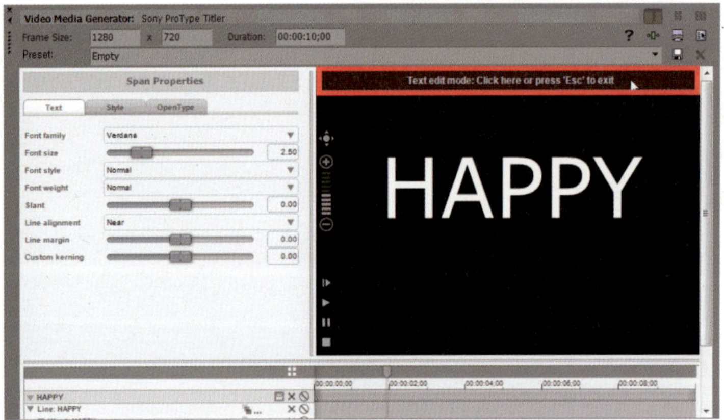

05. 문자 입력을 마쳤으므로 타임 마커를 드래그하여 살펴봅니다. 통통 튀는 효과가 그대로 나타나는 것을 볼 수 있습니다.

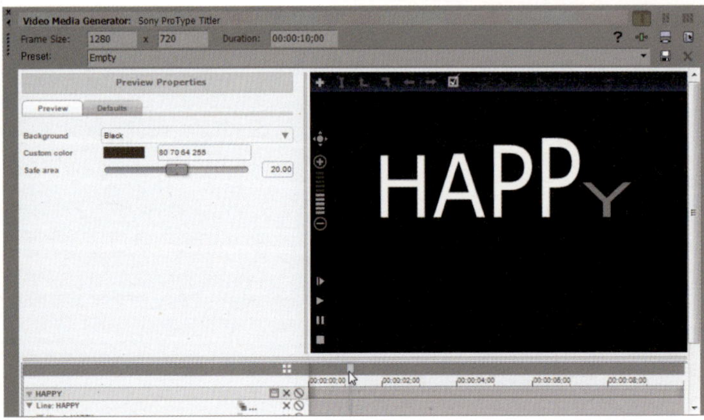

06. 영문의 경우에는 문제가 없지만 한글을 입력할 때는 이러한 효과가 사라지는 현상이 발생합니다. 따라서 다소 불편하지만 메모장에서 입력하고 복사한 다음 붙여 넣는 방법을 사용해야 합니다. 윈도우의 메모장이나 기타 텍스트 편집 프로그램을 열고 "생일 축하해"라고 입력한 다음 블록을 설정하고 Ctrl + C 키를 눌러 복사합니다.

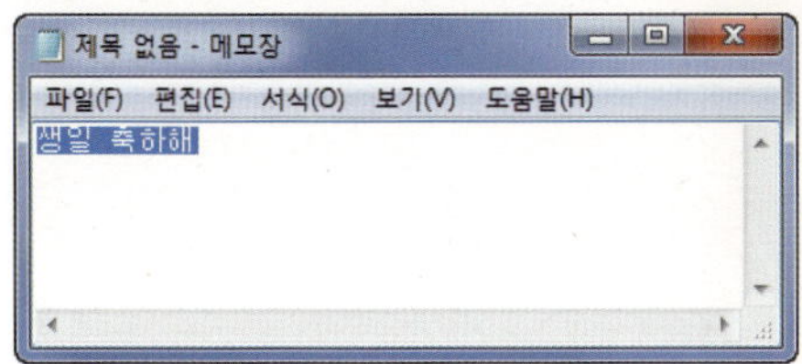

07. 타이틀러에서 문자 영역을 더블클릭하여 수정 상태로 전환하고 입력된 문자를 드래그하여 선택합니다.

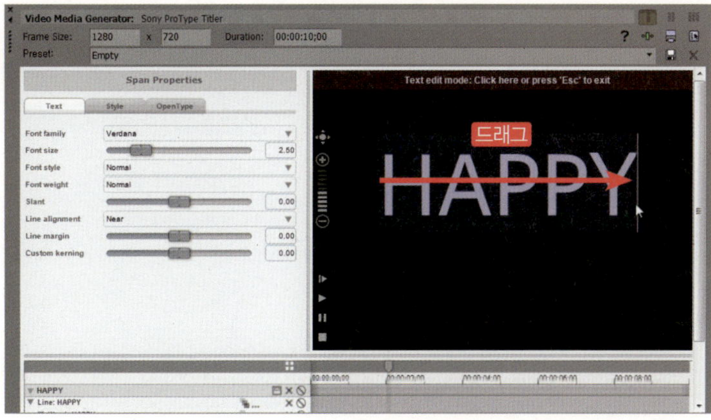

08. Ctrl + V 키를 누르거나 마우스 우측 버튼을 눌러서 나타나는 메뉴에서 [Paste]를 선택합니다.

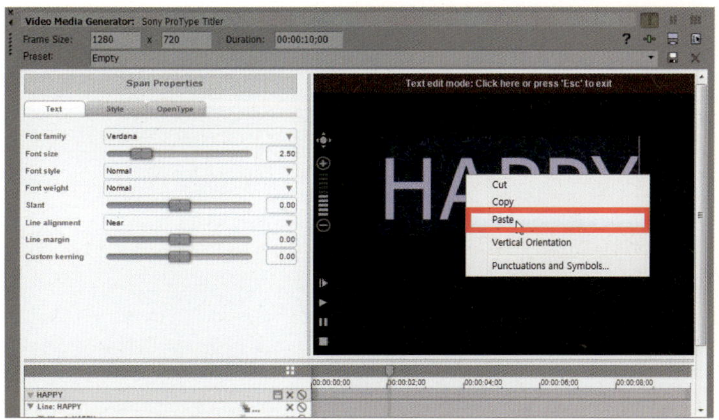

09. 복사해둔 문자가 나타납니다. Esc 키를 누르거나 문자 입력창 상단의 갈색 부분을 클릭합니다.

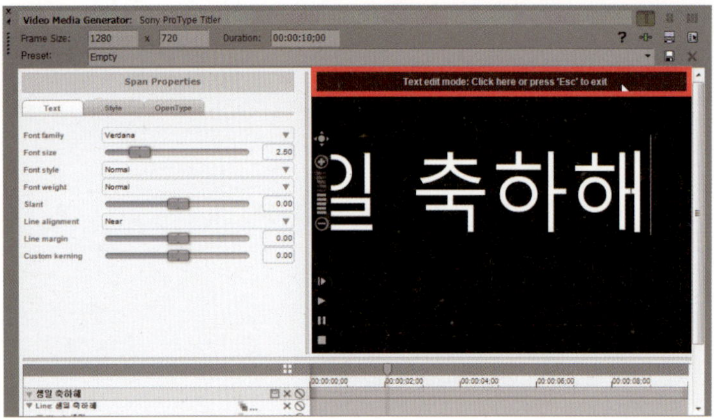

10. 문자 크기가 커서 문자가 문자 입력창을 벗어나 있다면 마우스의 휠 버튼을 아래로 내려 창을 축소하여 문자의 선택 영역 전체가 보이도록 하고 조절점을 드래그하여 문자의 크기를 줄여줍니다. 아울러 문자 내부를 드래그하여 문자의 위치를 작업창 중앙에 오도록 합니다.

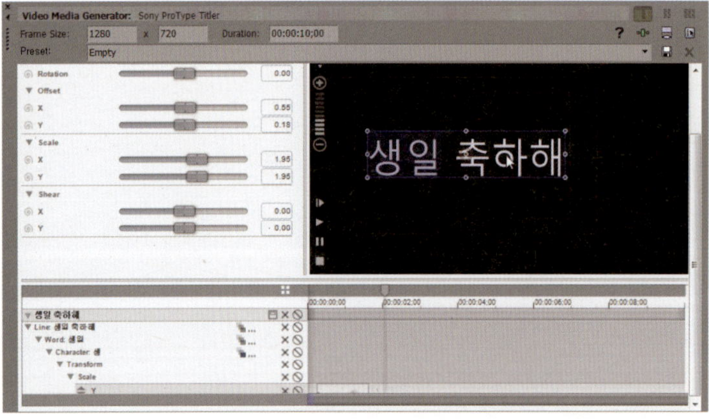

11. 타임 마커를 드래그하거나 문자 입력 창 좌측에 있는 [Play from Start] 버튼을 클릭합니다. 한글 문자도 제대로 팝업 효과가 나타나게 될 것입니다.

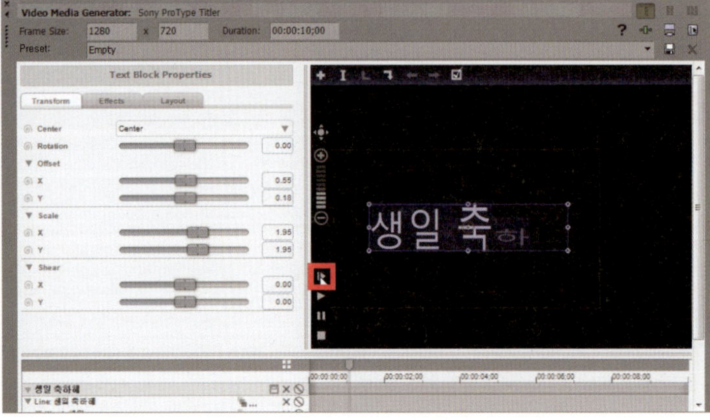

CHAPTER 19

다양한 도형 만들어 타이틀과 합성하기

타이틀의 배경에 도형을 삽입하면 더욱 세련된 느낌을 갖게 할 수 있습니다. 뉴스나 예능 프로그램 등을 보면 자막의 글자 아래에 여러 형태의 도형이나 장식으로 꾸며 놓은 것을 볼 수 있습니다. 두 가지 형태의 도형을 만들어 타이틀과 합성해보도록 하겠습니다.

1. 사각형을 만들어 타이틀 배경으로 사용하기

01. Media Generators 윈도우에서 ProType Titler를 트랙에 드래그하여 추가하고 타이틀러 윈도우에서 그림과 같은 타이틀을 만듭니다. 앞에서 다루어본 것처럼 문자의 크기를 적절히 조절하고 그림과 같이 아래쪽에 위치하도록 합니다.

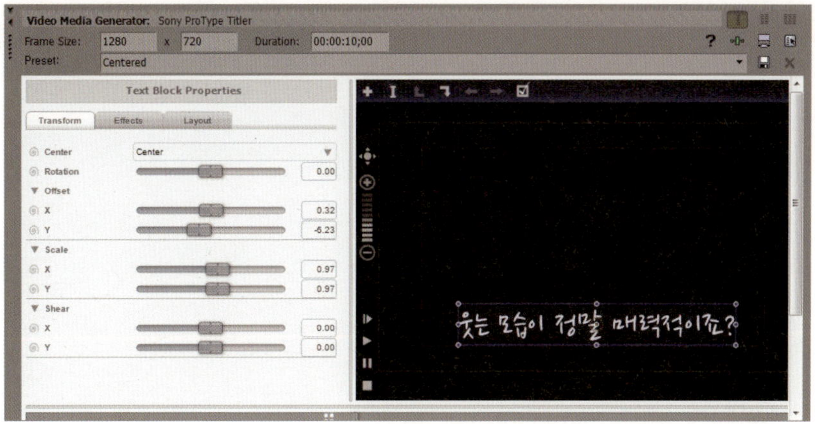

02. Media Generators 윈도우에서 [Solid Color]를 선택하면 우측에 여러 프리셋이 나타납니다. 이 중에서 [Blue]를 클릭하고 타이틀 이벤트가 등록된 아래 트랙으로 드래그합니다.

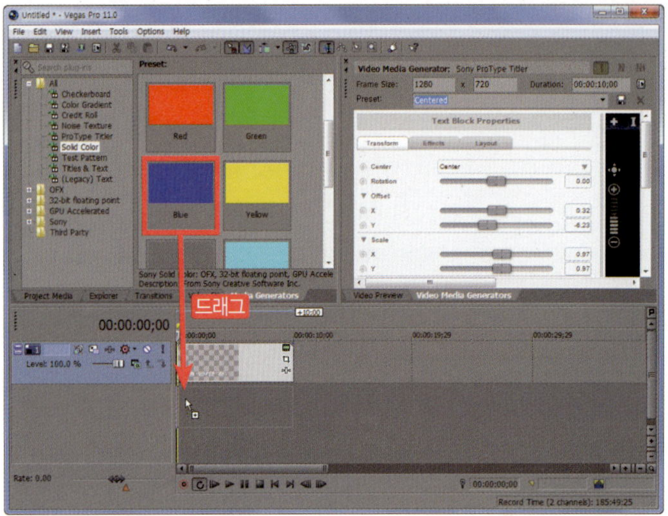

03. 2번 트랙에 등록된 이벤트의 [Event Pan/Crop] 버튼을 클릭합니다. 이벤트 위에서 마우스 우측 버튼을 클릭하고 메뉴에서 [Video Event Pan/Crop]을 선택해도 됩니다.

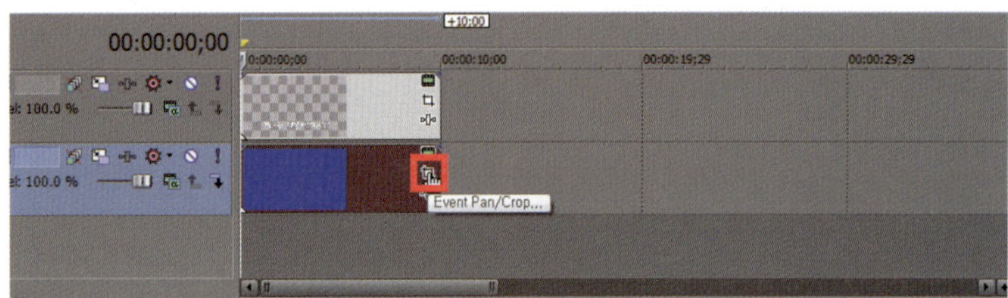

04. [Event Pan/Crop] 윈도우가 나타납니다. F 영역의 크기나 너무 크거나 작게 나타난다면 작업이 불편하므로 마우스의 휠 버튼을 위 또는 아래로 드래그하여 적절한 크기가 되도록 합니다.

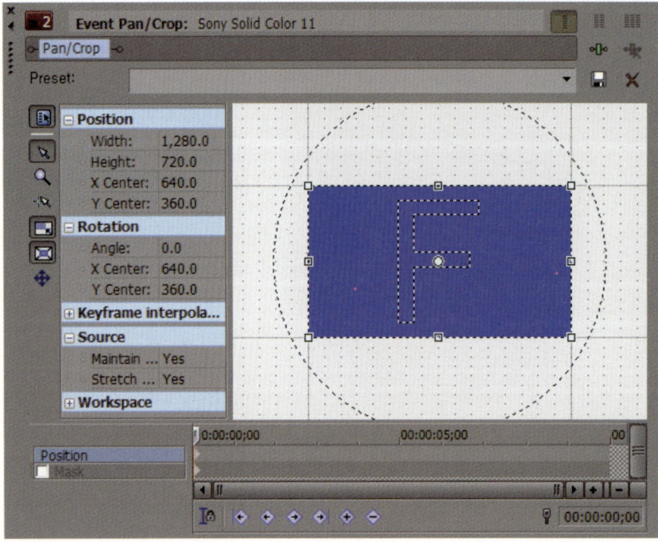

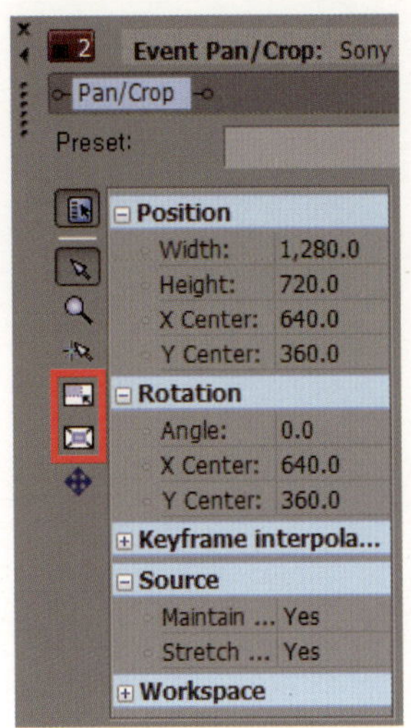

05. [Event Pan/Crop] 윈도우 좌측의 도구에서 [Lock Aspect Ratio] 버튼과 [Size About Center] 버튼이 눌려져 있다면 클릭하여 활성화되지 않은 상태로 전환합니다. Lock Aspect Ratio 버튼은 이벤트의 크기를 변경할 때 종횡비가 유지되도록 하며, Size About Center 버튼은 중앙을 기준으로 크기가 변경되도록 하지만 크기와 비율, 위치 등을 자유롭게 조절하기 위해 이러한 기능을 모두 끄려는 것입니다.

두 버튼을 해제 상태로 둡니다.

06. F 영역 내부를 클릭하고 위쪽으로 드래그하여 프리뷰 윈도우에 파란 사각형이 그림과 같은 위치에 나타나도록 합니다.

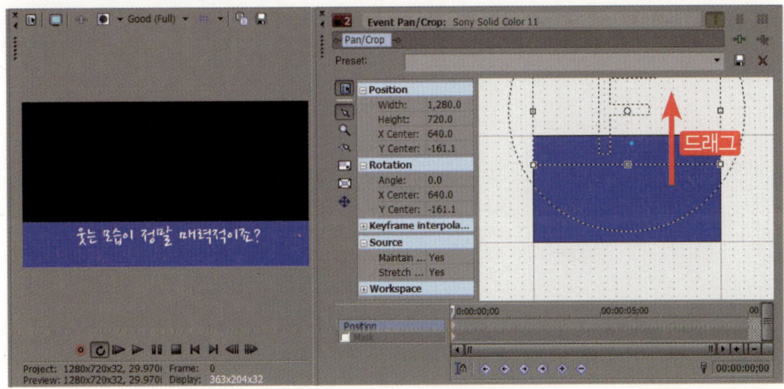

07. 역시 프리뷰 윈도우를 보면서 F 영역 아래의 조절점(핸들)을 위쪽으로 드래그하여 그림과 같은 상태로 만듭니다.

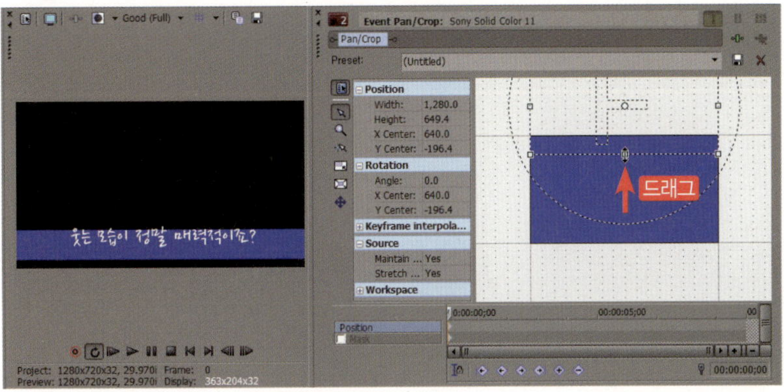

08. 계속해서 F 영역 내부와 좌우측 조절점을 드래그하여 그림과 같은 형태로 조절하여 타이틀 아래에 파란 직사각형이 나타나도록 합니다. 한 번에 설정되지 않을 수 있습니다. 프리뷰 윈도우를 보면서 위치와 조절점을 몇 번 반복해서 변경하다 보면 원하는 상태로 만들 수 있습니다.

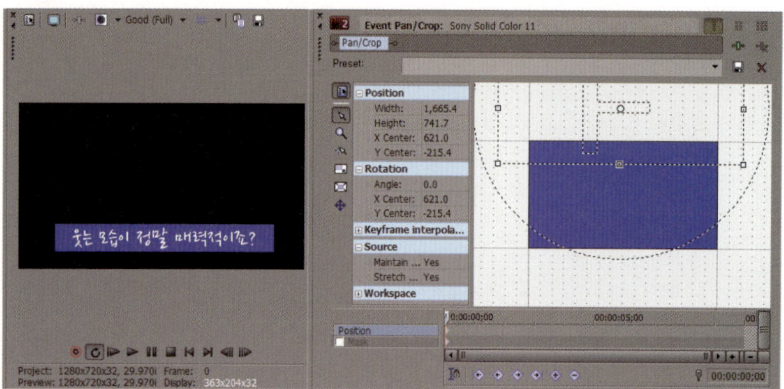

09. 윈도우 탐색기에서 사진 파일 하나를 사각형이 등록된 트랙 아래로 드래그하여 추가합니다. 사진 위에 도형을 배경으로 타이틀이 나타나는 결과를 얻게 됩니다.

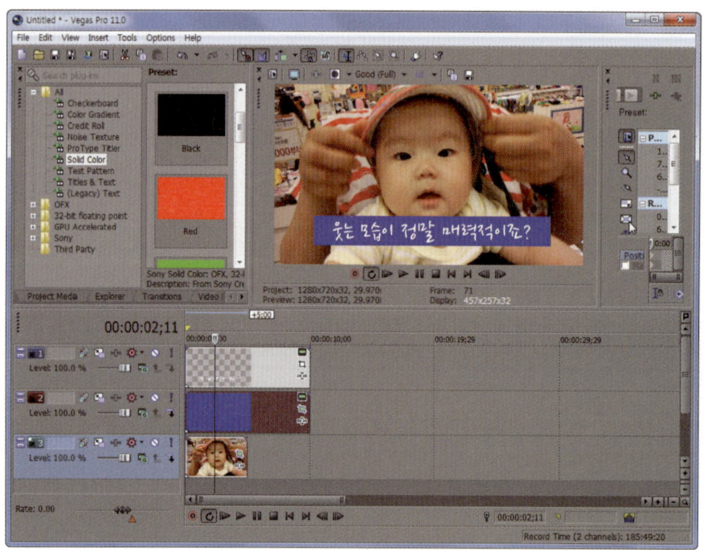

10. 타이틀 이벤트와 사각형 이벤트의 끝 지점을 좌측으로 드래그하여 사진과 같은 길이로 맞추어줍니다.

트랙에 등록된 사각형 이벤트의 가장 위에 마우스를 가져갑니다. 'Opacity is 100%'라는 표시가 나타나는데 이것은 Opacity 엔벌로프라고 부르며 불투명도를 조절할 수 있습니다. Opacity 엔벌로프는 사진이나 동영상, 타이틀을 비롯하여 제너레이트 미디어에서 만든 도형 등의 이벤트에 사용할 수 있습니다.

마우스를 클릭하고 아래로 드래그합니다. 오디오 이벤트의 볼륨을 조절할 때처럼 아래로 내릴수록 이벤트가 희미해지면서 투명하게 됩니다. Opacity 값이 50% 정도로 표시되는 지점까지 드래그하여 사각형을 약간 투명하게 만들면 더욱 고급스러운 결과를 얻을 수 있습니다.

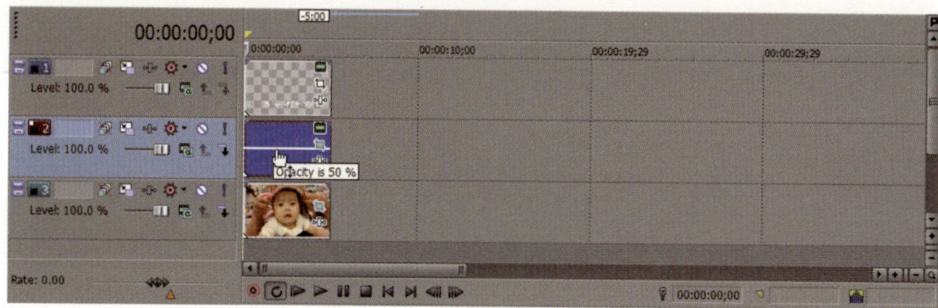

Opacity 값을 50%로 설정

50% 투명하게 처리된 사각형

타이틀의 배경에 사용되는 사각형에 점차적으로 색상이 변화되도록 하겠습니다. 즉, 그라디언트 효과가 적용된 사각형을 만들어 봅니다. 더욱 세련된 결과를 얻을 수 있습니다.

01. 앞에서 사용한 예제에서 2번 트랙의 사각형 이벤트를 그라디언트 사각형으로 대체하도록 하겠습니다. 2번 트랙에 등록된 이벤트의 Opacity 엔벌로프를 상단으로 드래그하여 완전히 불투명하게 설정합니다. 그라디언트 작업을 할 때 보다 확실히 나타나게 하려는 것입니다.

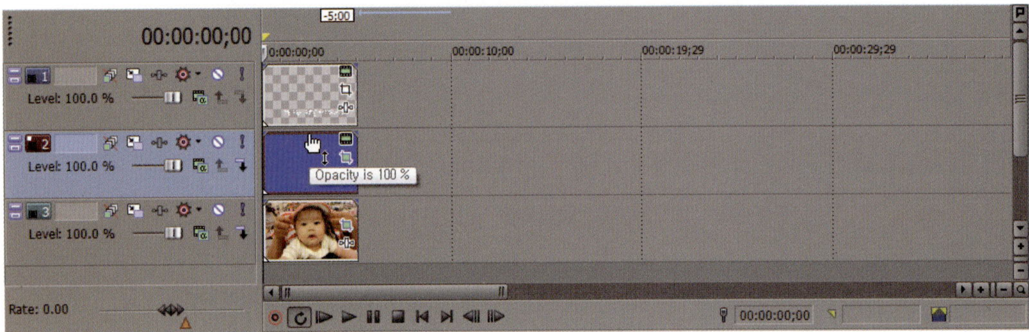

02. Media Generator에서 [Color Gradient]를 클릭하고 우측에 나타나는 프리셋에서 [Linear White to Black]을 마우스 우측 버튼을 클릭한 채로 2번 트랙의 이벤트 위로 드래그합니다. 그 후 마우스 버튼을 놓으면 나타나는 메뉴에서 [Add as Takes]를 선택합니다.

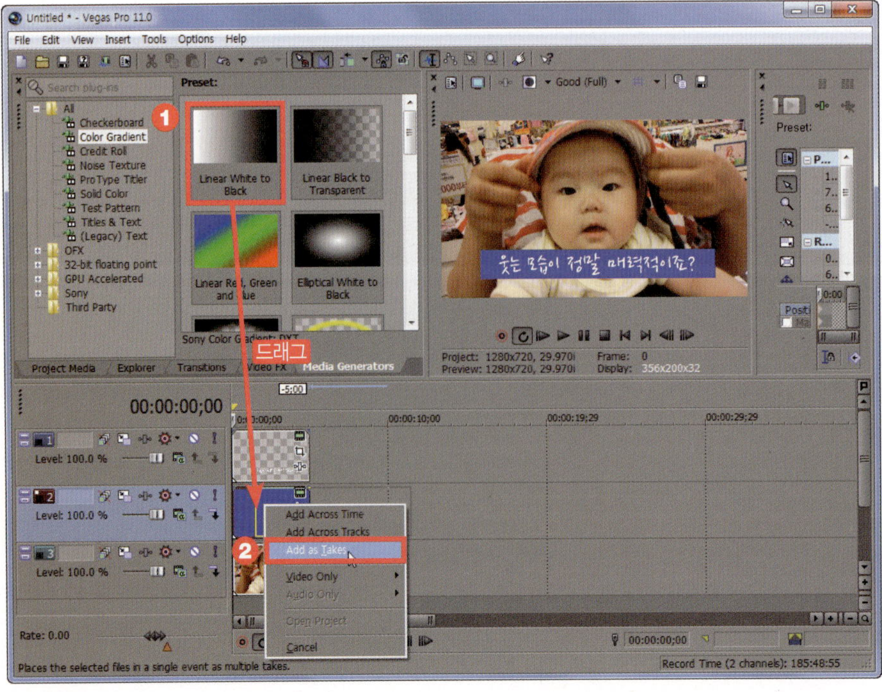

 이미 등록되었던 이벤트가 드래그한 새 이벤트로 교체되며 이벤트 설정을 위한 Video Media Generator 윈도우가 나타납니다. 프리뷰 윈도우를 보면 타이틀 아래의 사각형이 흰색에서 검은색으로 변화하는 그라디언트 사각형으로 바뀐 것을 볼 수 있습니다.

04. Video Media Generator 윈도우의 Control Points 창을 보면 ①번 포인터에 흰색이, ②번 포인터에 검은색이 지정되어 있습니다. Control Points 창에서 ②번 포인터를 클릭하고 중앙으로 드래그합니다.

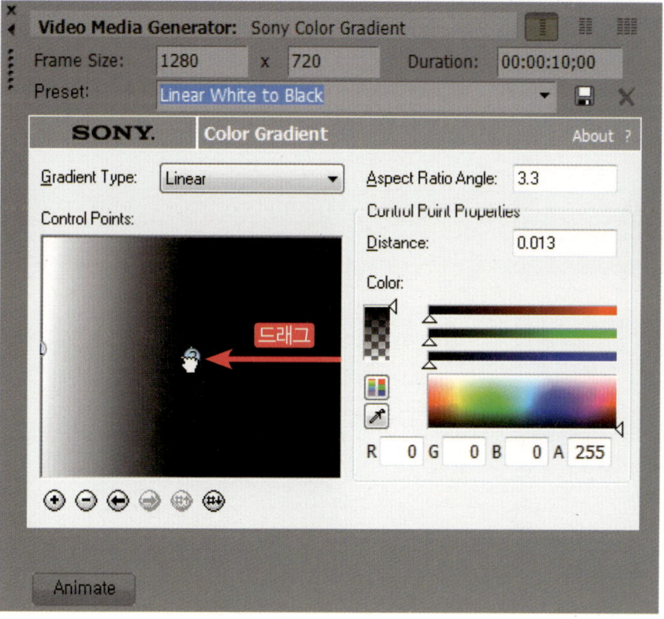

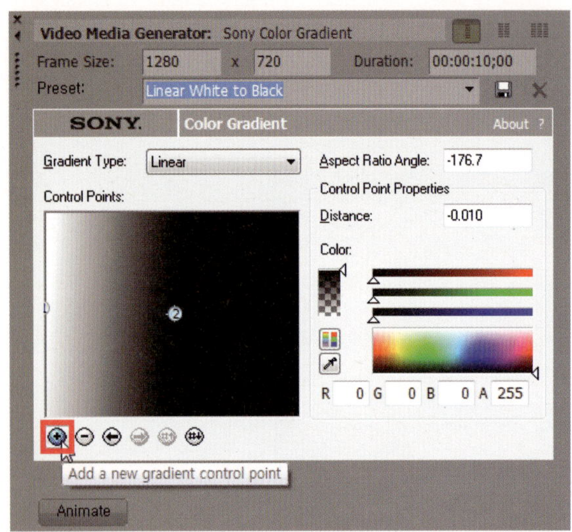

05. Control Points 창 아래에 있는 [Add a new gradient control point] 버튼을 클릭합니다.

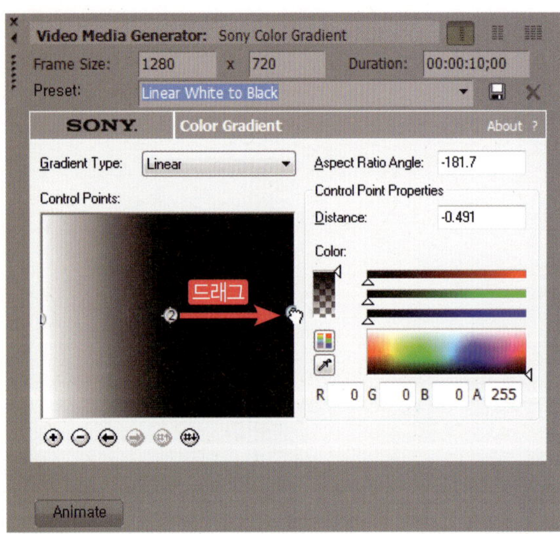

06. 중앙에 새로운 ③번 컨트롤 포인터가 나타납니다. 이것을 드래그하여 우측 끝에 위치시킵니다.

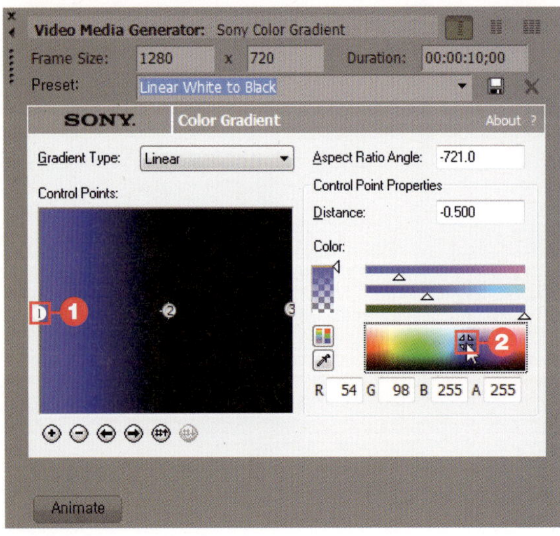

07. 이제 각 컨트롤 포인터 지점에 대한 색상을 지정할 차례입니다. 먼저 ①번 포인터를 클릭하고 색상 상자에서 파란색을 지정합니다.

08. 이어서 ②번 포인터를 클릭하고 밝은 하늘색을, ③번 포인터를 클릭하고 ①번 포인터와 동일한 파란색을 지정합니다.

2번 포인터 – 밝은 하늘색 지정

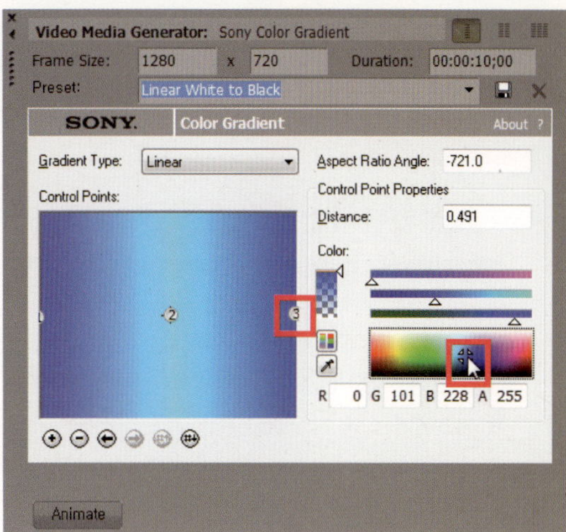

3번 포인터 – 1번 포인터와 동일 색상 지정

09. Video Media Generator 윈도우를 닫고 2번 트랙에 등록된 사각형 이벤트의 Opacity 엔벌로프를 드래그하여 70% 정도의 값으로 설정합니다.

10. 작업 결과를 확인합니다. 그라디언트와 투명도 조절로 타이틀의 배경이 좀 더 멋지게 변화된 것을 볼 수 있습니다.

20
CHAPTER

애니메이션 효과가 적용된
화려한 배경 만들기

제너레이트 미디어의 시작 지점과 끝 지점에 각각 다른 속성값을 지정함으로써 움직이는 듯한 애니메이션 효과를 만들고 이것을 합성하여 독특한 배경용 영상을 만들어보도록 하겠습니다. 아울러 배경 영상 위에 타이틀이 은은하게 나타나도록 할 것입니다.

01. 새 프로젝트를 시작하고 Media Generator에서 [Noise Texture]를 클릭하고 우측의 프리셋에서 [Microscopic Threads 2]를 트랙으로 드래그합니다.

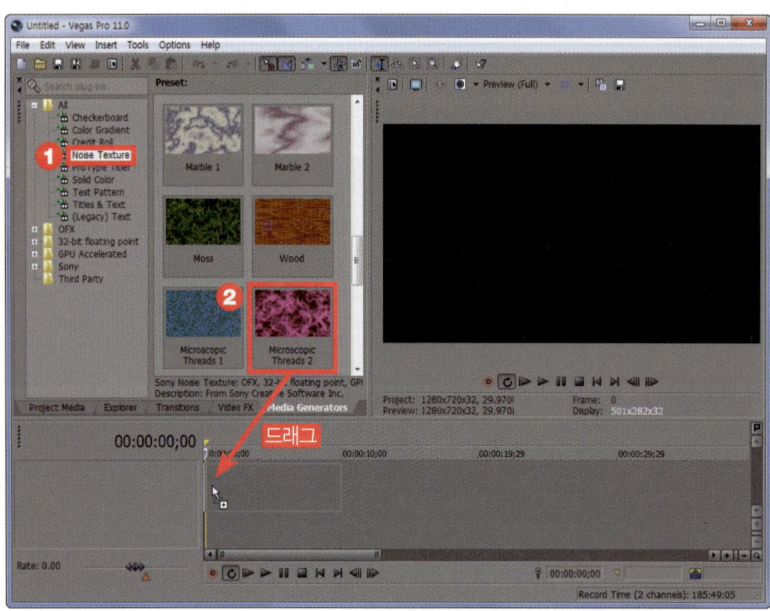

02. Video Media Generator 윈도우가 나타납니다. Frequency 속성 이름 좌측에 있는 ▷ 버튼을 클릭합니다.

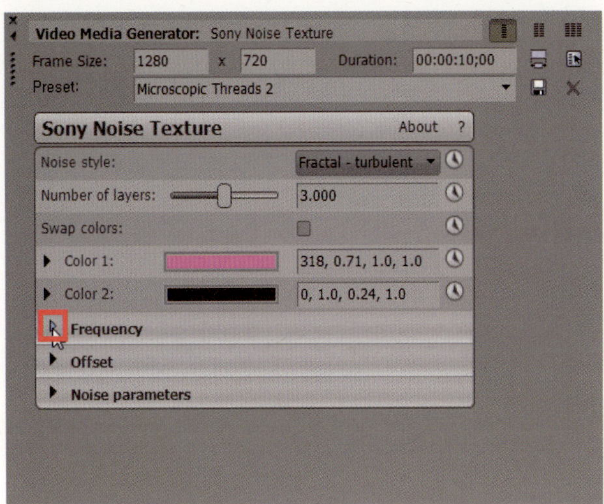

03. 하위 속성들이 펼쳐져 나타납니다. 아래에 있는 Offset, Noise parameters 속성에 대해서도 이러한 식으로 하위 속성들이 나타나도록 하고 Noise style와 Color1, Color2 속성을 제외한 모든 속성의 우측에 있는 [Animate] 버튼을 클릭하여 키프레임이 생성될 수 있도록 합니다.

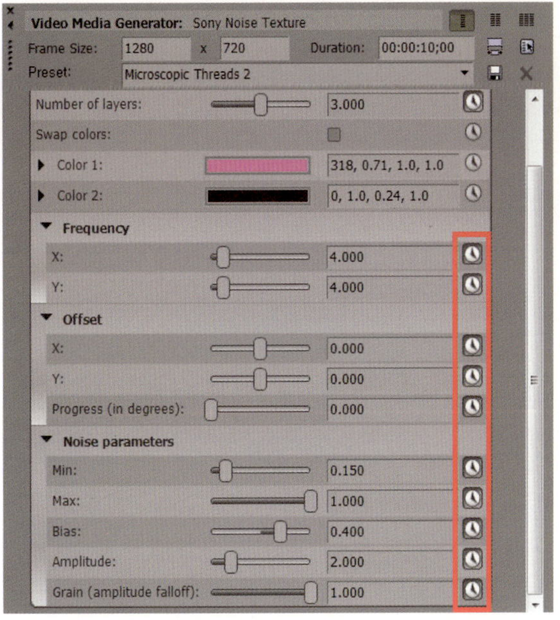

04. Video Media Generator 윈도우 하단에 타임라인이 나타납니다. 속성 중 하나의 타임라인 끝 지점을 클릭합니다. 타임 마커를 이벤트의 끝 지점에 두려는 것입니다.

05. 다음 표대로 각 속성값을 변경합니다. 애니메이션 효과를 위해 시작 지점과 다른 값을 설정하였습니다. 똑같은 값을 지정할 필요는 없습니다. 비슷한 값으로 설정해도 좋습니다.

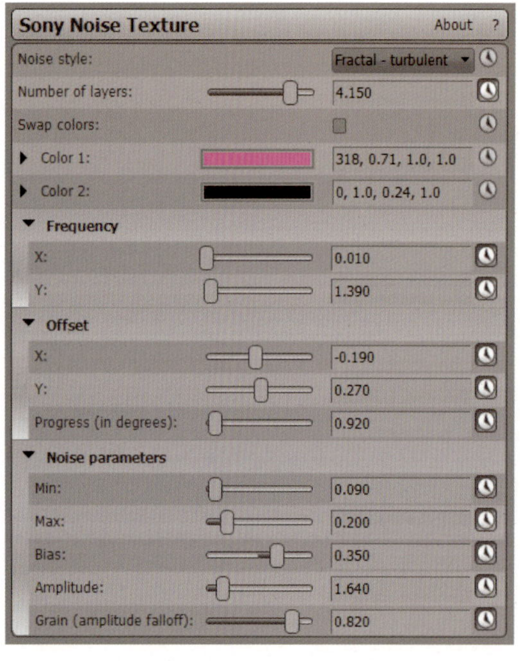

속성		설정값
Number of layers		4.150
Frequency	X	0.010
	Y	1.390
Offset	X	-0.190
	Y	0.270
	Progress	0.920
Noise Parameters	Min	0.090
	Max	0.200
	Bias	0.350
	Amplitude	1.640
	Grain	0.820

06. Media Generator에서 [Legacy Text]를 타임라인의 타임 룰러 시작 지점의 이벤트 바로 위로 드래그합니다.

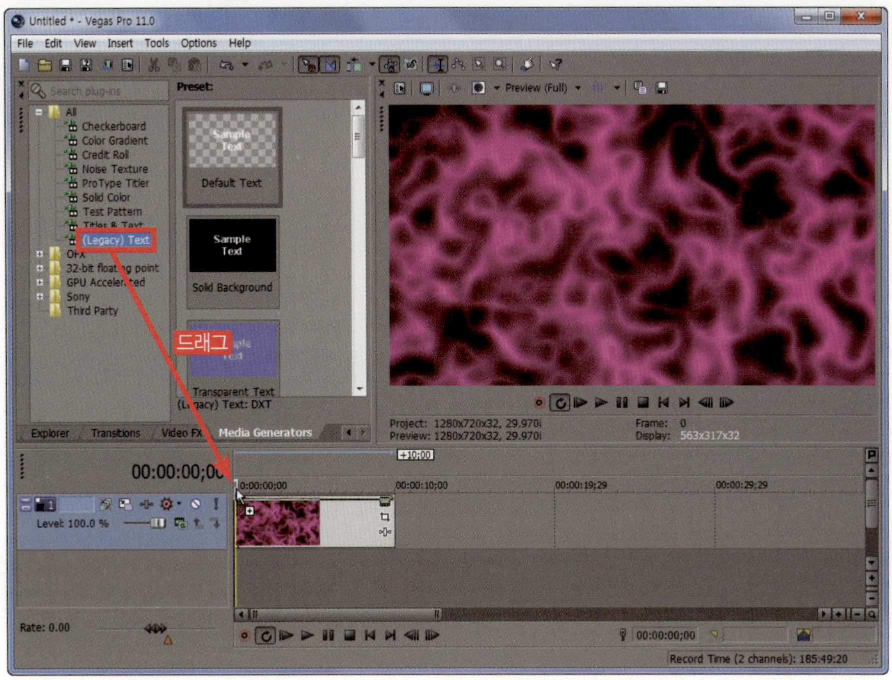

07. 트랙 위에 새로운 트랙이 자동으로 생성되고 타이틀 이벤트가 등록됩니다. 아울러 Video Media Generator 윈도우가 나티니는데 기본직으로 나타나는 문사를 삭제하고 적절히 원하는 문자를 입력한 다음, 폰트와 크기 등도 적절히 설정합니다.

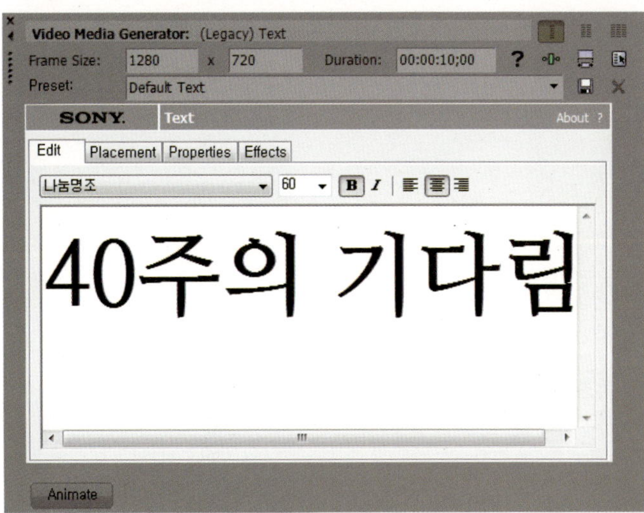

08. Video FX 윈도우에서 [Gaussian Blur]를 타이틀 이벤트로 드래그하여 적용합니다.

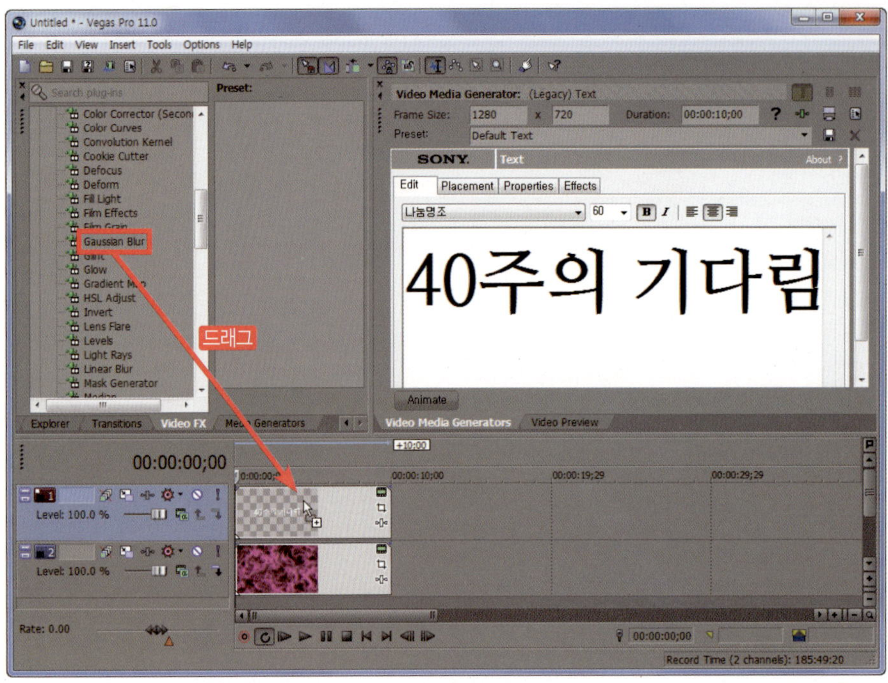

09. Video FX 윈도우의 트랙에서 타임 마커를 이벤트의 시작 지점에 두고 Video Event FX 윈도우에서 Gaussian Blur의 두 속성값 우측에 있는 [Animate] 버튼을 클릭하여 키프레임이 생성되도록 합니다.

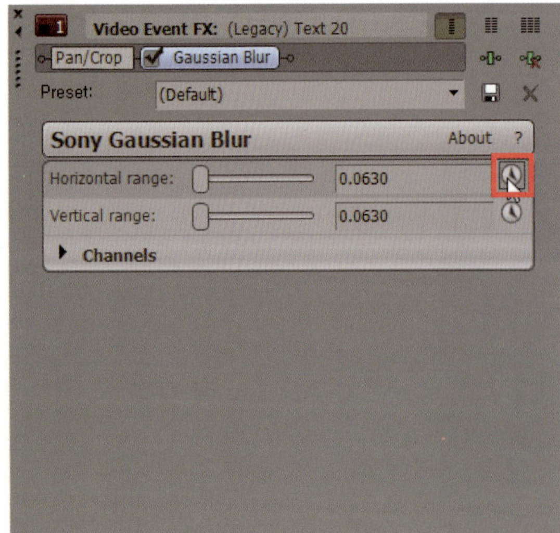

10. 두 속성값을 모두 0.156 정도로 설정합니다.

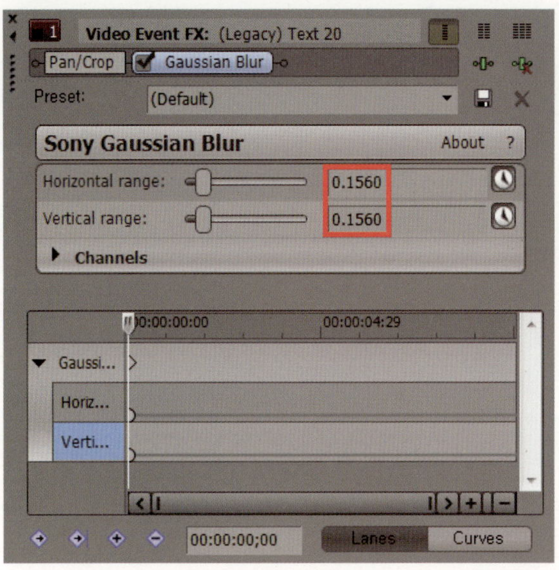

11. 이번에는 타임 마커를 2초 지점에 두고 Horizontal range 값은 작게, Vertical range 값은 크게 변경합니다. 예제에서는 각각 0.067과 0.217로 지정하였습니다.

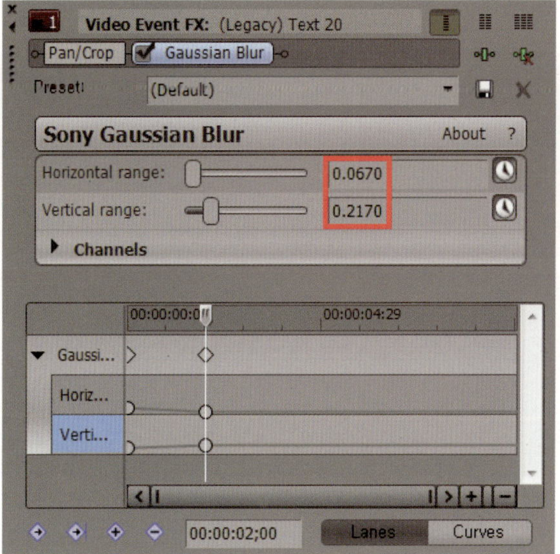

12. 다시 타임 마커를 4초 지점에 두고 두 속성값을 모두 '0'으로 설정하여 블러가 적용되지 않도록 합니다.

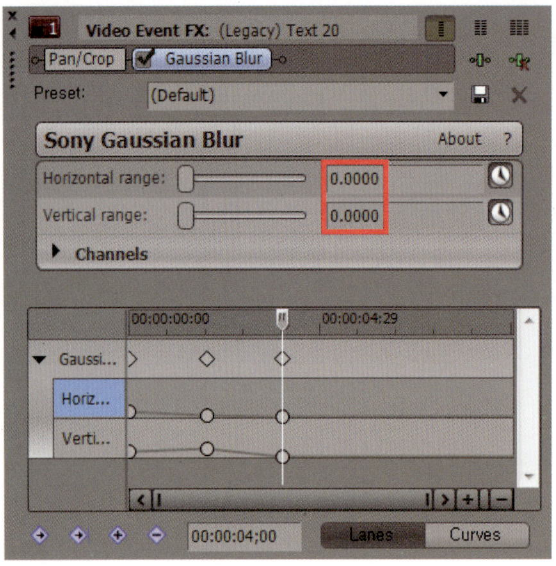

13. Enter 키를 눌러 재생해보면 실타래가 엉켜 흘러가면서 사라지는 것 같은 배경 위에서 흐릿했던 문자가 점차 선명하게 나타나는 것을 볼 수 있습니다.

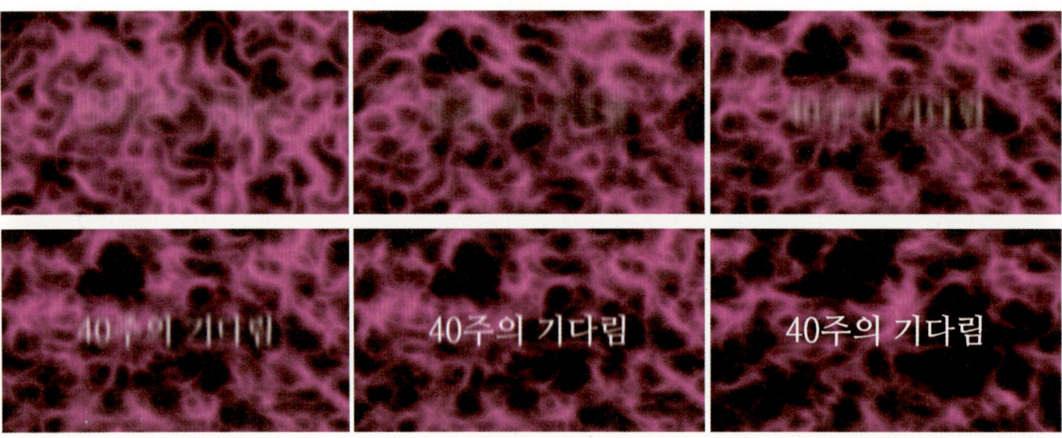

21 CHAPTER

아이 프로필 화면 만들기

성장 동영상에서 빼놓을 수 없는 아이 프로필 화면을 만들어봅니다. 예쁘게 보일 수 있도록 각 부분의 폰트 색상을 다르게 하고 Solid 이벤트를 타이틀 배경으로 사용합니다. 또한 이벤트의 위치와 크기를 좀 더 간편하게 조절할 수 있도록 PluginPac3dLE 플러그인을 사용할 것입니다.

01. 독자를 위한 "엄마가 만드는 예쁜 성장동영상" 카페 (http://cafe.naver.com/babyvideo365)의 자료실에서 'PluginPac3dLE' 파일을 다운받아 더블클릭하여 설치합니다. 베가스 프로가 종료된 상태에서 설치해야 하며 화면 안내대로 클릭하여 진행하기만 하면 간단히 설치됩니다.

02. 새 프로젝트를 시작하고 그림과 같이 5개의 사진을 트랙에 등록하되 1초 간격으로 겹치도록 합니다. 이 구간에 트랜지션을 적용하려는 것입니다.

03. 가장 앞에 있는 사진 이벤트의 앞에 마우스를 두고 페이드 마크를 1초 뒤로 드래그하여 페이드 인 효과가 나타나도록 합니다.

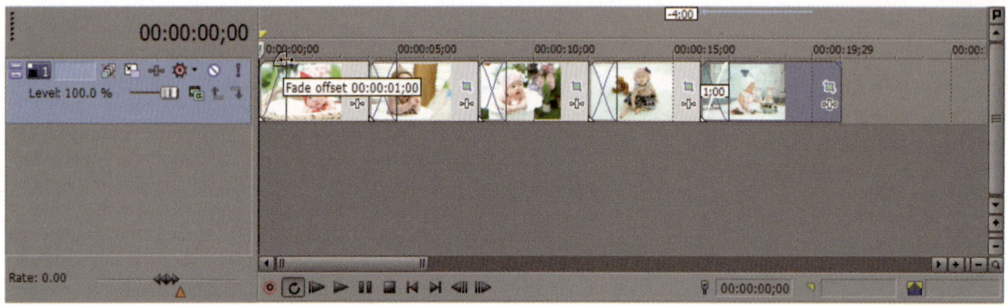

04. 트랙 좌측에서 마우스 우측 버튼을 클릭하고 메뉴에서 [Insert Video Track]을 선택합니다.

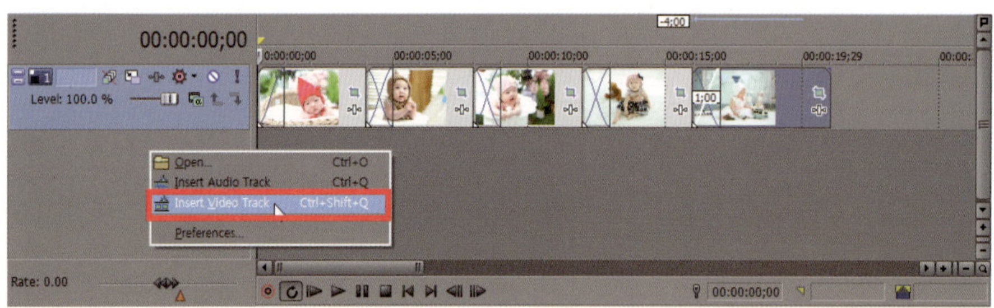

05. 새로운 트랙이 추가됩니다. 이벤트를 드래그할 때 트랙이 자동으로 생성되기도 하지만 다소 복잡한 작업을 하는 경우 미리 트랙을 만들어 놓고 이벤트를 등록하는 것이 좋습니다. 미디어 제네레이터 윈도우에서 Protype titler를 새로 추가된 2번 트랙, 첫 번째 사진의 페이드 인이 끝나는 시간 지점에 등록합니다. 물론 트랙의 아무 곳에나 등록한 다음, 드래그하여 원하는 시간 지점으로 이동시켜도 됩니다.

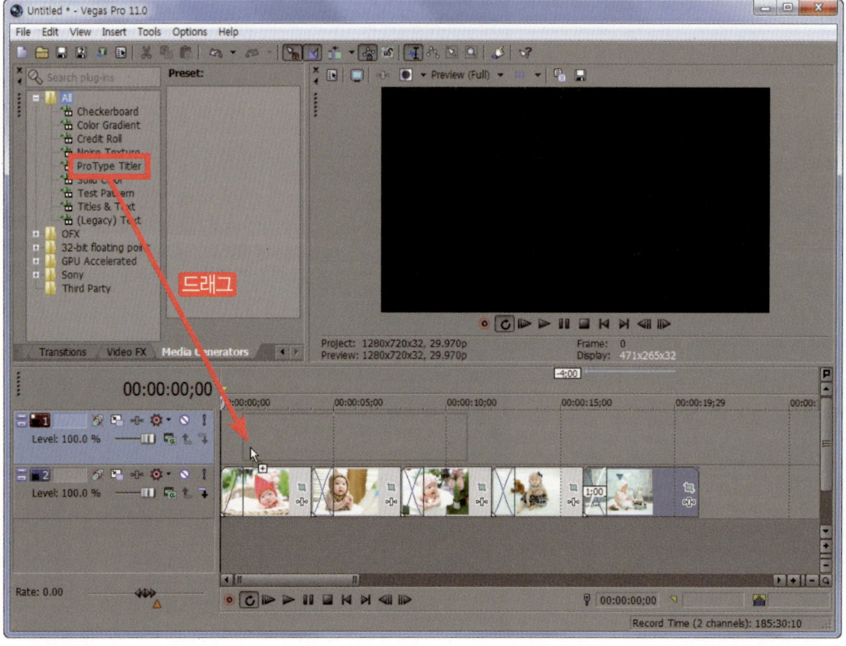

06. 타이틀 이벤트의 길이를 그림과 같이 첫 번째 뒤쪽의 겹치지 않는 부분까지 오도록 조절합니다.

07. 타이틀 입력을 위한 Video Media Generator 윈도우(타이틀러)에서 그림과 같이 아이의 영문 이름을 입력합니다. 폰트와 크기는 마음에 드는 것으로 설정하고 입력된 문자를 모두 드래그하여 선택합니다.

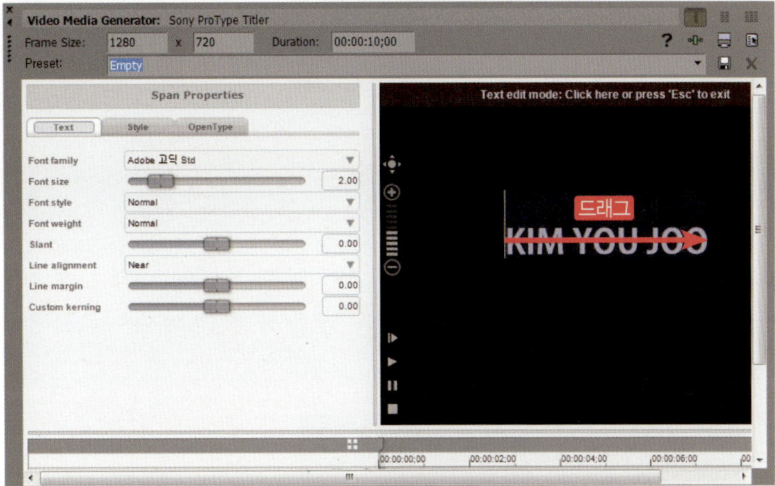

08. 문자 입력 상태에서 [Style] 탭을 열고 [Stroke color]를 짙은 녹색으로 설정합니다.

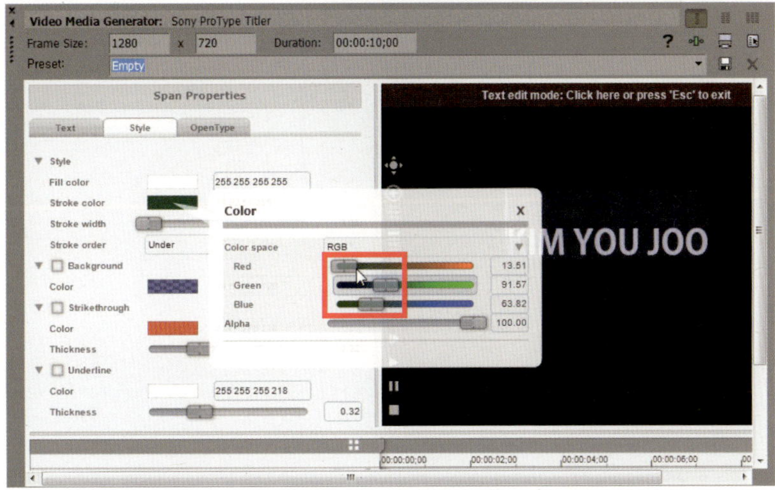

09. [Style] 탭에서 [Stroke width] 속성의 슬라이더를 우측 끝으로 드래그하여 외곽선이 두껍게 나타나
도록 합니다.

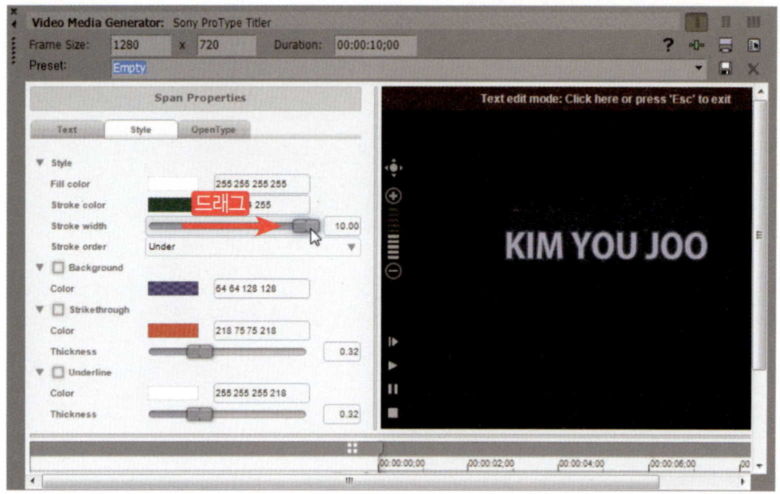

10. ESC 키를 눌러 문자 입력을 완료하고 문자 내부를 클릭하여 그림처럼 좌측 아래쪽으로 드래그하
여 위치를 이동시킵니다. 크기가 너무 크거나 작다면 문자 외곽의 조절점을 드래그하여 다시 조절해주
면 됩니다.

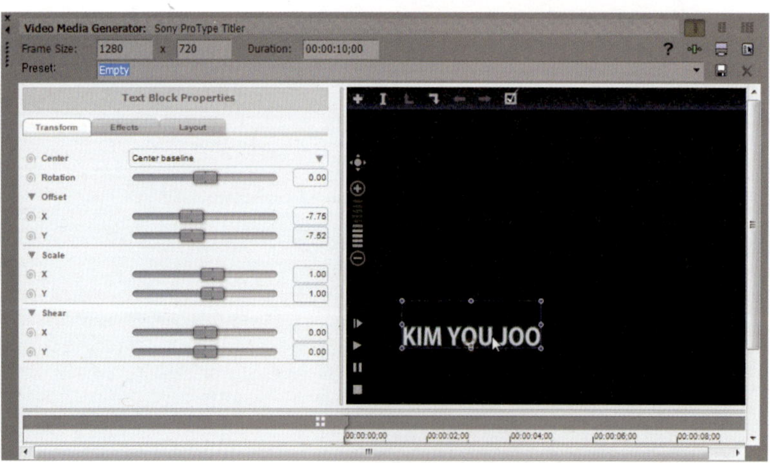

11. 다시 트랙 좌측에서 마우스 우측 버튼을 클릭하여 Insert Video Track을 선택하여 새로운 트랙을 추가하고 앞에서 작업한 타이틀 이벤트를 Ctrl 키를 누른 상태에서 새로 추가된 트랙으로 드래그합니다.

12. Paste Options창이 나타나면 [OK] 버튼을 클릭합니다.

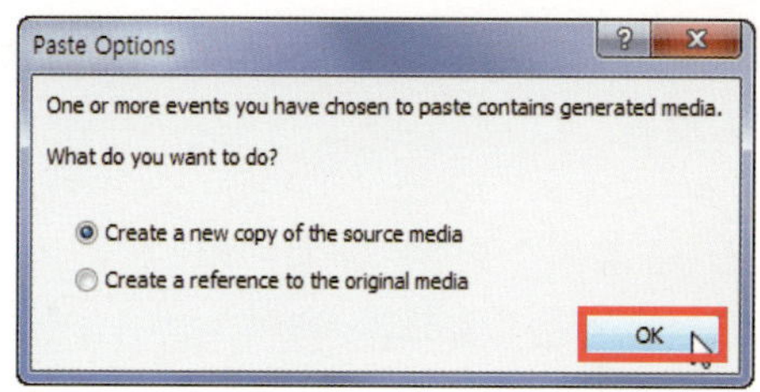

13. 동일한 이벤트가 복사되어 나타납니다. 여러 타이틀을 만들 때 일일이 제너레이터 미디어에서 추가하고 이것저것 설정하기 번거로우므로 이런 식으로 복사해서 사용하는 것이 편리합니다. 복사된 이벤트의 [Generated Media] 버튼을 클릭합니다.

14. 다시 타이틀러가 나타납니다. 문자 영역을 더블클릭하여 수정 상태로 전환하고 그림을 참고하여 아이의 이름을 한글로 입력합니다. 아울러 문자 영역 전체를 드래그하여 선택하고 폰트를 다른 것으로 변경합니다.

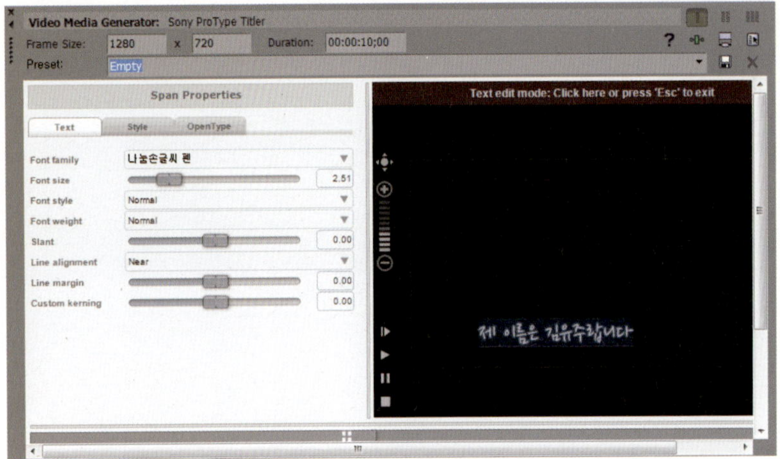

15. ESC 키를 눌러 문자의 입력을 마치고 트랙에서 타임 마커를 타이틀 이벤트가 위치하고 있는 지점에 두어 프리뷰 윈도우에 타이틀이 잘 보이도록 하고 타이틀러에서 문자를 드래그하여 앞에서 만들어둔 타이틀 위에 나타나도록 합니다.

16. 다시 트랙 하나를 추가하고 방금 작업한 3번 트랙의 타이틀 이벤트를 새로 추가된 트랙의 동일 시간 지점으로 드래그하여 옮겨줍니다.

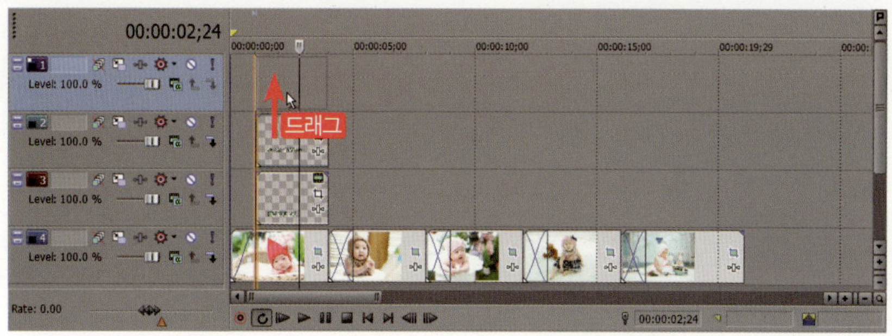

17. 제너레이트 미디어 윈도우에서 Solid Color를 비어있는 2번 트랙으로 드래그하여 등록합니다. 또한 이미 등록된 타이틀 이벤트와 동일한 시간 지점에 위치시키고 길이도 동일하게 맞추어줍니다.

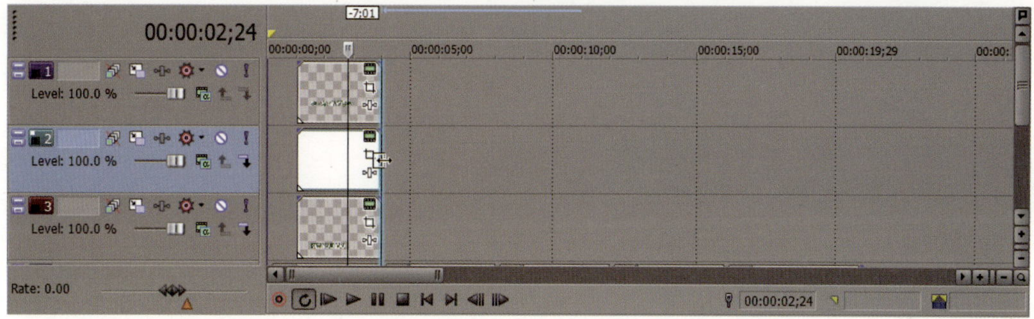

18. Solid Color의 [Generated Media] 버튼을 클릭합니다.

19. Video Media Generator 윈도우가 나타나면 Color 속성의 색상 박스를 클릭합니다.

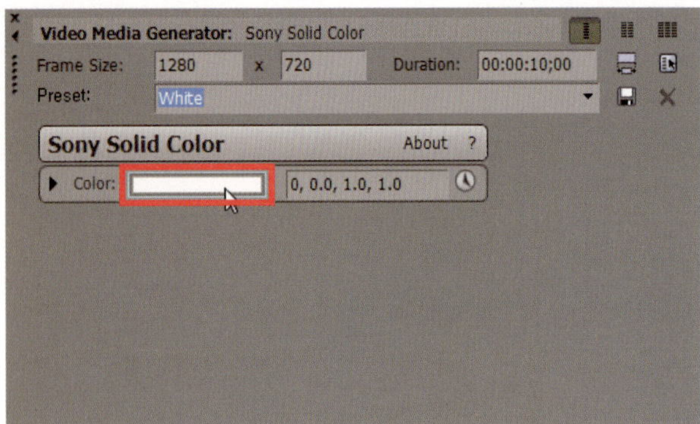

20. 색상 창이 나타납니다. 녹색 계열의 색상을 클릭하여 지정합니다.

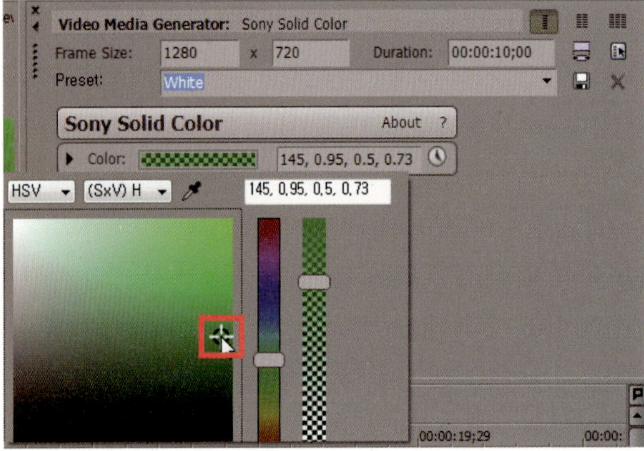

21. Video FX 윈도우를 열면 앞에서 설치한 이펙트인 [PluginPac 3D LE] 이펙트가 새로 추가되어 나타나는 것을 볼 수 있습니다. 이것을 드래그하여 Solid Color 이벤트로 드래그하여 적용합니다.

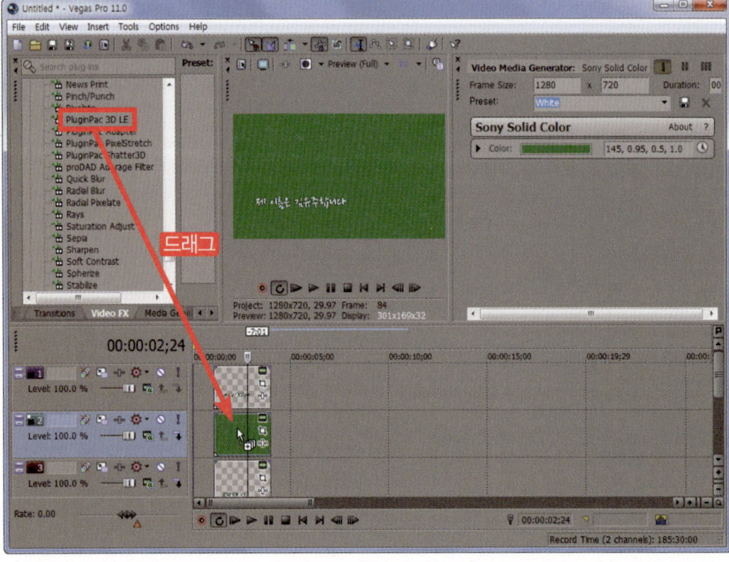

22. Video Event FX 윈도우가 나타나면 Scale X와 Scale Y 속성 우측에 있는 자물쇠 버튼을 클릭하여 해제 상태로 전환합니다. 가로와 세로 크기를 동일한 비율로 변경하지 않고 자유롭게 변경하려는 것입니다.

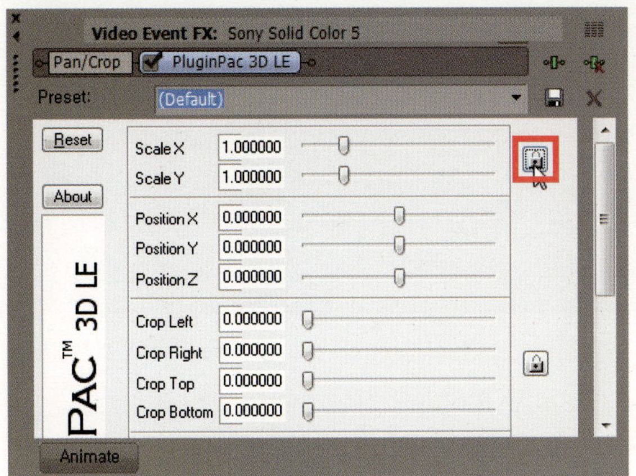

23. Solid Color 이벤트, 즉 사각형은 한글 이름이 표시된 타이틀의 배경으로 사용할 것입니다. 따라서 프리뷰 윈도우를 보면서 Scale X와 Scale Y 슬라이더를 좌측으로 드래그하여 타이틀과 비슷한 크기로 변경합니다.

24. Position X 속성은 이벤트의 가로 위치, Position Y 속성은 세로 위치를 지정합니다. 두 속성의 슬라이더를 드래그하여 사각형을 타이틀 아래로 이동시키고 다시 크기도 변경해줍니다. 이렇게 PluginPac 3D LE 이펙트를 사용하면 팬/크롭 윈도우를 통해 크기와 위치를 변경하는 것보다 훨씬 간편하게 작업을 마칠 수 있습니다.

25. 트랙에 등록된 Solid Color 이벤트의 위에 마우스를 두고 Opacity 엔벨로프가 나타나면 75%로 표시되는 지점까지 아래로 드래그합니다.

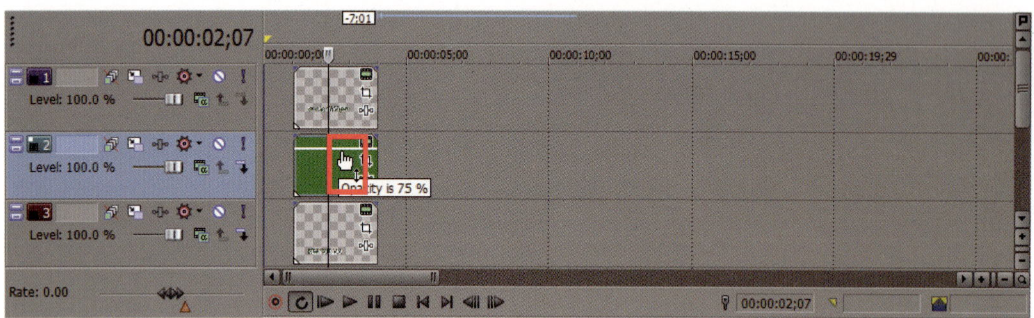

26. 다시 트랙을 추가하고 타이틀 이벤트를 복사하여 NAME이라는 문자로 변경한 다음 그림과 같이 다른 타이틀 위에 배치합니다. 앞에서 설명했던 방법을 반복하여 쉽게 할 수 있을 것입니다.

27. 이것으로 한 가지 부분에 대한 소개 화면 작업을 마쳤습니다. 계속해서 성별, 출생일, 출생 시 몸무게, 혈액형 등에 대한 부분을 만들 차례입니다. 앞에서 만들어놓은 것을 복사한 다음 수정하면 되므로 나머지 부분은 좀 더 쉽게 작업할 수 있습니다. Ctrl 키를 누른 상태에서 1번 트랙에서 4번 트랙에 등록되어 있는 이벤트를 하나씩 클릭합니다.

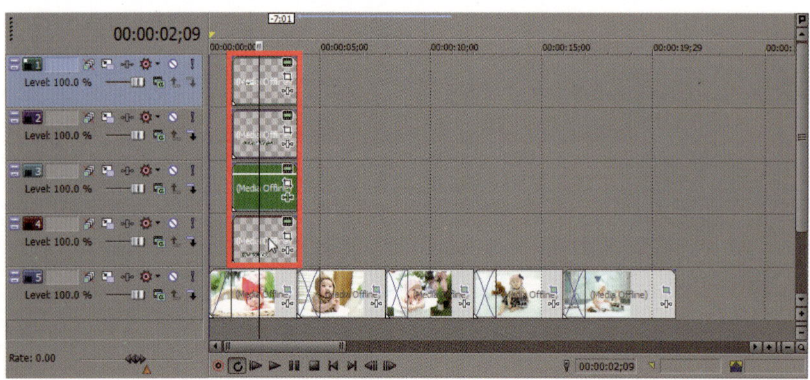

28. 4개의 이벤트가 모두 선택 상태로 전환됩니다. 다시 Ctrl 키를 누를 상태에서 선택된 이벤트 중 하나를 클릭하고 두 번째 사진이 있는 곳으로 드래그합니다.

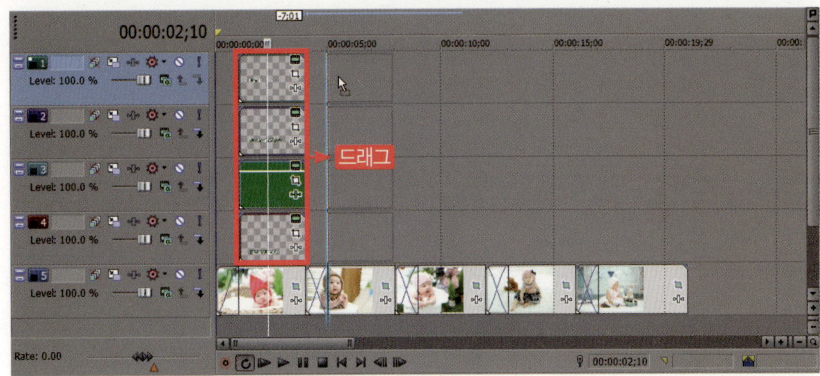

29. 마우스 버튼을 놓으면 앞에서 보았던 것처럼 Paste Options 창이 나타나며 [OK] 버튼을 클릭하면 드래그한 이벤트가 모두 복사되어 나타납니다.

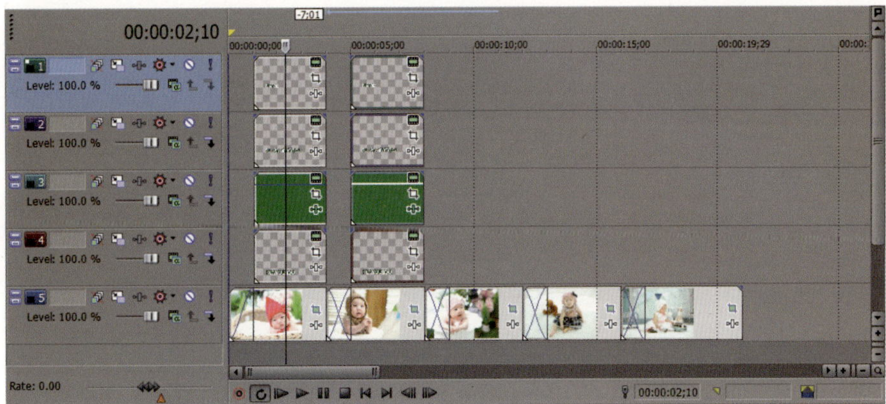

30. 이런 식으로 이벤트를 복사하고 복사된 타이틀을 수정합니다. 앞에서 했던 것과 동일한 방법을 반복하면 되므로 나머지 부분에 대한 설명은 생략합니다. 완성된 화면을 보고 만들어보기 바랍니다. 좀 더 다채로운 느낌을 갖도록 타이틀의 외곽선 색상과 사각형 색상도 변경해주었습니다.

성별 소개

출생일 소개

출생 시 몸무게 소개

혈액형 소개

31. 마지막으로 가장 아래 트랙에 있는 사진 이벤트의 시작 부분과 겹치는 부분에 적절히 트랜지션을 적용하면 완성합니다. 예제에서는 'Iris' 트랜지션을 적용하였습니다. 한 가지 형태로만 전환되면 단순해 보이므로 Iris 트랜지션의 프리셋을 번갈아가며 적용해주도록 합니다. 또한 가장 뒤에도 페이드 아웃을 설정하고 트랜지션을 적용합니다. 각 사진에도 팬/크롭 윈도우를 통해 사진에 움직임을 주어도 좋습니다.

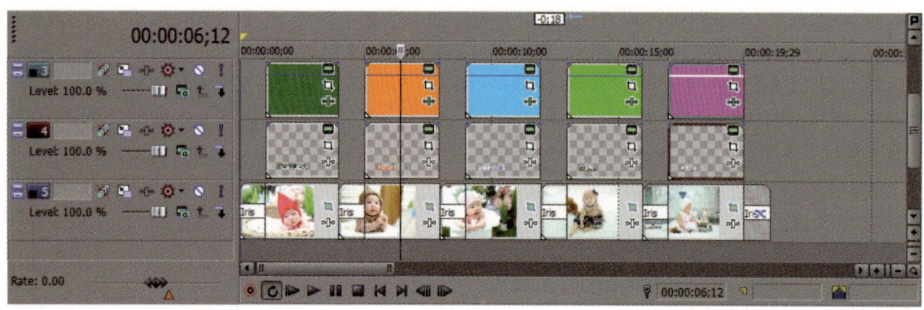

22 CHAPTER

성장 동영상 구성과 작업 효율 높이기

성장 동영상 제작의 전체적인 구성 방법을 알아보고 작업 효율을 위해 여러 파일을 한꺼번에 등록하거나 알아보기 쉽게 트랙의 이름을 지정하는 방법 그리고 많은 이벤트로 작업하다가 특정 이벤트를 삭제할 때 뒤에 배치된 이벤트들이 자동으로 당겨지도록 하는 Auto Ripple에 대해서도 다루어봅니다.

1. 성장 동영상의 전체적인 내용 구성하기

01. 다음 그림은 실제 성장 동영상 작업 화면 중 하나입니다. 많은 이벤트와 트랙으로 구성되어 있습니다. 자칫 복잡하게 보일 수 있으나 차분히 한 부분씩 작업해 나가면 충분히 완성도 있는 결과물을 만들어 낼 수 있습니다.

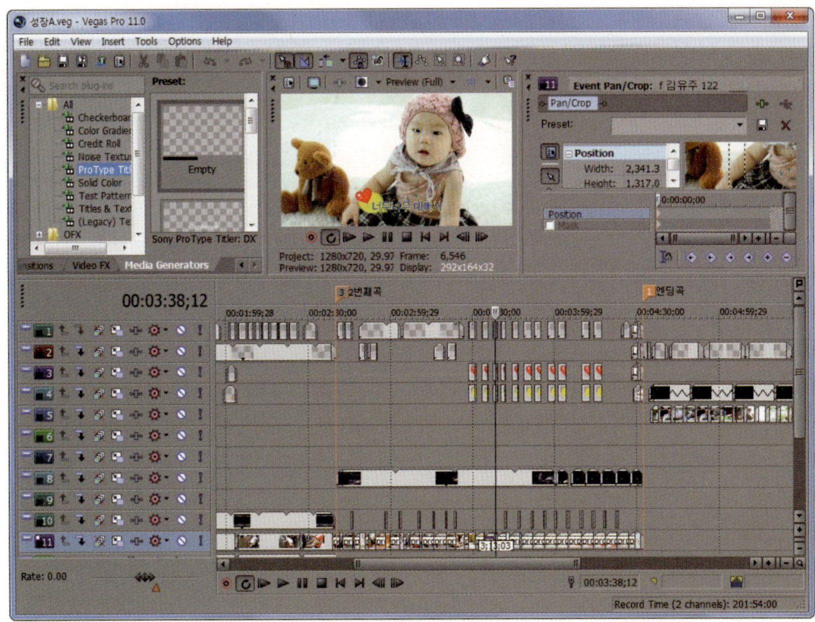

성장 동영상 작업 예

02. 작업에 사용되는 자료인 집 사진과 스튜디오 사진, 동영상은 각각 다른 폴더에 저장해두고 사용하는 것이 혼란스럽지 않아 좋습니다. 사진의 성격에 따라 더 많은 폴더로 나누어 저장해 놓고 사용해도 좋을 것입니다. 물론, 작업할 때는 이들을 모두 열어놓고 원하는 사진을 베가스 프로의 트랙으로 드래그하여 등록합니다.

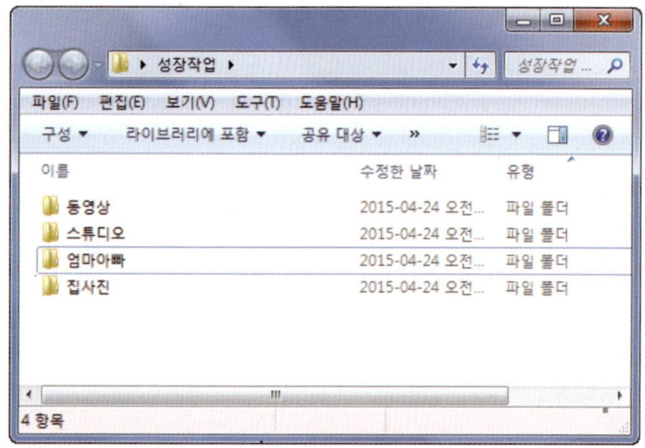

종류별로 다른 폴더에 저장해 놓습니다.

03. 사진은 집 사진과 스튜디오 사진별로 각각 촬영한 날짜나 시간 순으로 등록하는 것이 보기에 좋습니다. 시간의 흐름에 따라 아이의 성장 과정을 살펴볼 수 있기 때문입니다. 카메라나 휴대폰 등으로 사진을 촬영하면 촬영한 순서대로 숫자가 증가하면서 파일 이름이 지정되거나 혹은 날짜와 시간이 파일 이름으로 지정됩니다. 따라서 컴퓨터의 윈도우 폴더에 사진을 저장하면 기본적으로 이름 순서로 정렬되기 때문에 아이가 자라는 순서대로 사진이 표시될 것입니다. 하지만 여러 기기에서 촬영한 사진을 한 폴더에 저장하게 되면 파일 이름의 지정 방식이 달라 사진이 뒤섞여 보일 수 있습니다.

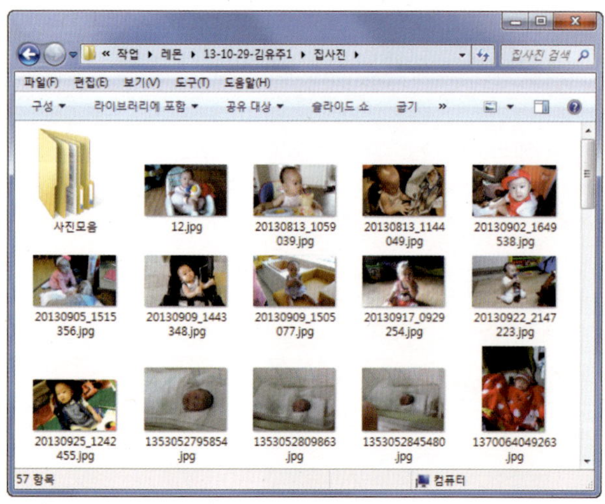

여러 기기의 사진이 혼합되어 있는 경우

04. 이 경우, 사진을 촬영한 순서대로 정렬하려면 탐색기에서 마우스 우측 버튼을 클릭하고 [정렬 기준] → [날짜]를 선택합니다.

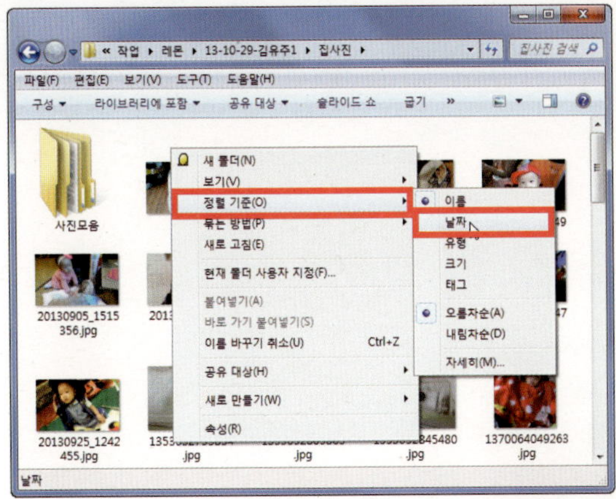

05. 날짜별로 정렬되지만 순서가 바뀌어 나타납니다. 다시 마우스 우측 버튼을 클릭하여 메뉴에서 [정렬 기준] → [오름차순]을 선택합니다.

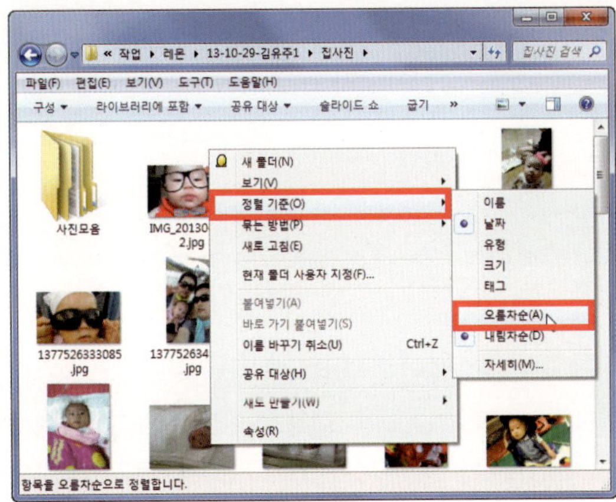

06. 오래된 사진부터 최근 사진 순으로 정렬되어 나타나게 됩니다.

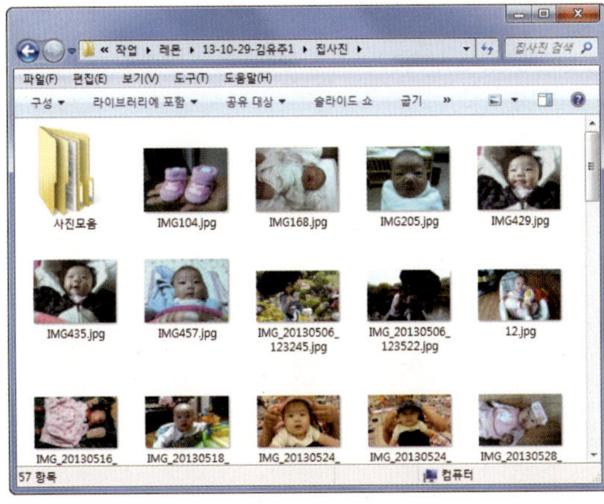

사진을 하나씩 등록하는 것이 번거롭다면 한꺼번에 등록하고 각 사진들의 앞·뒷부분이 자동으로 겹치게 할 수 있습니다. 따라서 트랜지션을 적용하기 위해 각 사진을 일일이 이동시켜 겹치게 할 필요도 없습니다.

01. 베가스 프로에서 [Options] → [Preferences]를 선택합니다.

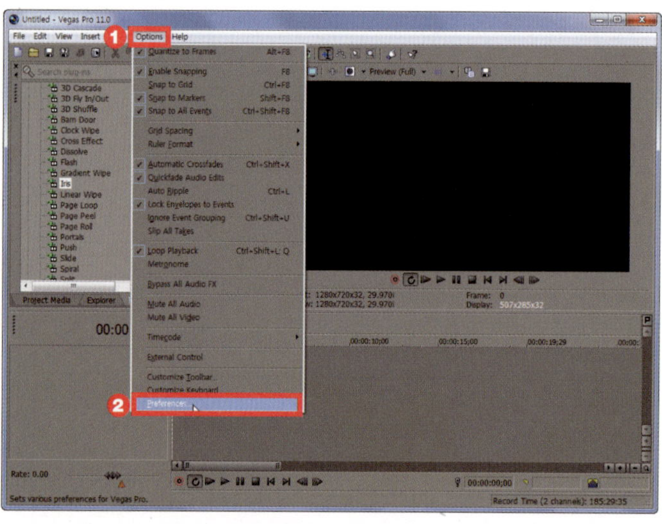

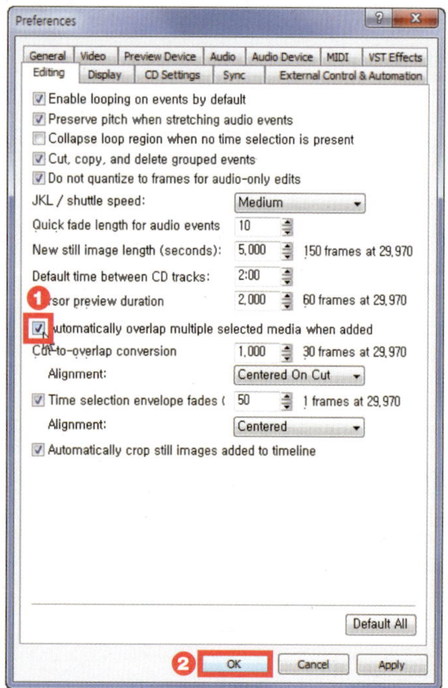

02. Preferences 창이 나타나면 [Editing] 탭에서 'Automatically overlap multiple selected media when added' 옵션을 체크하고 [OK] 버튼을 클릭합니다. 이 옵션 아래에 Cut-tooverlap conversion 옵션은 각 이벤트들이 자동으로 겹쳐지는 시간을 지정하는데 기본적으로 1초로 지정되어 있으므로 특별히 변경하지 않아도 됩니다.

03. 사진이 저장된 폴더에서 등록하려는 사진 여러 개를 선택하고 베가스 프로의 트랙으로 드래그합니다.

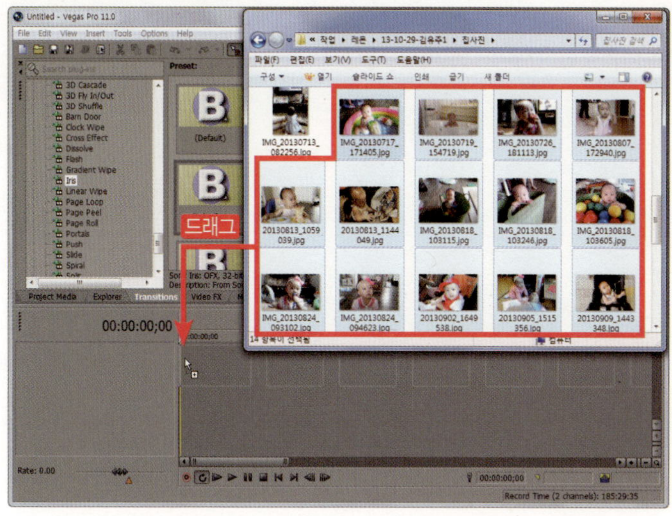

04. 선택한 사진들이 한꺼번에 등록되고 각 사진은 1초 구간씩 겹쳐져 있는 것을 볼 수 있습니다.

3. 트랙 이름 지정하기

실제 작업에서는 많은 트랙을 사용하게 되는데 사진, 동영상, 타이틀, 도형 등 이벤트 종류별로 각각 다른 트랙에 등록하는 것이 작업하기 편리합니다. 하나의 트랙에 여러 종류의 이벤트가 섞여 있으면 찾기도 불편하며 혼란스럽습니다. 트랙 리스트에는 위에서 아래로 1, 2, 3, 4 등의 번호가 매겨져 있지만 트랙의 이름을 지정해 놓으면 해당 트랙의 용도를 더욱 쉽게 파악할 수 있어 더욱 작업의 효율을 높일 수 있습니다.

01. 트랙의 좌측, 트랙 리스트에서 트랙 번호 우측 부분, Track Name이라고 표시되는 부분을 더블클릭합니다.

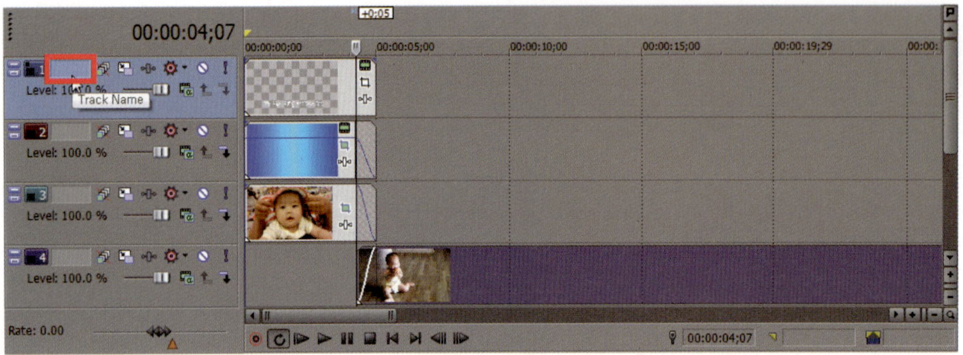

02. 해당 부분이 입력 상태로 전환됩니다. 트랙에 등록할 이벤트의 성격이나 식별하기 좋은 이름을 입력합니다.

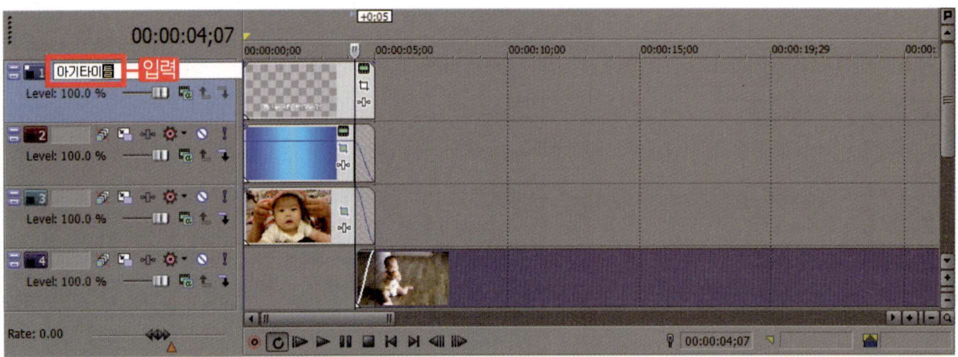

03. Enter 키를 누르면 트랙 이름이 지정됩니다. 만일 지정한 이름이 길어서 다 표시되지 않는다면 트랙 리스트와 트랙 사이의 경계선을 우측으로 드래그하여 트랙 리스트의 너비를 키워주면 됩니다.

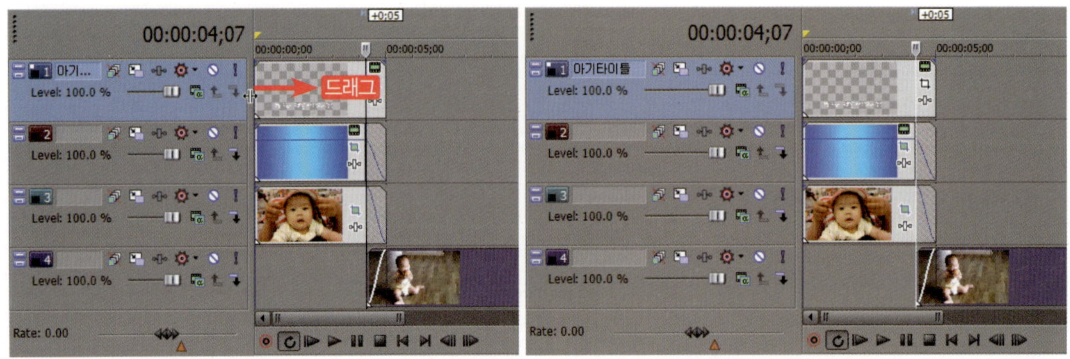

경계선을 우측으로 드래그   트랙 이름이 모두 표시됩니다.

많은 사진 파일을 등록하여 작업하다 보면 중간에 있는 사진 하나가 마음에 들지 않아 삭제하려는 경우가 있습니다. 삭제한 자리는 리플(Ripple)이라고 부르는 공백이 남게 됩니다. 물론 이 자리에 다른 사진을 채우면 되겠지만 그렇지 않고 그냥 삭제만 하는 경우에는 이 뒤에 있는 모든 이벤트들을 앞으로 당겨 주어야 합니다. 더구나 다른 사진에 대한 타이틀이 다른 트랙에 등록되어 있다면 그것까지 모두 이동된 사진의 위치에 맞게 다시 옮겨주어야 하는 대공사(!)가 발생하게 됩니다.

01. 그림과 같이 트랙에 등록된 이벤트를 삭제하면 그 자리는 공백으로 남습니다.

02. 공백이 있는 부분은 아무것도 보이지 않는 상태이므로 뒤에 있는 이벤트들을 당겨 주어야 합니다. Ctrl 기를 누른 상태에서 뒤에 있는 두 개의 사진 이벤트를 클릭하여 함께 선택하고 앞쪽에 있는 사진 뒤로 드래그하였습니다.

03. 뒤에 있는 사진에 대한 타이틀도 사진과 동일한 위치로 이동시켜 주었습니다. 해당 사진과 관련 없는 엉뚱한 타이틀이 나타나면 안될테니까 말이죠.

04. 이것은 아주 간단한 예에 불과합니다. 삭제한 이벤트 뒤에 많은 이벤트들이 있고 여러 트랙에 걸쳐 다양한 이벤트들이 서로 관계를 유지하고 있었다면 이들을 모두 다시 맞추어야 하므로 번거로울 뿐 아니라 자칫하면 순서가 엉망이 될 수도 있습니다. 도구 바에서 Auto Ripple 우측에 있는 ▼ 버튼을 클릭하고 옵션이 나타나면 가장 아래에 있는 [All Tracks, Markers, Regions]를 선택합니다.

05. 선택한 옵션을 사용하기 위해 [Auto Ripple] 버튼을 클릭합니다.

06. 이제 사진 하나를 삭제해보겠습니다. 삭제하려는 사진을 클릭하고 Delete 키를 누릅니다.

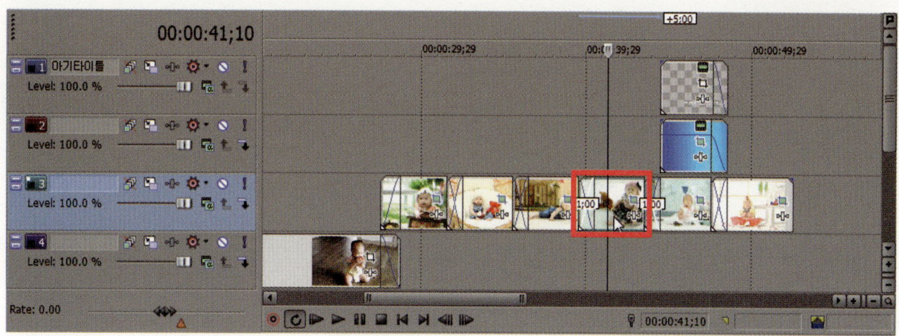

07. 이벤트의 삭제로 인해 이 지점 뒤에 있는 모든 이벤트들이 자동으로 당겨집니다. 즉, 공백이 발생하지 않으며 다른 트랙의 이벤트도 동일한 거리로 당겨집니다. 따라서 일일이 트랙별로 이벤트 위치를 다시 맞추어줘야 하는 번거로움을 겪을 필요가 없습니다. 물론 공백이 있는 상태에서도 뒤쪽 이벤트를 앞쪽으로 당기면 동일하게 뒤에 있는 모든 트랙의 모든 이벤트들이 동일하게 당겨져 이동하게 됩니다.

▶ **참고하세요!**

Auto Ripple의 세 가지 옵션은 다음과 같은 기능을 수행합니다.

❶ **Affected Tracks :** 동일 트랙에 있는 모든 이벤트를 당겨줍니다.

❷ **Affected Tracks, Bus Tracks, Markers, and Regions :** 트리밍한 이벤트와 동일 트랙에 있는 이벤트와 키프레임, 엔벌로프, 마커, 선택 구간, CD 레이아웃 마커, 커맨드 마커 등을 모두 당겨줍니다.

❸ **All tracks, Markers, and Regions :** 모든 트랙에 있는 이벤트와 키프레임, 엔벌로프, 마커, 선택 구간, CD 레이아웃 마커, 커맨드 마커 등을 모두 당겨줍니다.

23 CHAPTER

빠른 편집을 위한 특별한 기능 익히기

성장 동영상은 70~80장 이상의 사진과 약간의 동영상으로 구성하여 총 6~8분 정도의 길이를 갖도록 만드는 것이 일반적입니다. 너무 길면 지루하다고 느낄 수 있기 때문입니다. 사실 이 정도의 영상도 제법 많은 이벤트와 트랙으로 이루어지기 때문에 보다 편리하게 작업할 수 있는 기능을 숙지해두는 것이 좋습니다.

1. 이벤트 교체

트랙에 삽입된 특정 이벤트가 마음에 들지 않아 다른 것으로 교체하는 경우, 삭제한 다음 새로 삽입할 필요가 없습니다. 간단히 교체할 수 있기 때문입니다. 탐색기에서 이벤트를 마우스 우측 버튼을 클릭한 채로 교체하려는 이벤트 위로 드래그한 후, 마우스 버튼을 놓습니다. 메뉴가 나타나면 [Add as Takes]를 선택합니다.

이전 이벤트가 드래그한 이벤트로 간단히 바뀌게 됩니다. 이벤트만 교체될 뿐, 원래 적용되어 있던 이펙트나 각 속성은 그대로 유지됩니다.

2. 다른 이벤트에 속성만 붙여넣기

Ctrl 키를 누른 상태에서 이벤트를 드래그하면 동일한 이벤트를 붙여 넣을 수 있습니다. 이때 붙여 넣어진 이벤트는 원본과 완전히 동일합니다. 내용은 물론 이벤트에 적용된 이펙트나 팬/크롭 설정 등을 모두 포함하여 붙여 넣어집니다. 하지만 이벤트에 적용된 속성만 다른 이벤트에 적용하려는 경우가 종종 있습니다.

01. 이벤트에 Border 이펙트를 적용하고 설정하는 경우를 살펴보겠습니다. Border 이펙트는 이벤트에 테두리를 만들어 액자처럼 보이게 합니다. 이펙트를 적용하고 Video Event FX 윈도우에서 Size 속성의 슬라이더를 우측으로 드래그해보면 이벤트 주위에 테두리가 나타납니다.

 색상 영역에서 원하는 색상을 클릭합니다. 테두리가 해당 색상으로 변경되어 나타납니다.

03. 간단한 작업이지만 다른 여러 이벤트에 동일한 크기의 테두리와 색상을 설정하려면 이 또한 번거롭지 않을 수 없습니다. 트랙에서 이펙트가 적용된 이벤트 위를 마우스 우측 버튼을 클릭하고 메뉴가 나타나면 [Copy]를 선택합니다.

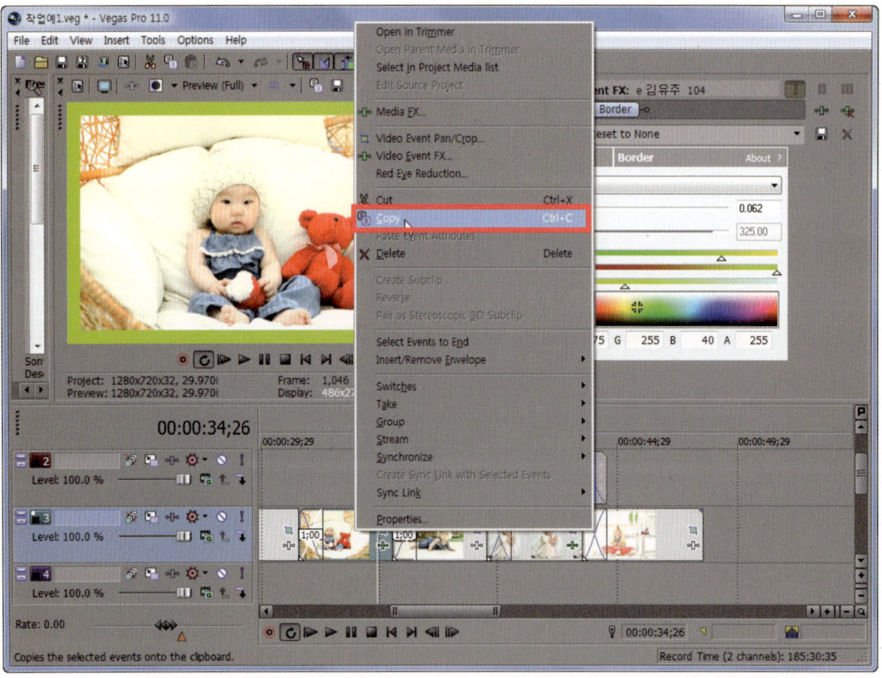

04. 다른 이벤트 위에서 마우스 우측 버튼을 클릭하고 메뉴가 나타나면 [Paste Event Attributes]를 선택합니다.

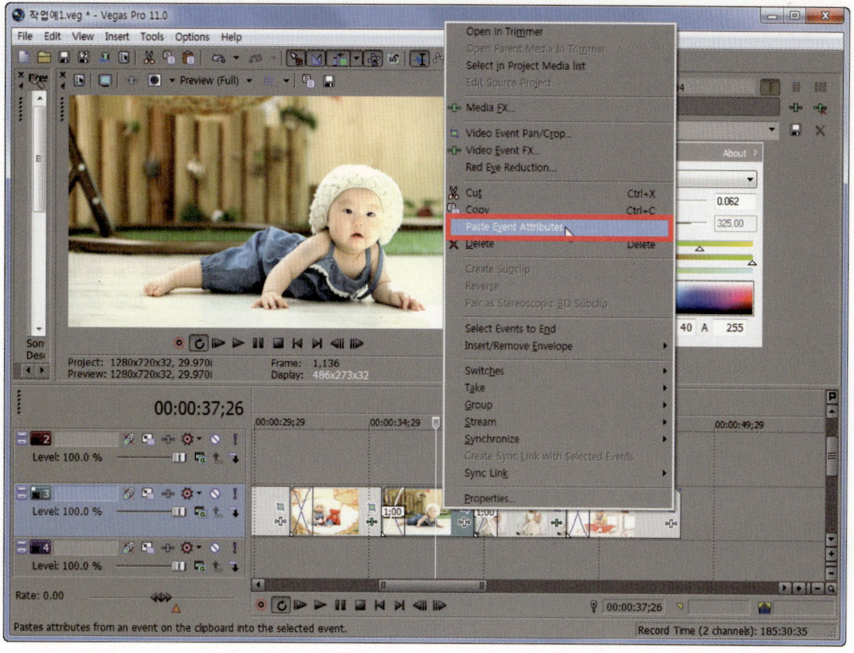

05. 해당 이벤트 지점에 타임 마커를 두고 프리뷰 윈도우를 보면 다른 이벤트에 설정한 속성이 그대로 적용되어 나타나는 것을 볼 수 있습니다. 즉, 원본 이벤트의 속성만 붙여 넣어진 것입니다. 따라서 일일이 다시 이펙트를 적용하고 설정해야 하는 수고를 덜 수 있습니다.

성장 동영상은 각각 특색 있는 여러 부분으로 구성하며 많은 이벤트로 작업합니다. 따라서 특정 지점을 찾기 위해 이리저리 살펴보다 시간을 허비하기도 합니다. 특정 지점에 표식을 달아놓으면 해당 지점을 쉽게 찾을 수 있을 뿐 아니라 부분적으로 수정할 때도 도움을 받을 수 있습니다.

다음 그림은 성장 동영상 작업 예를 보이고 있습니다. 트랙 위쪽의 마커 바에 표식이 붙어 있습니다. 따라서 구간별로 어떻게 구성되어 있는지 쉽게 알 수 있을 뿐더러 해당 지점으로 쉽게 찾아갈 수 있습니다. 이러한 표식은 '마커(Marker)'라고 부릅니다.

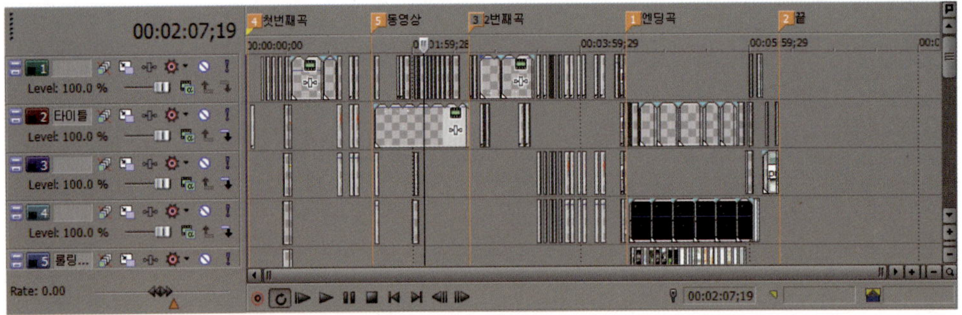

01. 사진 이벤트 다음에 동영상이 등록된 경우를 보겠습니다. 마커 바에서 동영상이 시작되는 지점을 클릭합니다.

02. 마커 바 위에서 마우스 우측 버튼을 클릭하고 메뉴가 나타나면 [Markers/Regions] → [Insert Marker]를 선택합니다.

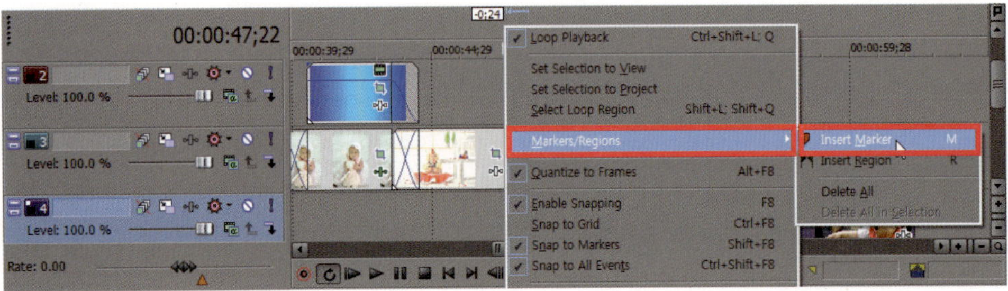

03. 현재 타임 마커 지점에 마커가 생성되고 마커 이름 입력란이 나타납니다. 적절히 현 지점을 알아볼 수 있는 이름을 입력하고 Enter 키를 누릅니다.

04. 마커 바에 해당 이름이 표시됩니다. 이 지점부터 어떤 것들이 사용되는지 쉽게 알 수 있습니다. 또한 마커 바를 클릭하면 곧바로 이 지점으로 타임 마커가 이동됩니다. 마커 이름을 더블클릭하면 다시 입력란이 나타나 이름을 수정할 수 있습니다.

05. 마커는 생성된 순서대로 번호가 붙어 표시되며 마커를 삭제하려면 마커 위에서 마우스 우측 버튼을 클릭하고 [Delete]를 선택하면 됩니다.

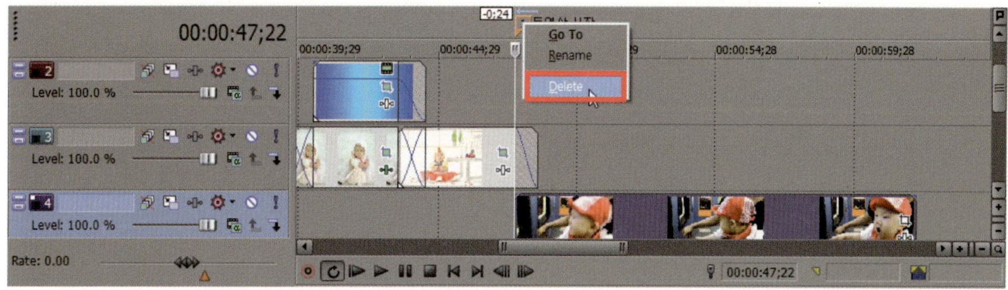

24 CHAPTER
여러 사진을 순차적으로
가로로 흐르게 하기

단순히 사진이 한 장씩 전체 크기로 재생되는 것은 단순해 보이므로 중간 부분에 잠깐 동안이라도 다른 형태로 나타나도록 하는 것이 좋습니다. 여러 개의 작은 사진이 순차적으로 흐르도록 하는 영상을 만들어보겠습니다.

01. 새 프로젝트를 시작하고 네 개의 사진을 각각 다른 트랙의 동일 시간 지점에 등록합니다.

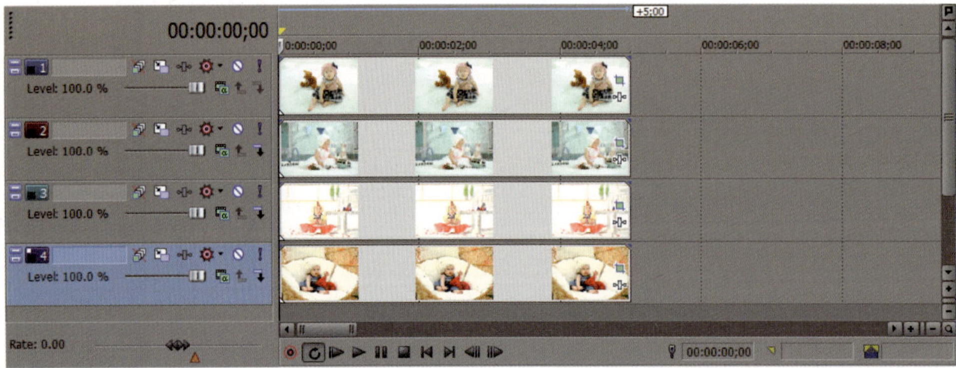

02. 1번 트랙에 등록된 이벤트의 [Event Pan/Crop] 버튼을 클릭합니다.

[Video Pan/Crop] 버튼은 이벤트가 어느 정도 길게 표시된 상태에서 나타나므로 트랙을 줌 상태로 두어
야 합니다. 하지만 많은 이벤트가 등록되어 있고 줌 상태로 전환하기 싫다면 이벤트 위에서 마우스 우측
버튼을 클릭하고 메뉴에서 [Video Event Pan/Crop]을 선택해도 됩니다.

03. Event Pan/Crop 윈도우가 나타납니다. F 영역의 바깥에 있는 점선 중 아무 곳에서나 바깥쪽으로 드
래그하여 F 영역의 크기를 키워줍니다.

04. 프리뷰 윈도우를 보면 F 영역이 커진 만큼 이벤트가 작게 나타나고 바깥 영역에는 하위 트랙인 2번 트랙의 이벤트가 보이게 될 것입니다.

원래의 상태

F 영역을 키운 후

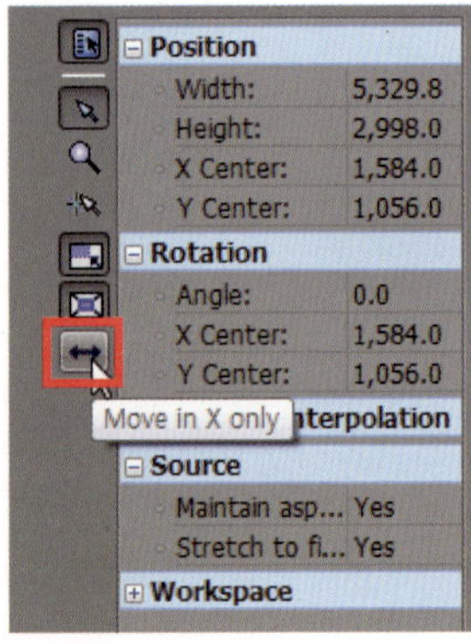

05. 툴 박스의 가장 아래에 있는 버튼을 클릭하여 좌/우측 화살표가 나타나는 상태(Move in X only)로 전환해줍니다. 이 상태에서는 선택 영역을 드래그할 때 오직 수평 방향으로만 드래그되므로 자칫 잘못해서 수직 방향으로 드래그되는 것을 막을 수 있습니다.

06. 타임라인의 시작 지점에 타임 마커를 두고 F 영역 내부를 좌측으로 드래그하여 이벤트가 F 영역 우측 끝에 나타나도록 합니다. 현재 F 영역은 이벤트를 완전히 벗어나 있는 상태이므로 프리뷰 윈도우에는 현재 이벤트가 아닌 하위 트랙(2번 트랙)의 이벤트가 보이게 될 것입니다.

07. 타임 마커를 클립의 끝 지점으로 이동하고 F 영역을 우측으로 드래그하여 이벤트 우측에 F 영역 좌측이 자리하도록 합니다. 이러한 설정으로 보이지 않던 이벤트는 우측에서 나타나 좌측으로 이동하면서 사라지게 됩니다.

Event Pan/Crop 윈도우를 비롯하여 키프레임을 설정할 수 있는 모든 윈도우에서 타임 마커를 이벤트의 끝 지점으로 이동시키려면 굳이 타임라인의 끝 지점을 클릭하지 않고 하단에 있는 Last Keyframe 버튼을 클릭해도 됩니다. 여러 키프레임이 존재하는 경우, 가장 뒤에 있는 키프레임으로 이동시키는 역할을 하는 버튼이지만 현재 지점 이후에 키프레임이 존재하지 않는 경우, 곧바로 이벤트의 끝 지점으로 타임 마커를 이동시켜주는 역할도 합니다. 하지만 끝 지점으로 이동되었을 때 프리뷰 윈도우에 이벤트가 나타나지 않아 작업하는 데 불편하다면 다시 ⬅ 방향키를 한번 눌러서 1프레임 앞쪽으로 이동시키고 작업해도 좋습니다.

Last Keyframe 버튼을 클릭합니다.

타임 마커가 이벤트의 끝 지점으로 이동합니다.

08. 속성이 변경된 1번 트랙의 이벤트 위에서 마우스 우측 버튼을 클릭하여 메뉴에서 [Copy]를 선택합니다. 이벤트를 선택하고 Ctrl + C 키를 눌러도 됩니다.

09. Ctrl 키를 누른 상태에서 2, 3, 4번 트랙에 등록된 이벤트를 차례로 클릭하여 모두 선택한 상태에서 마우스 우측 버튼을 클릭하여 [Paste Event Attributes]를 선택합니다. 앞에서 복사해둔 이벤트의 속성만 선택된 이벤트에 붙여 넣으려는 것입니다.

10. 2번 트랙의 이벤트를 클릭하고 2초 길이만큼 우측으로 이동시킵니다. 드래그할 때의 이동 거리는 트랙 위의 마커 바에 표시되므로 이것을 참고하면서 드래그하면 됩니다. 이로서 2번 트랙의 이벤트는 1번 트랙의 이벤트보다 2초 뒤에 재생됩니다.

11. 3번 트랙의 이벤트와 4번 트랙의 이벤트도 각각 상위 트랙의 이벤트보다 2초 뒤에 재생하도록 드래그하여 이동시켜 줍니다.

3번 트랙과 4번 트랙의 이벤트는 한 번에 드래그하면 어느 정도의 거리만큼 이동된 것인지 알기 힘드므로 일단 각각 상위 트랙 이벤트의 시작 지점까지만 드래그하여 맞추어준 다음, 다시 트랙 상단에 표시되는 상단의 이동거리 표시를 보면서 2초의 길이만큼 더 드래그해주면 편리합니다.

상위 트랙의 이벤트와 동일 지점에 맞춤

다시 2초 만큼 드래그

12. 또 다른 사진 하나를 트랙의 가장 아래로 드래그하여 등록하고 Opacity 엔벌로프를 아래로 드래그하여 50%로 설정합니다. 배경으로 사용할 것이므로 약간 어둡게 나타나도록 하는 것입니다.

13. 배경으로 사용하는 이벤트의 우측 가장자리를 클릭하고 4번 트랙의 이벤트가 끝나는 지점까지 드래그하여 위에 있는 모두 이벤트들이 재생을 마칠 때까지 배경으로 나타나게 합니다.

14. 결과를 확인해보면 배경 영상 사진 위에 작은 사진들이 순차적으로 이동하면서 지나가는 것을 볼 수 있습니다. 각 이벤트가 겹쳐서 나타나거나 간격이 너무 넓다면 트랙에 등록된 각 이벤트의 시작 지점을 변경(간격 변경)하도록 합니다. 물론 작게 표시되도록 하는 각 이벤트의 간격은 모두 동일해야 합니다.

25 CHAPTER

3D 공간에서 이동하는
영상 만들기

3D 모드를 사용하여 3D 공간에서 이동하는 것처럼 보이는 영상을 만들어 보도록 하겠습니다. 일단 간단한 예제를 통해 3D 모드를 익혀볼 수 있도록 하고 이렇게 만든 영상이 프로젝트 내에 원하는 어느 곳에나 삽입할 수 있도록 네스팅 기능에 대해서도 다루어 볼 것입니다.

01. 새 프로젝트를 시작하고 사진 하나를 등록한 다음, 이벤트가 등록된 트랙 리스트에서 [Track Motion] 버튼을 클릭합니다.

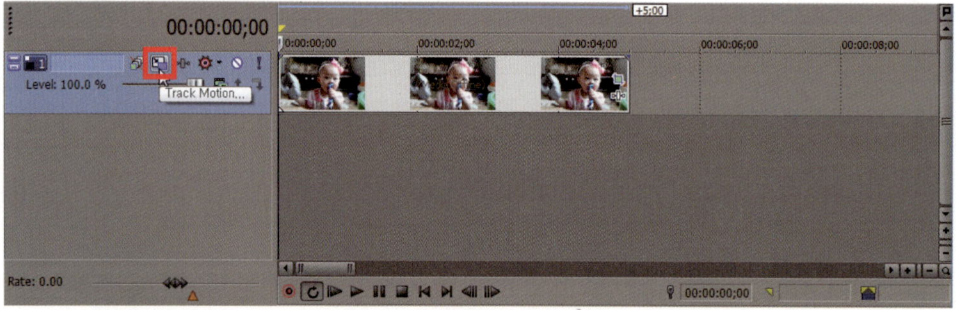

02. 트랙 모션 윈도우가 나타납니다. 좌측 상단의 Compositing Mode 메뉴를 열고 [3D Source Alpha]를 선택합니다.

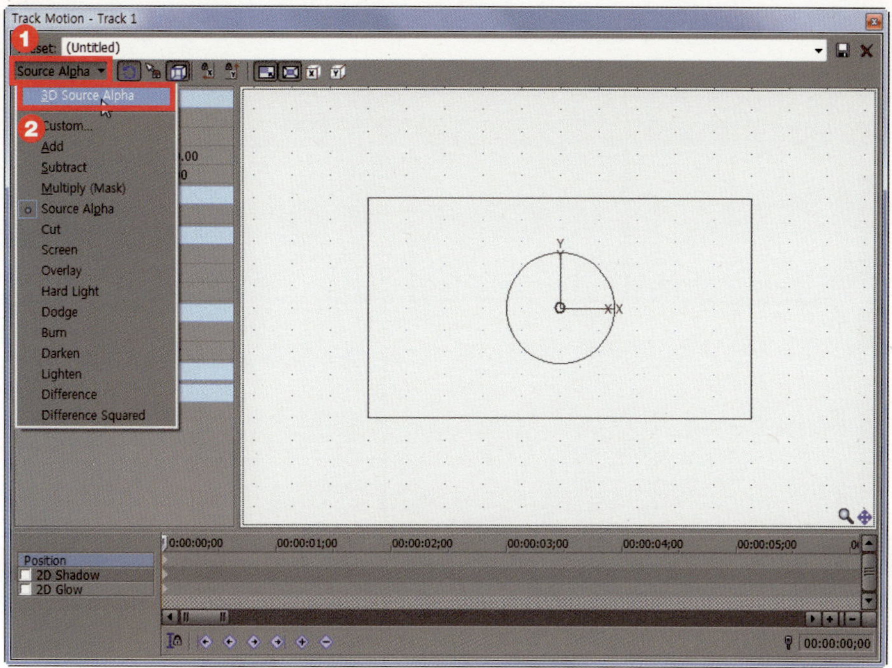

03. 트랙 모션 윈도우의 작업 영역이 4개의 뷰(View)로 나타납니다. 입체적인 3D 공간에서의 작업을 위해 각각 Top은 위, Left는 왼쪽, Front는 앞에서 본 모습을 보여주게 되며 Perspective에서는 원근감을 표시하게 됩니다.

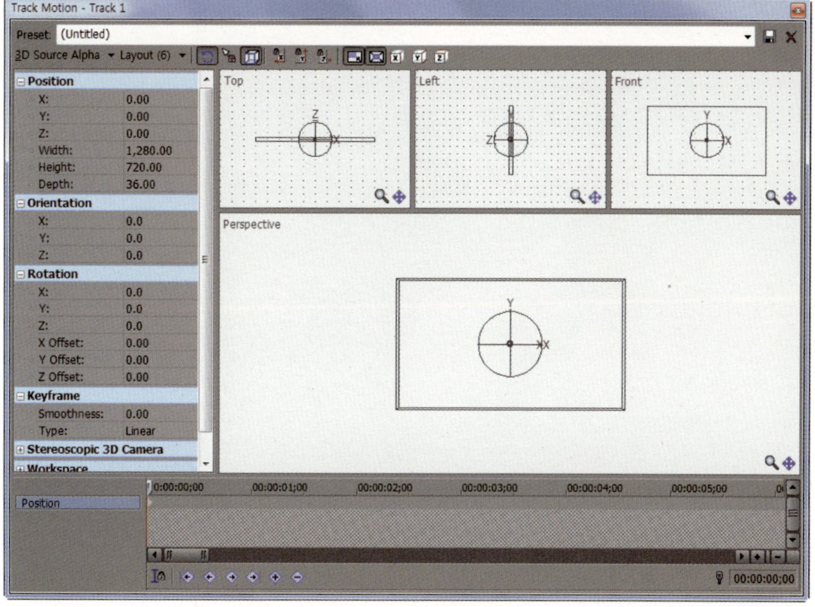

04. 각 뷰는 위치를 이동할 수 있으며 마우스의 휠 버튼을 사용하여 이벤트가 나타나는 크기를 변경할 수 있습니다. 타임 마커가 시작 지점에 있는 것을 확인하고 속성 메뉴에서 Orientation의 Y값을 –'20' 정도로 설정합니다. 이벤트의 좌측이 뒤로 이동하여 입체적으로 나타나는 것을 볼 수 있습니다.

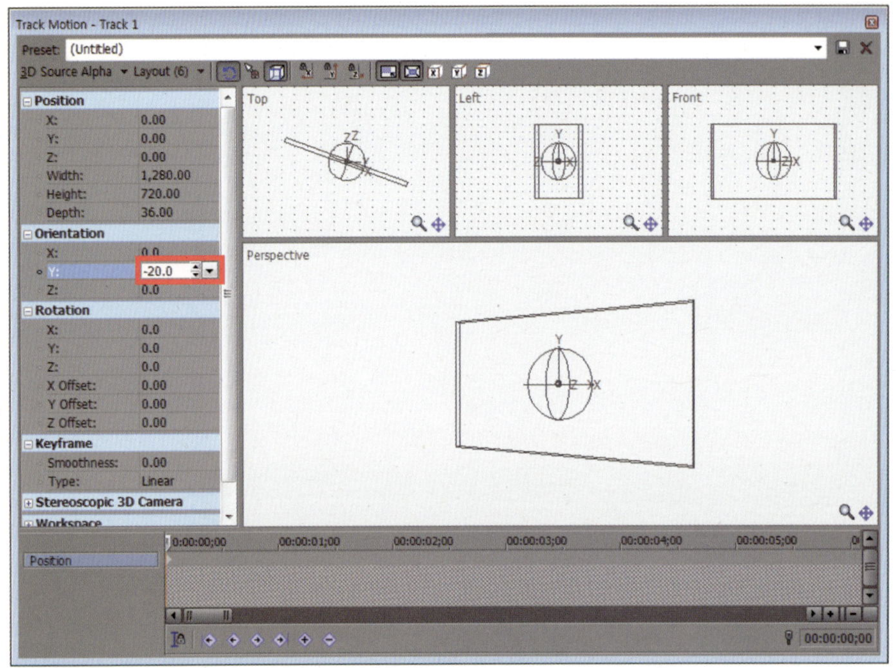

트랙 모션 설정

프리뷰 윈도우에 보이는 상태

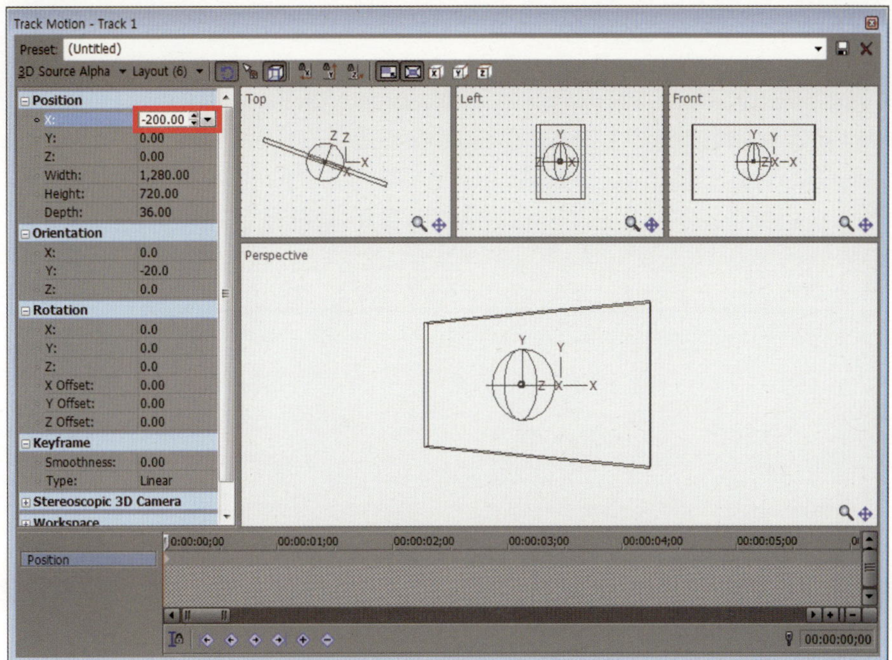

트랙 모션 설정

프리뷰 윈도우에 보이는 상태

06. 타임 마커를 이벤트의 끝 지점인 5초 지점에 두고 Position의 Z 값을 '3,000' 정도로 설정합니다. 이벤트가 멀어진 것처럼 작게 나타납니다. X 값은 수평으로, Y 값은 수직으로 이벤트를 이동시키는데 비해 Z값은 이벤트를 가까이 또는 멀리 이동시킴으로써 크거나 작게 보이도록 합니다.

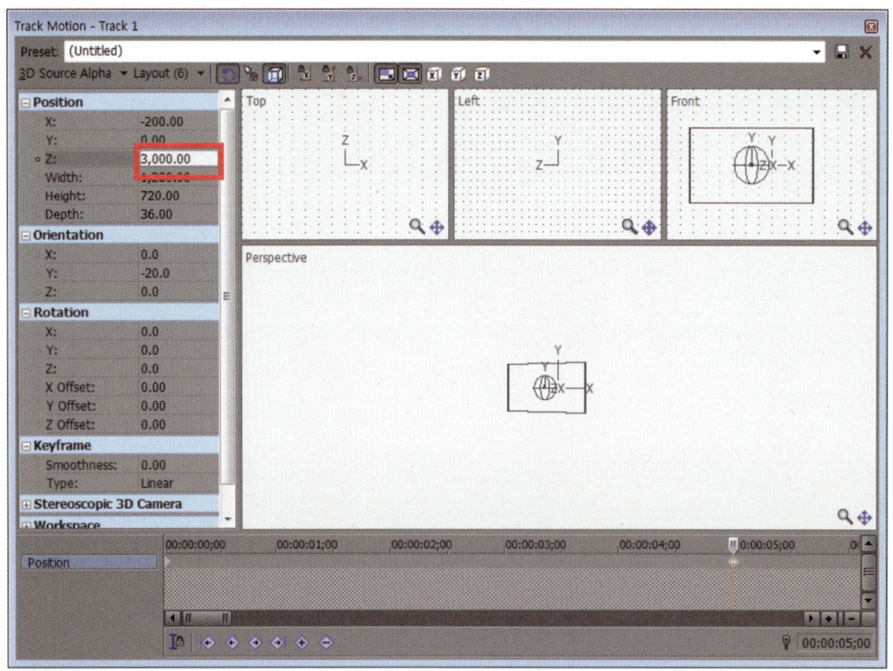

트랙 모션 설정

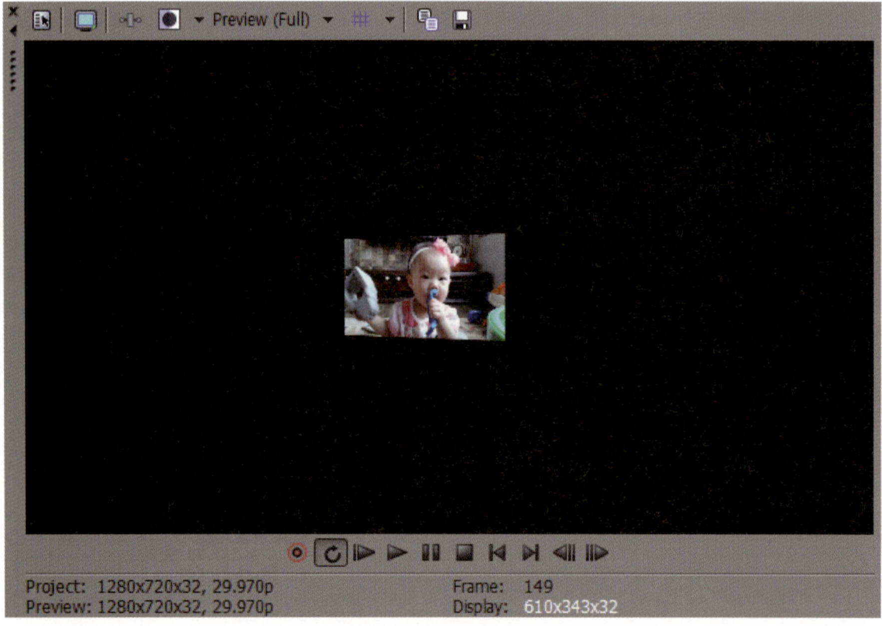

프리뷰 윈도우에 보이는 상태

 Position의 X값을 '2,560'으로 변경하여 그림과 같이 이벤트가 화면 우측 끝에 위치하도록 합니다.

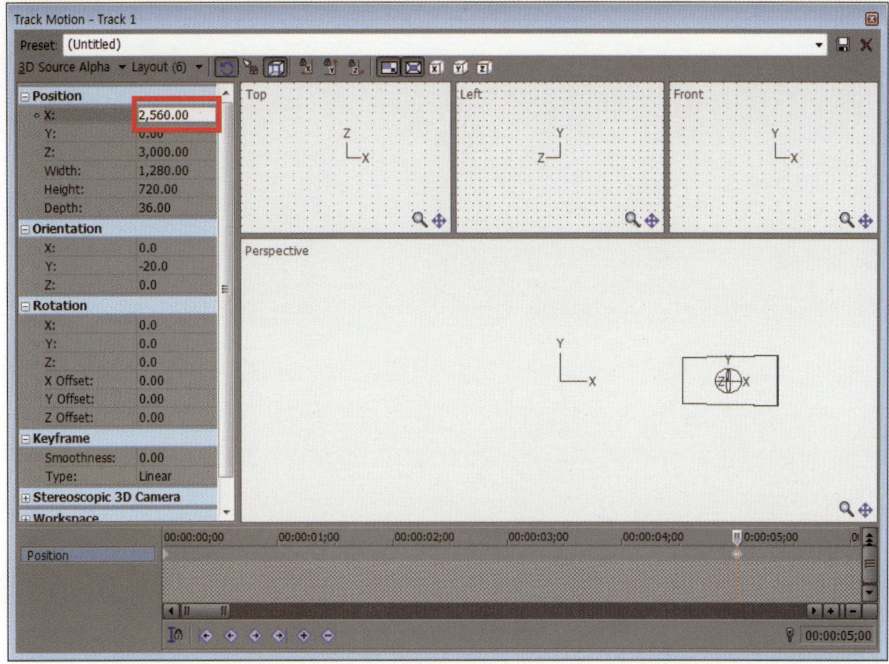

트랙 모션 설정

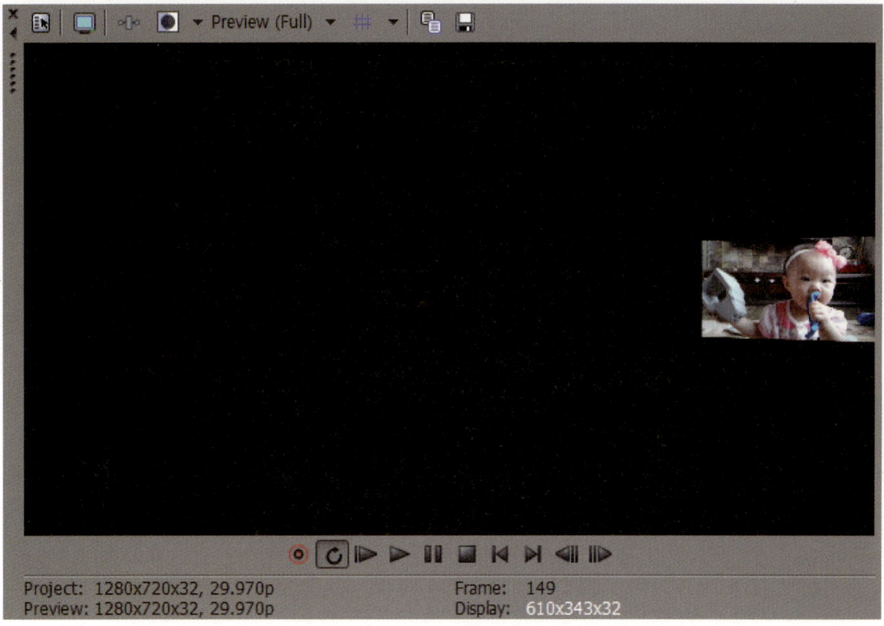

프리뷰 윈도우에 보이는 상태

08. 트랙 모션 윈도우를 닫고 비디오 이벤트가 등록되어 있는 1번 트랙의 트랙 리스트에서 마우스 우측 버튼을 클릭하고 메뉴에서 [Duplicate Track]을 선택합니다.

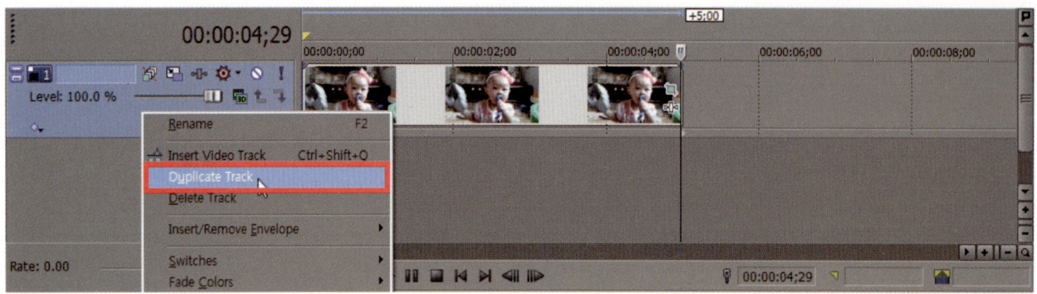

09. 위 방법대로 두 번 더 [Duplicate Track]을 선택하면 그림과 같이 3개의 비디오 트랙이 추가됩니다. 이렇게 추가된 트랙은 이벤트는 물론 모션 속성과 같은 트랙 속성도 함께 복사되므로 별도로 트랙 모션을 설정해줄 필요가 없습니다.

10. 각 이벤트가 위쪽 트랙으로부터 순차적으로 2초 후에 나타나도록 이벤트를 드래그하여 그림과 같이 조절합니다.

11. Video FX 윈도우를 열고 [Border] 이펙트를 1번 트랙의 이벤트로 드래그합니다.

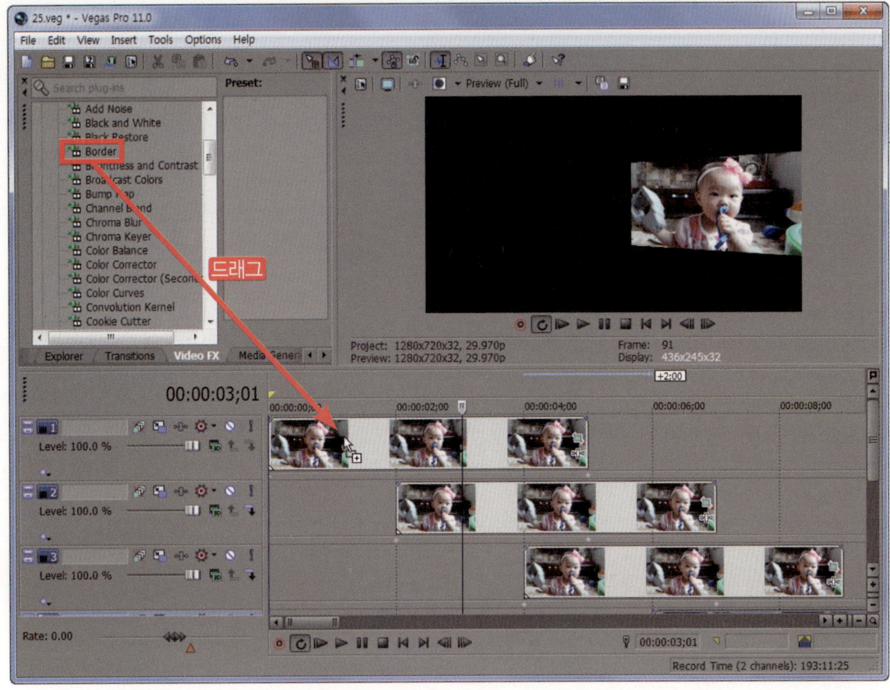

12. Video Event FX 윈도우가 나타나면 이벤트의 테두리와 색상을 적절히 설정합니다. 예제에서는 Size
는 '0.050'으로, Color는 녹색을 지정하였습니다.

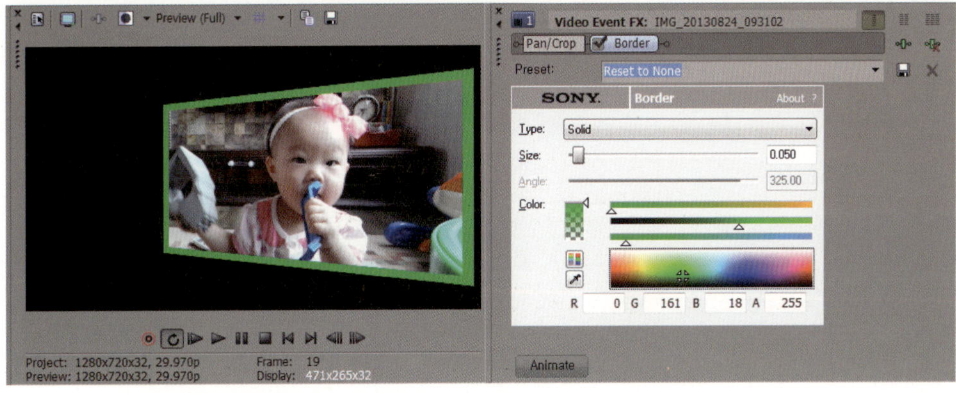

13. 1번 트랙에 등록된 이벤트 위에서 마우스 우측 버튼을 클릭하고 메뉴에서 [Copy]를 선택합니다.

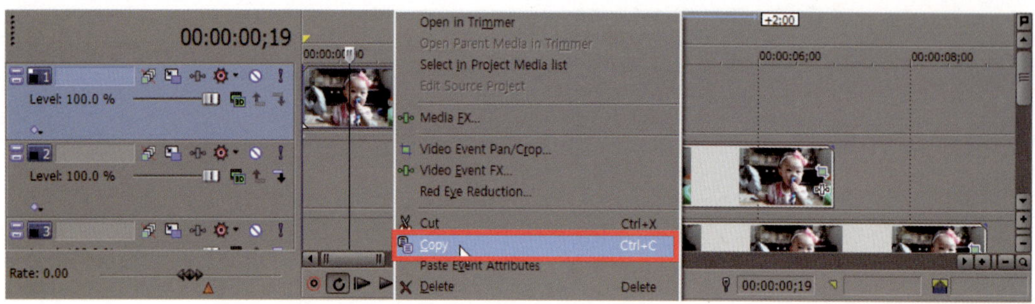

14. 나머지 2, 3, 4 트랙의 이벤트를 모두 선택하고 마우스 우측 버튼을 클릭하여 메뉴에서 [Paste Event Attributes]를 선택합니다. 복사된 이벤트의 속성만 붙여 넣으려는 것입니다.

15. 배경으로 사용할 새로운 사진을 가장 아래 트랙에 등록하고 4번 트랙의 이벤트가 끝나는 지점과 동일하게 길이를 조절합니다.

16. Video FX 윈도우에서 [Black and White] 이펙트를 가장 아래 트랙의 이벤트로 드래그합니다.

17. 해당 이벤트가 흑백으로 나타납니다. 위에 있는 이벤트들이 잘 표시되도록 배경으로 사용하는 이벤트는 어둡게 처리하거나 흑백으로 만들어주는 것이 좋습니다. 결과를 확인해보면 입체적으로 변화된 영상이 배경 영상 위에서 순차적으로 이동되는 것을 볼 수 있습니다.

18. 트랙 모션은 트랙을 대상으로 적용하는 것이므로 이러한 효과를 트랙 중간에 배치된 이벤트에 적용하려면 시간 지점을 지정하기가 곤란합니다. 그렇다고 예제처럼 무조건 트랙의 시작 지점에 이벤트를 등록해 사용할 수만은 없는 일이죠. 원하는 지점에 이벤트를 등록하고 원하는 효과를 적용할 수 있어야 하니 말입니다. [File] → [Save]를 선택하고 Save As 창이 나타나면 프로젝트를 저장합니다.

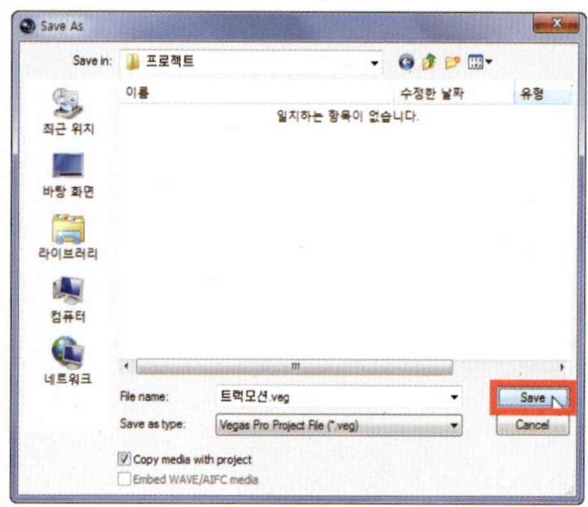

19. 성장 동영상을 위한 프로젝트(메인 프로젝트)에서 앞에서 다룬 트랙 모션이 적용된 프로젝트 파일을 원하는 위치로 드래그합니다.

20. 드래그한 프로젝트 파일이 일반적인 이벤트처럼 트랙에 등록됩니다. Enter 키를 눌러 재생해보면 드래그한 프로젝트의 내용이 그대로 재생되는 것을 볼 수 있습니다. 별도의 프로젝트이므로 어느 지점에 삽입하더라도 트랙 모션 효과를 그대로 사용할 수 있습니다.

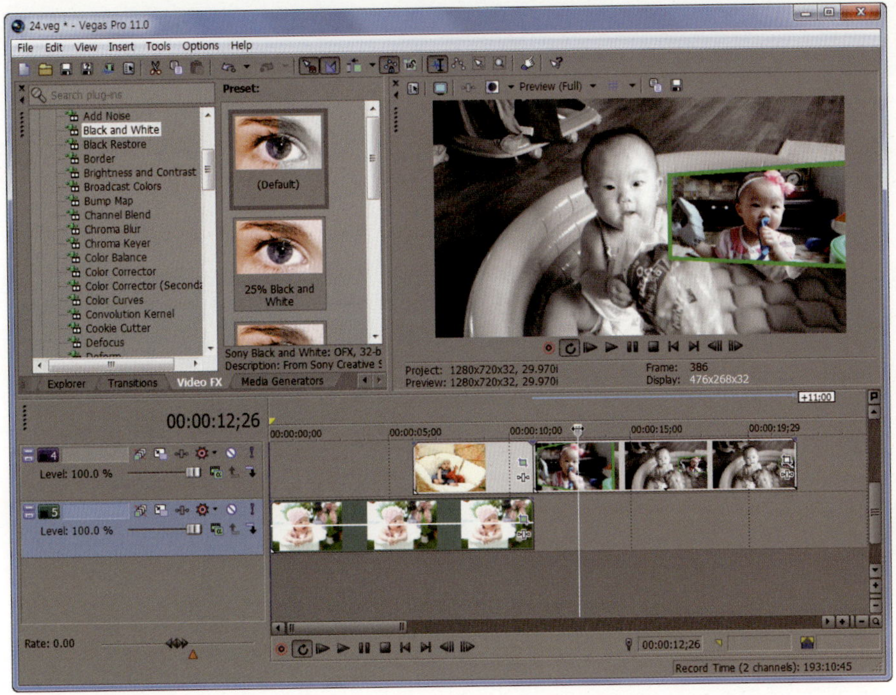

많은 트랙을 사용하거나 트랙 모션을 적용하여 작업하는 경우, 별노의 프로젝트로 만들어 놓고 이것을 메인 프로젝트에 삽입하면 보다 깔끔하게 프로젝트를 구성할 수 있습니다. 이렇듯 하나의 프로젝트 안에 삽입된 또 다른 프로젝트를 네스팅(Nesting) 프로젝트라고 부릅니다.

21. 네스팅 프로젝트는 삽입된 다른 프로젝트에서 곧바로 불러와 편집할 수도 있습니다. 프로젝트 위에서 마우스 우측 버튼을 클릭할 때 나타나는 메뉴에서 [Edit in Vegas(프로젝트 이름)]를 선택합니다.

22. 네스팅 프로젝트가 별도의 베가스 작업 화면을 통해 열리게 됩니다. 작업을 마치고 프로젝트를 저장하면 메인 프로젝트에도 수정된 내용이 즉시 반영됩니다.

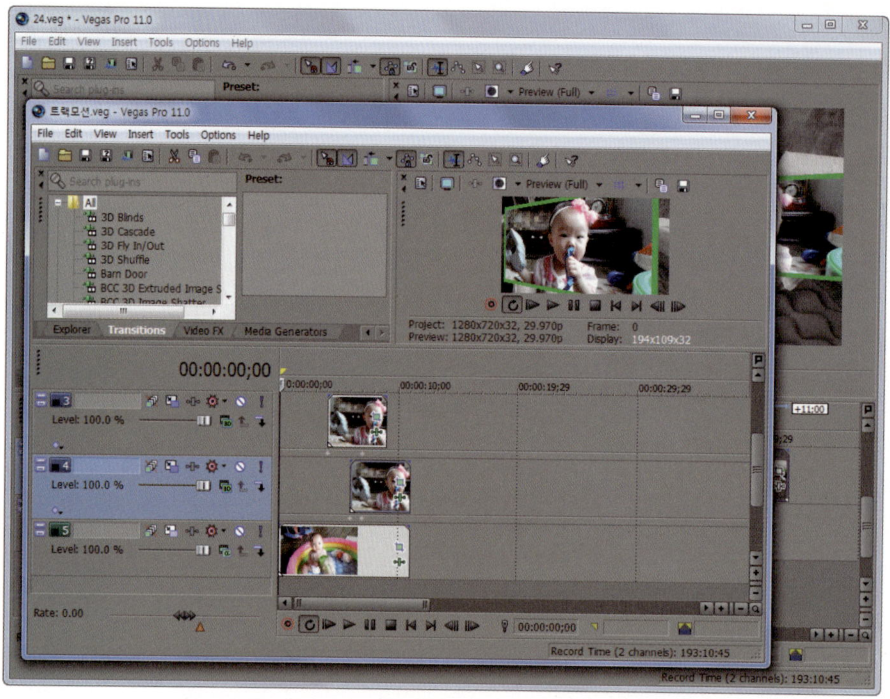

네스팅 프로젝트에 대한 또 하나의 베가스 프로 화면이 나타납니다.

26 CHAPTER 액자 속 사진이 하나씩 나타나도록 하기

트랙 모션을 사용하여 4개의 이벤트가 줌 인되면서 나타나는 영상을 만들어봅니다. 배경으로 사용하는 이벤트위에 작게 나타나는 이벤트가 확연히 드러날 수 있도록 작은 이벤트 주위에 액자처럼 테두리를 만들 것입니다.

01. 새 프로젝트를 시작하고 사진 4개를 그림과 같이 각각 다른 트랙, 동일 시간 지점에 등록합니다.

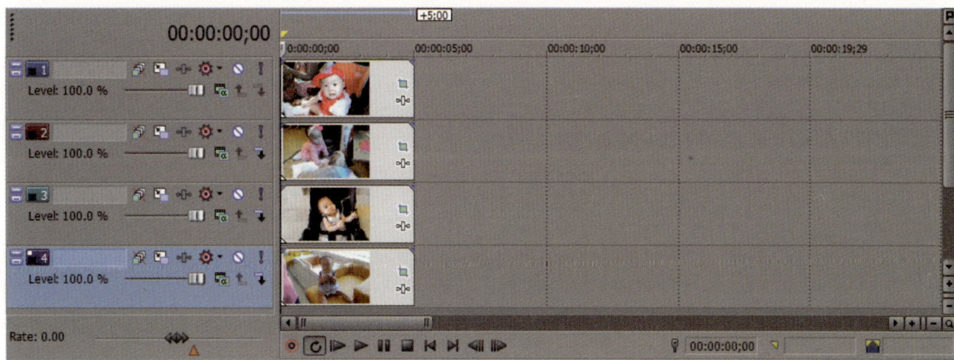

02. 1번 트랙의 트랙 리스트에서 [Track Motion] 버튼을 클릭합니다.

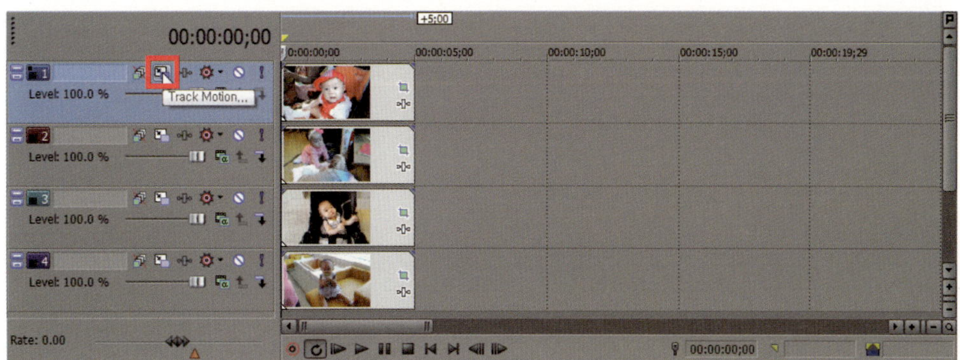

03. Track Motion 윈도우가 나타납니다. 이벤트의 크기를 변경할 때 종횡비가 유지되도록 [Lock Aspect Ratio] 버튼은 켜져 있는 상태인지 확인합니다.

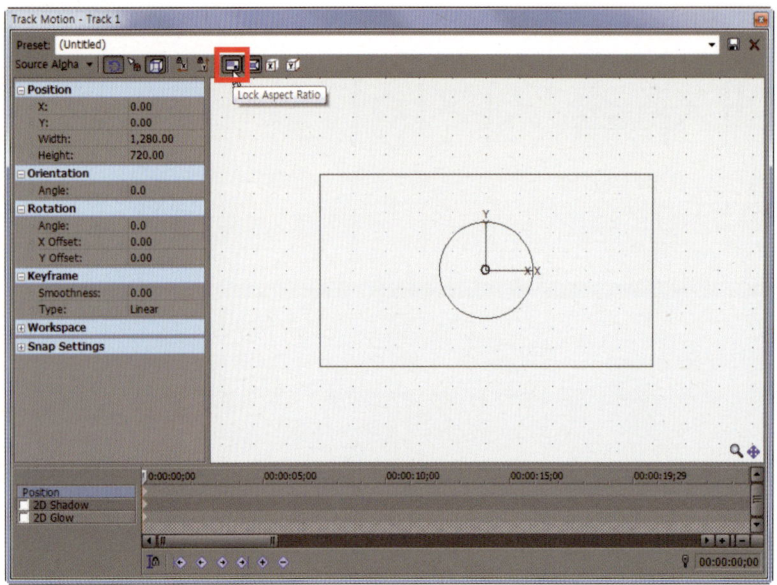

04. 트랙 모션 윈도우의 트랙에서 Position의 1초 지점을 클릭합니다.

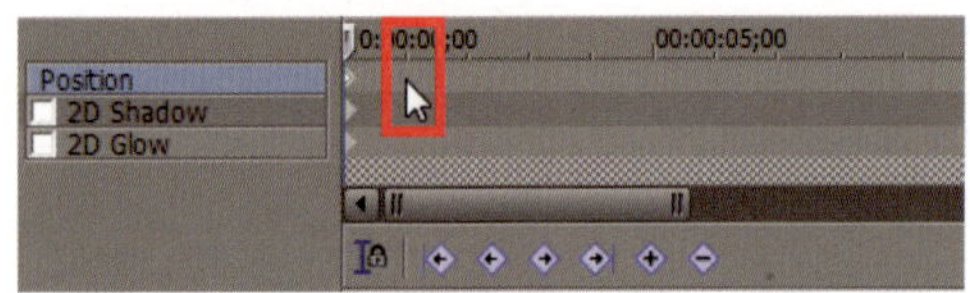

05. 해당 지점으로 타임 마커가 이동됩니다. 중앙에는 프레임 박스라고 부르는 사각형이 자리하고 있습니다. 프레임 박스 모서리에 마우스를 가져가면 핸들이라고 부르는 동그란 조절점이 나타납니다.

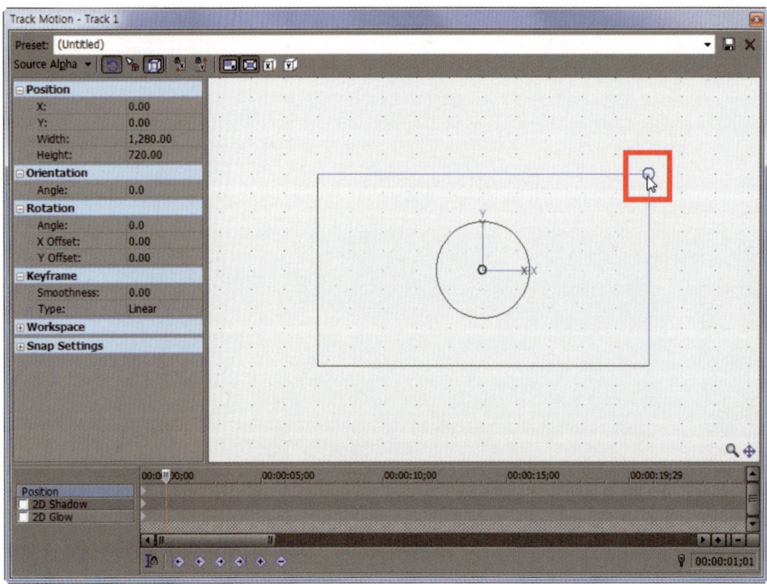

06. 핸들을 안쪽으로 드래그하여 이벤트의 크기를 작게 조절합니다. 프로젝트가 1280 × 720의 크기이므로 좌측에서 Position의 Width 속성이 500 정도로 나타나도록 조절하면 됩니다. 또는 속성값을 직접 입력해도 좋습니다. 트랙 모션의 프레임 박스는 팬/크롭 윈도우의 F 영역과 달리 크기 변경이나 위치 이동, 회전 등을 할 경우 이벤트도 같은 크기, 같은 방향으로 표시됩니다.

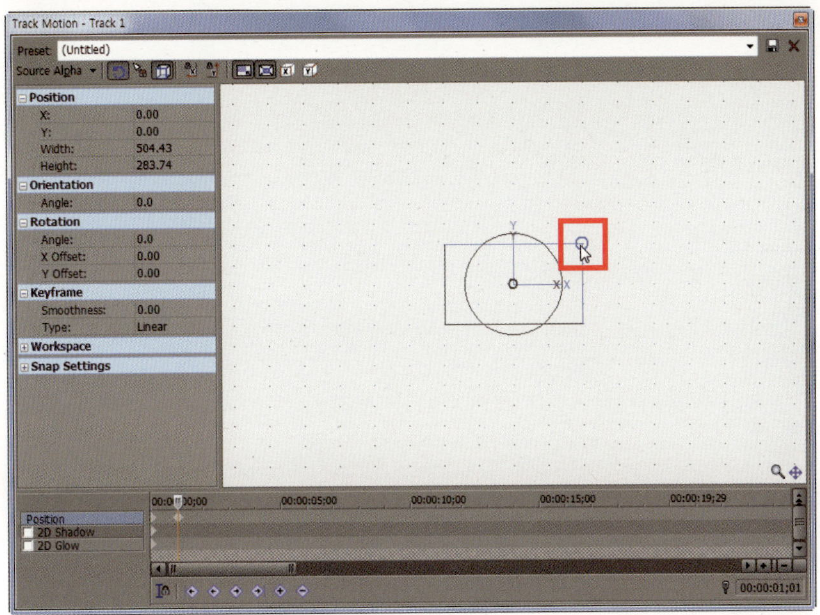

07. 프레임 박스 영역 내부를 드래그하여 이벤트의 위치를 그림과 같이 변경합니다. 모두 4개의 작은 영상이 배경 영상 위 네 곳에 고르게 나타나게 할 것임을 감안하여 프리뷰 윈도우를 보면서 작업합니다.

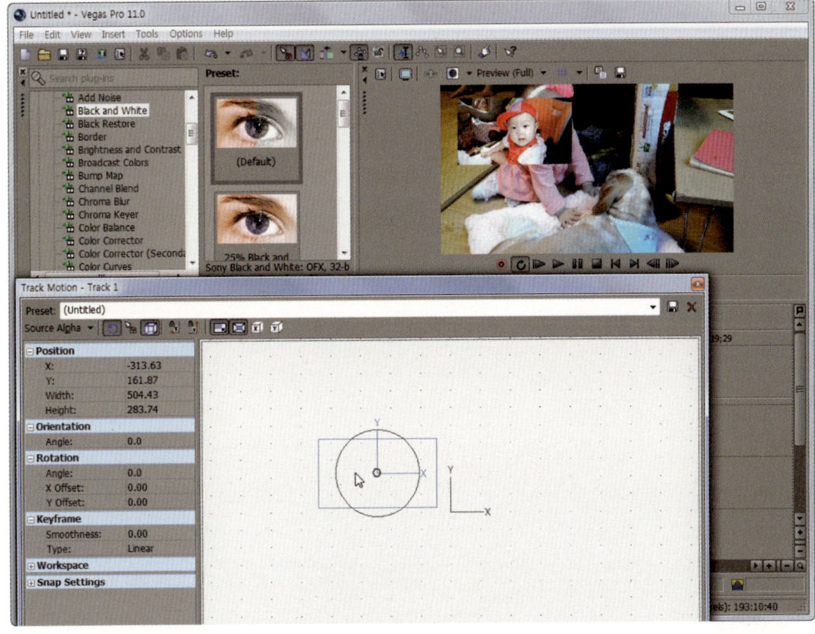

08. 속성 메뉴의 Position에서 이벤트의 가로 크기를 의미하는 Width 값과 이벤트의 위치인 X, Y 값을 별도로 메모해 둔 후, 시작 지점의 키프레임을 클릭합니다.

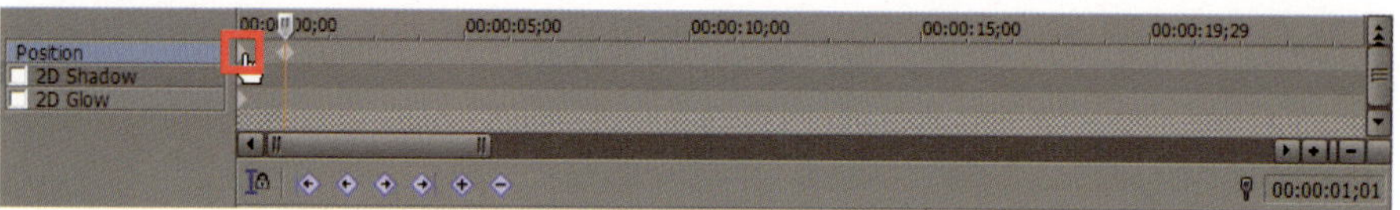

09. 앞에서 메모해 놓은 Position의 X, Y 값을 입력하고 Enter 키를 누릅니다. 이벤트의 중심을 동일하게 지정하려는 것입니다.

Position	
X:	-313.63
Y:	161.87
Width:	1,280.00
Height:	720.00
Orientation	
Angle:	0.0
Rotation	
Angle:	0.0
X Offset:	0.00
Y Offset:	0.00
Keyframe	
Smoothness:	0.00
Type:	Linear
Workspace	
Snap Settings	

10. 이어서 Position의 Width 값을 '0'으로 설정한 다음 Enter 키를 누릅니다. Height 값도 '0'으로 함께 지정되며 이벤트가 보이지 않게 됩니다.

Position	
X:	-313.63
Y:	161.87
Width:	0.00
Height:	0.00
Orientation	
Angle:	0.0
Rotation	
Angle:	0.0
X Offset:	0.00
Y Offset:	0.00
Keyframe	
Smoothness:	0.00
Type:	Linear
Workspace	
Snap Settings	

11. 2번 트랙의 Track Motion 버튼을 클릭하여 앞에서 했던 대로 트랙 모션 윈도우가 나타나면 트랙에서 Position의 1초 지점을 클릭하여 타임 마커를 이동한 후, 앞에서 메모해두었던 Position 속성의 Width 값을 입력하고 Enter 키를 누릅니다. 작게 나타나게 할 이벤트의 크기를 동일하게 지정해주려는 것입니다. Width 값만을 입력하면 Height 값은 동일한 비율로 지정되므로 Width 값만을 메모해두라고 한 것입니다.

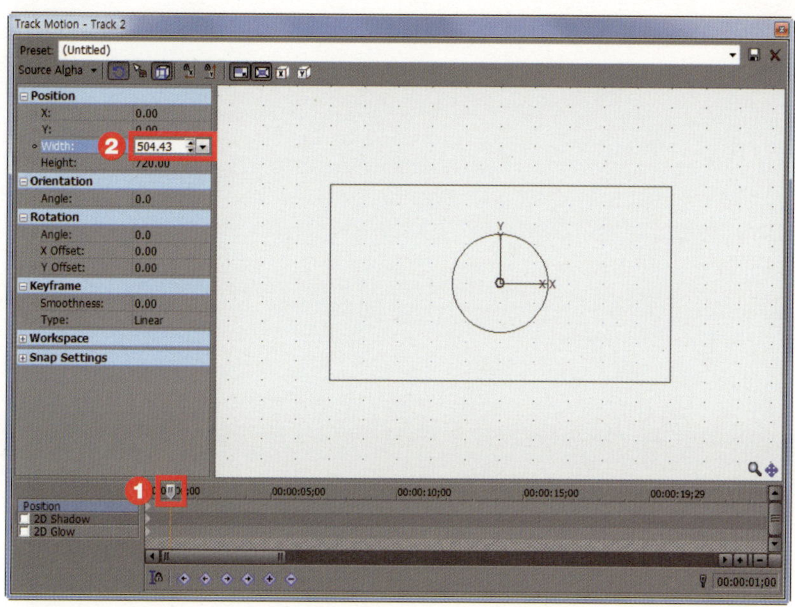

12. 2번 프레임 박스의 내부를 드래그하여 그림과 같이 현재의 이벤트가 우측 상단에 위치하도록 합니다. 4개의 이벤트 중에서 오른쪽 위에 배치될 것임을 감안하여 위치를 잡습니다. 그리고 현재 위치 값인 Position 속성의 X, Y 값을 메모해둡니다.

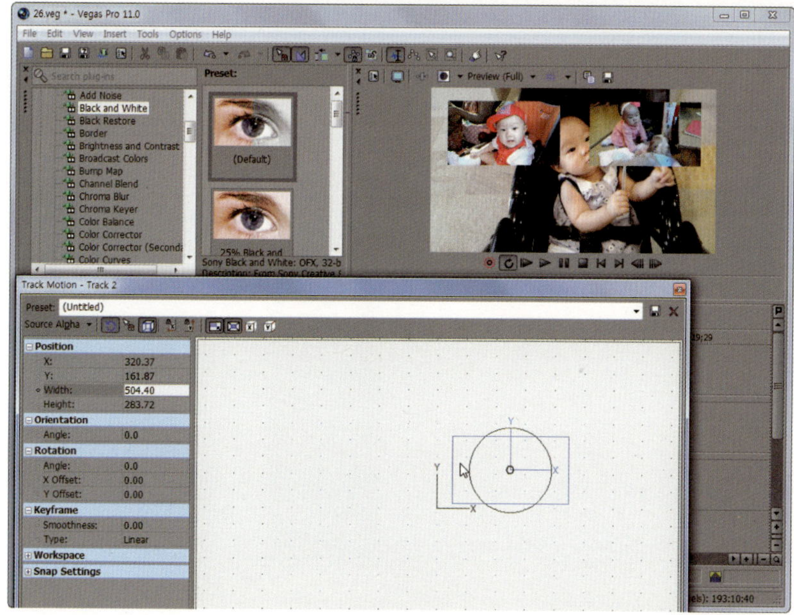

13. 시작 지점의 키프레임을 클릭하고 바로 앞에서 메모해둔 X, Y값을 직접 입력한 다음, Width 값을 '0'으로 줄여주어 보이지 않도록 합니다.

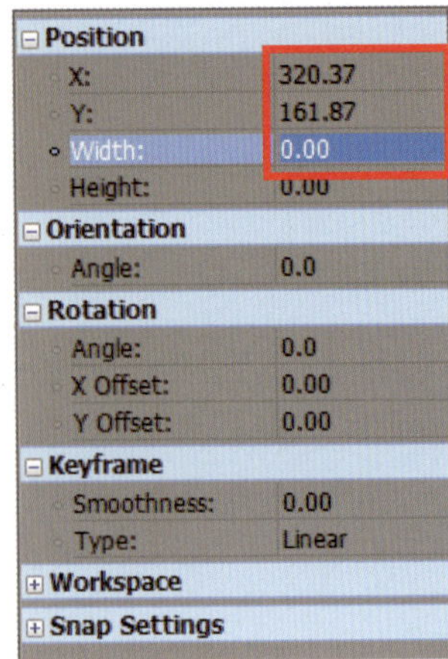

14. 이러한 방식으로 작업을 계속합니다. 정리하면 다음과 같습니다.

3번 트랙 이벤트	1초 지점에 처음 메모해둔 Width 값 지정, 좌측 아래쪽으로 이동	시작 지점에 1초 지점의 X, Y 값 입력, Width 값 0으로 지정
4번 트랙 이벤트	1초 지점에 처음 메모해둔 Width 값 지정, 우측 아래쪽으로 이동	시작 지점에 1초 지점의 X, Y 값 입력, Width 값 0으로 지정

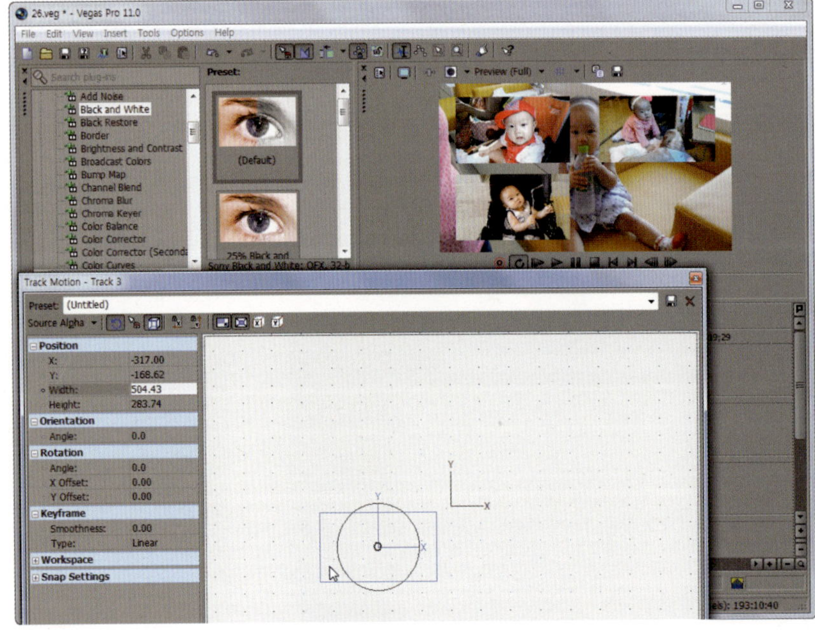

3번 트랙의 트랙 모션 : 1초 지점

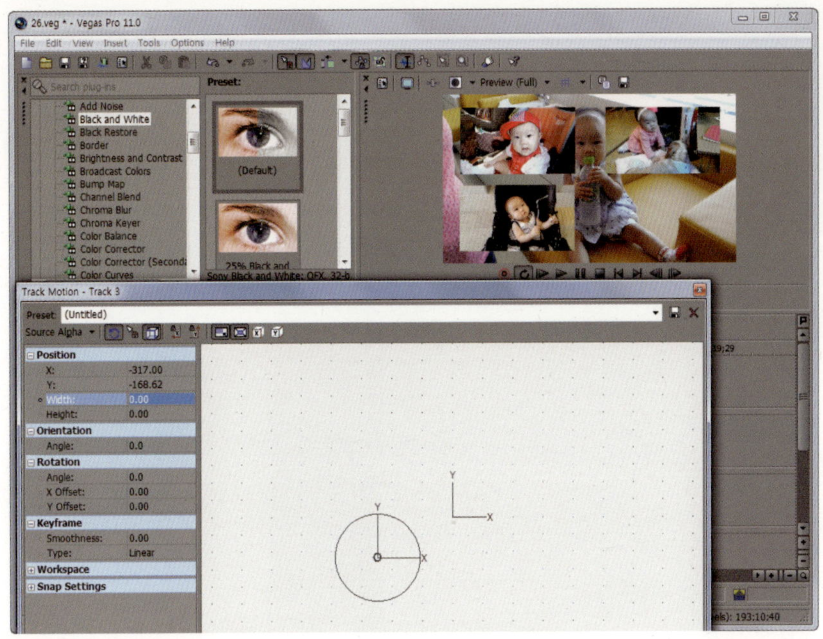

3번 트랙의 트랙 모션 : 시작 지점

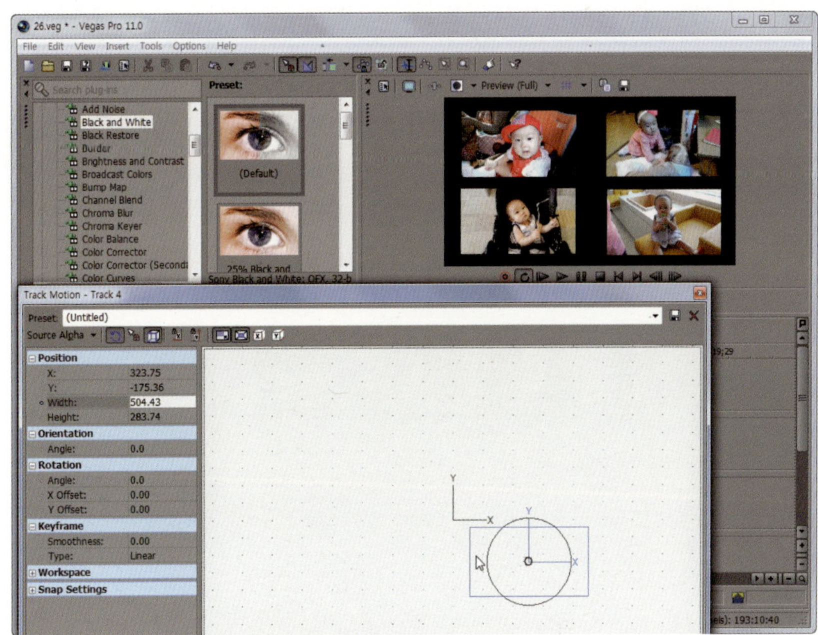

4번 트랙의 트랙 모션 : 1초 지점

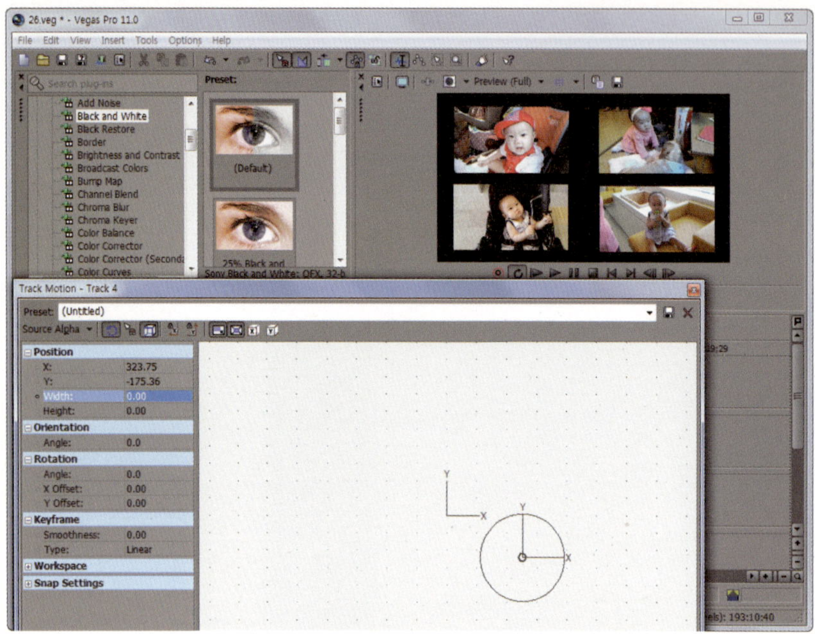

4번 트랙의 트랙 모션 : 시작 지점

15. 트랙모션 윈도우를 닫고 이벤트 주위에 테두리가 나타나도록 하기 위해 Video FX 윈도우에서 [Border] 이펙트를 1번 트랙의 이벤트로 드래그합니다.

16. 메인 화면의 타임라인에서 1초 지점 이후에 타임 마커를 두어 앞에서 설정한 트랙 모션이 종료된
이후의 상태가 프리뷰 윈도우를 통해 제대로 보이게 하고 Video Event FX 윈도우에서 Size와 Color를 적
절히 설정하여 이벤트 주위에 원하는 크기와 색상의 테두리가 나타나도록 합니다.

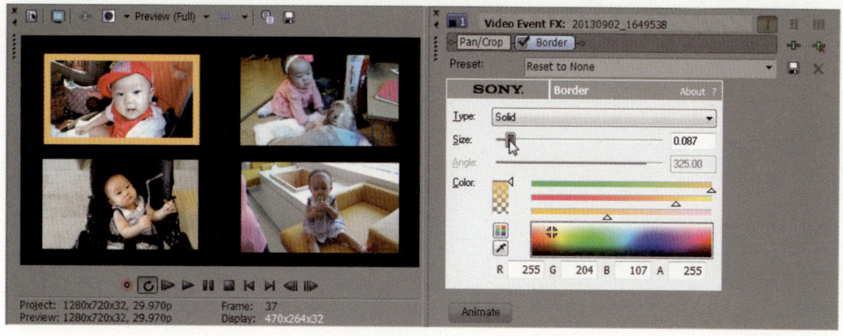

17. 1번 트랙에 등록된 이벤트 위에서 마우스 우측 버튼을 클릭하여 메뉴가 나타나면 [Copy]를 선택합
니다. 이어서 2, 3, 4번 트랙에 등록된 이벤트를 모두 선택하고 선택된 이벤트 중 아무 곳에서나 마우스
우측 버튼을 클릭하고 [Paste Event Attributes]를 선택하여 적용된 FX를 붙여 넣습니다.

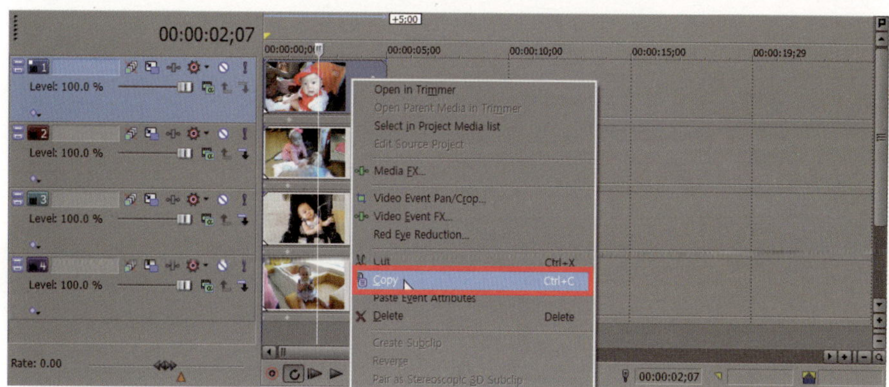

1번 트랙의 이벤트를 Copy

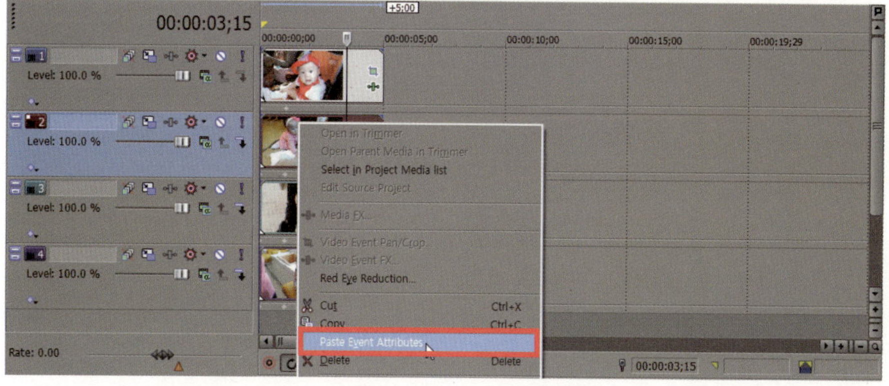

3, 4, 5번 트랙의 이벤트에 Paste

18. 모든 이벤트에 테두리가 나타납니다. 각 이벤트가 순차적으로 나타나도록 이벤트를 각각 15 프레임 정도 뒤로 이동시킵니다. 세 개의 이벤트가 동시에 선택되어 있어 하나만 드래그해도 모두 움직이므로 일단 다시 하나의 이벤트만 다시 클릭하고 드래그해야 합니다.

19. 2, 3, 4번 트랙의 이벤트 뒷부분을 좌측으로 드래그하여 1번 트랙의 이벤트와 동일한 지점에서 종료되도록 길이를 맞추어줍니다.

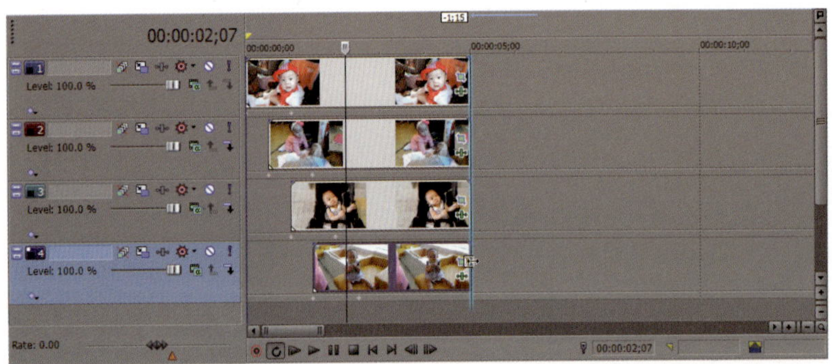

20. 작업 결과를 확인합니다. 예제에서는 정확한 계산에 의해 각 이벤트의 위치를 지정하지는 않았으므로 서로 위치가 어긋나 보인다면 다시 트랙 모션 윈도우를 통해 조절해주도록 합니다. 아울러 가장 아래 트랙에 배경으로 사용할 이벤트를 등록하는 것도 좋을 것입니다.

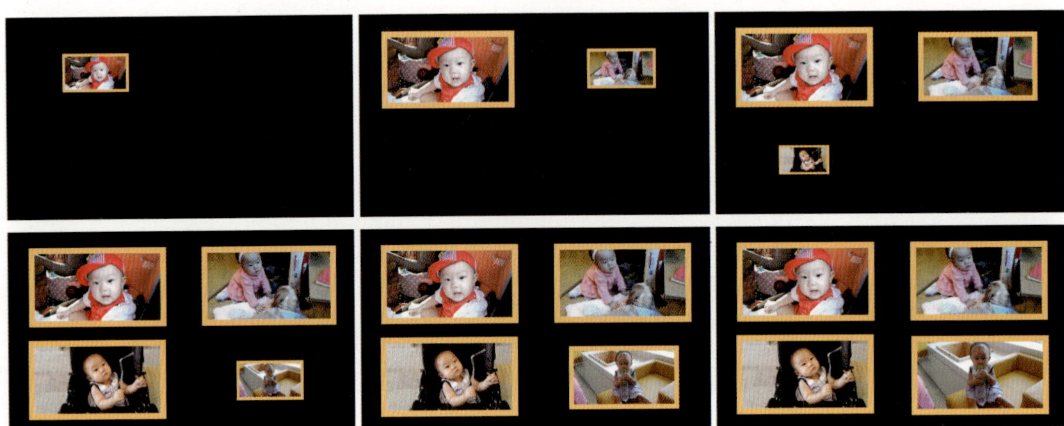

27
CHAPTER
콜라주 사진으로
다채로운 영상 만들기

콜라주 사진의 부분 부분을 이동하면서 보여줌으로써 좀 더 변화되는 영상을 만들어 보도록 합니다. 베가스 프로만으로도 비슷한 결과를 만들 수 있지만 훨씬 복잡한 과정과 시간이 따르게 되므로 Shape Collage를 사용하는 것이 좋습니다. 각 사진이 제대로 나타날 수 있도록 콜라주의 모양은 '그리드' 형태로 지정하는 것이 좋습니다.

01. 다음은 Chapter 10에서 다루어 본 Shape Collage에서 만든 이미지입니다. 동영상에 사용하기 위해 3840×2169의 해상도로 저장해둔 것입니다.

 이미지를 베가스 프로의 트랙에 등록하고 이벤트의 길이를 15초로 늘려줍니다.

03. 이벤트의 [Event Pan/Crop] 버튼을 클릭하여 이벤트 팬/크롭 윈도우가 나타나면 F 영역 바깥쪽에 마우스를 가져가 회전 툴이 나타나도록 합니다.

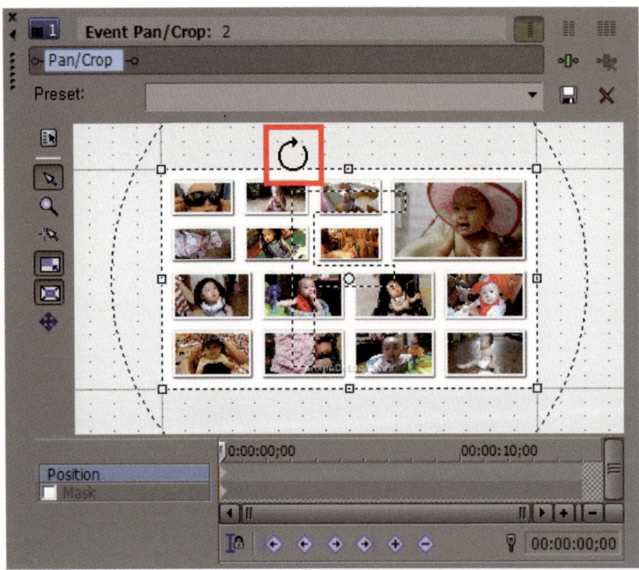

04. 이 상태에서 마우스 버튼을 클릭하고 오른쪽으로 드래그 합니다. 프리뷰 윈도우를 보면 이미지가 왼쪽으로 기울어집니다.

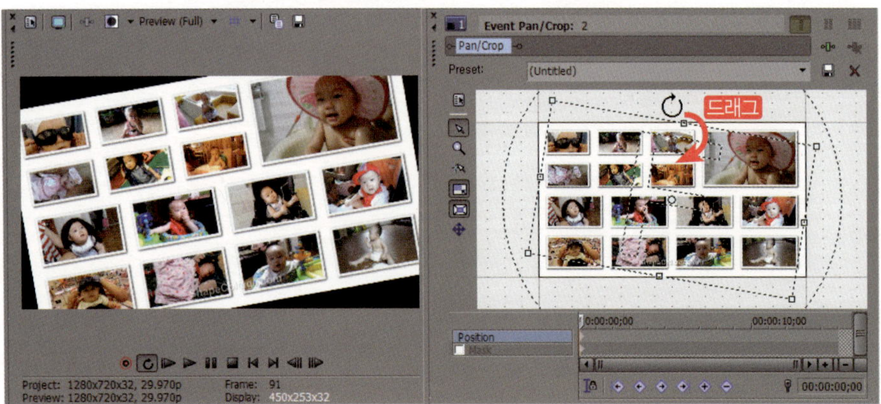

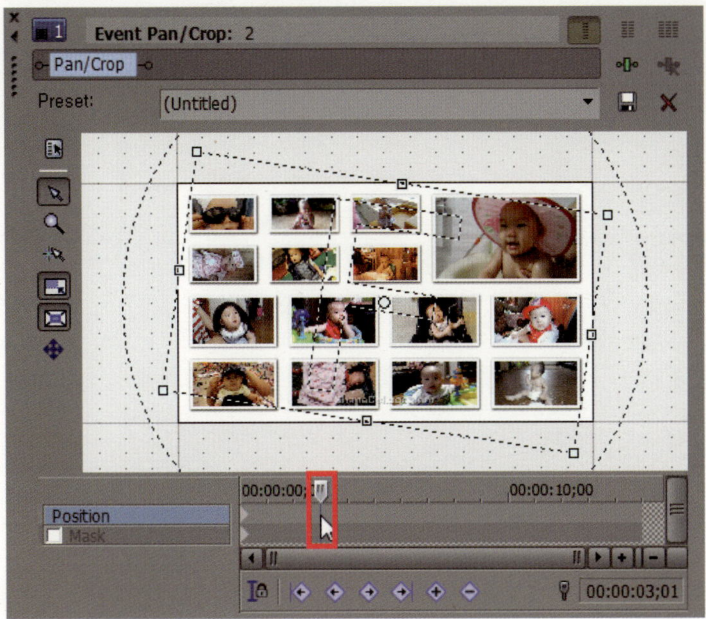

06. 마우스 우측 버튼을 클릭하고 [Restore]를 선택합니다.

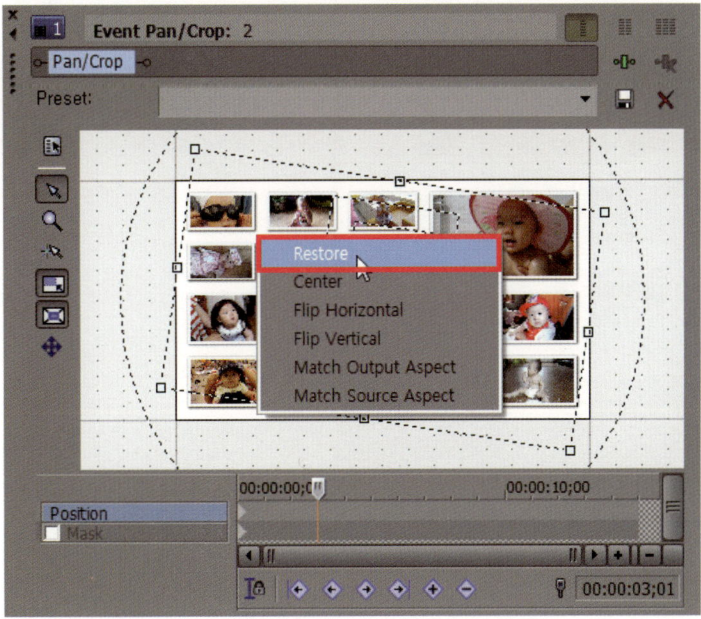

07. 이벤트의 팬/크롭 설정값이 초기 상태로 지정되며 다시 원래의 형태로 나타납니다. 아울러 이전 지점과 다른 설정값이 지정되었으므로 현재 지점에 키프레임이 생성됩니다.

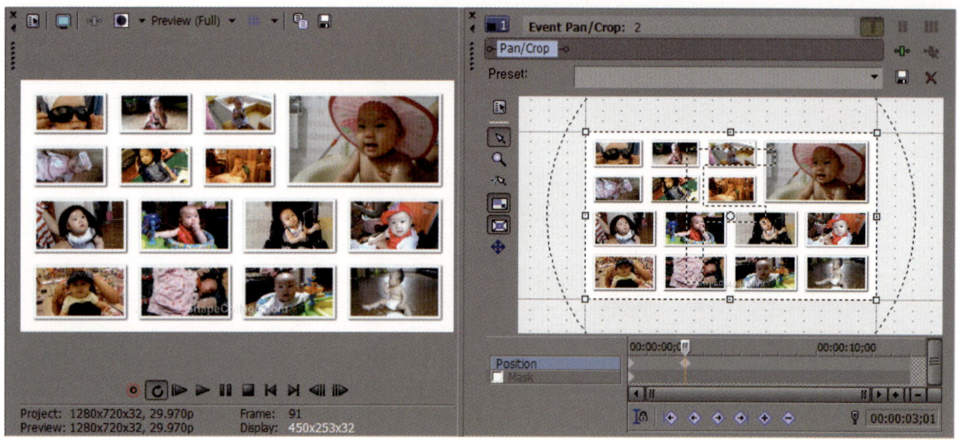

08. 이제부터 2초 간격으로 이미지의 크기나 위치를 변경해보겠습니다. 타임 마커를 현재 지점보다 2초 뒤, 즉 5초 지점에 두고 F 영역 주위의 점선을 안쪽으로 드래그하여 영역의 크기를 줄여줍니다.

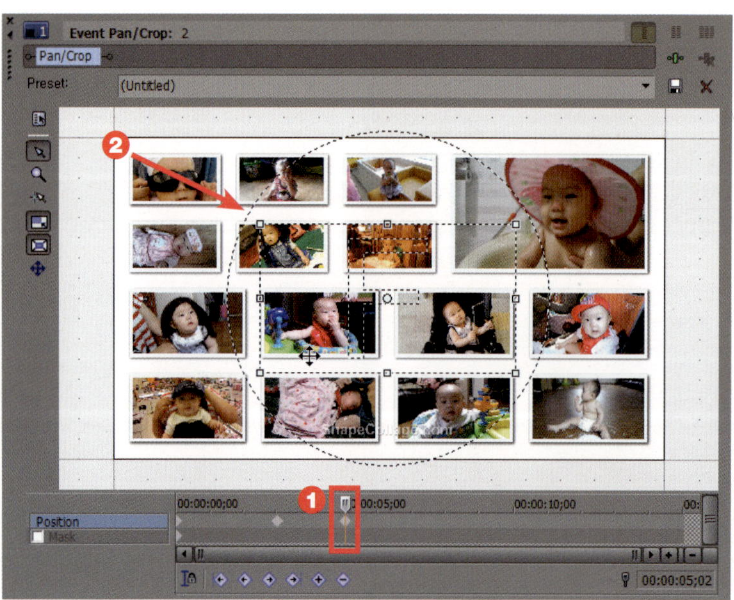

09. F 영역 안쪽을 클릭하고 그림처럼 이벤트의 좌측 상단 쪽으로 드래그하여 이동시킵니다.

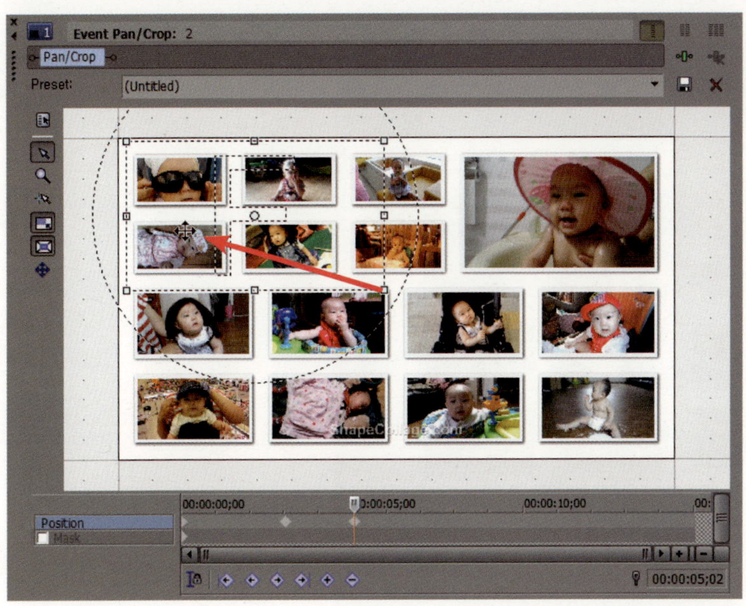

10. 현재 지점을 프리뷰 윈도우로 보면 이와 같은 형태로 나타나게 될 것입니다. F 영역이 작게 변화된만큼 이벤트의 특정 부분이 확대되어 나타납니다.

11. 다시 팬/크롭 윈도우에서 2초 뒤 지점으로 타임 마커를 이동시키고 F 영역을 우측으로 이동시킵니다.

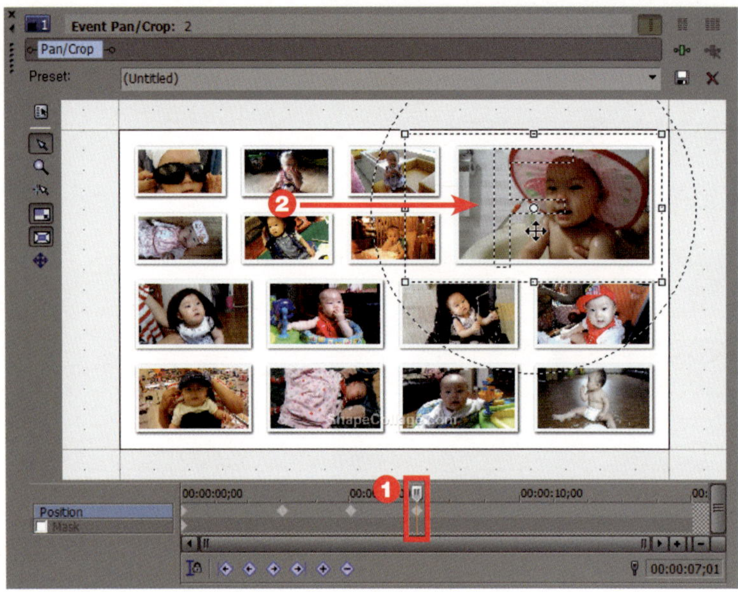

12. 7초 지점에도 현재 설정값에 의해 새 키프레임이 생성될 것입니다. 이번에는 타임 마커를 1초 뒤인 8초 지점에 두고 [Create keyframe]을 클릭합니다.

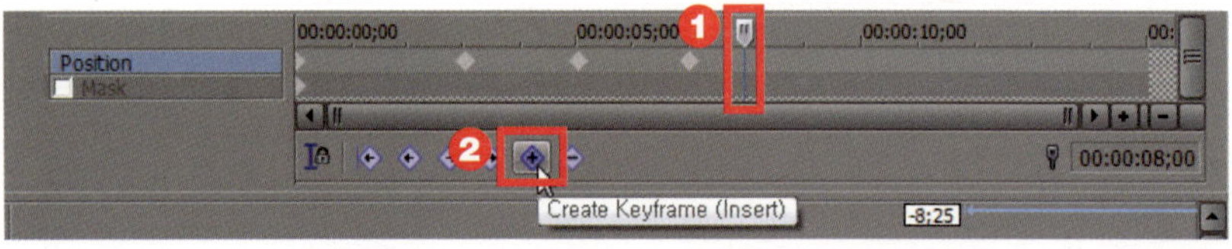

13. 바로 앞 지점의 키프레임과 동일한 설정값을 가진 키프레임이 생성됩니다. 따라서 7초 지점에서 8초 지점까지는 아무런 변화도 없이 재생됩니다. 이미지가 계속 영역을 바꾸어 보여주다가 일정 영역에서는 잠시 멈추어 있도록 하는 것입니다. 계속해서 2초 뒤인 10초 지점에 타임 마커를 두고 F 영역을 아래로 이동시킵니다.

14. 11초 지점에 타임 마커를 두고 [Create keyframe]을 클릭하여 키프레임을 생성하고 13초 지점으로 타임 마커를 이동시긴 뒤, F 영역의 위치를 그림처럼 좌측으로 옮겨줍니다.

15. 마지막으로 이벤트의 끝 지점인 15초 지점에 타임 마커를 두고 마우스 우측 버튼을 클릭하여 [Restore]를 선택합니다.

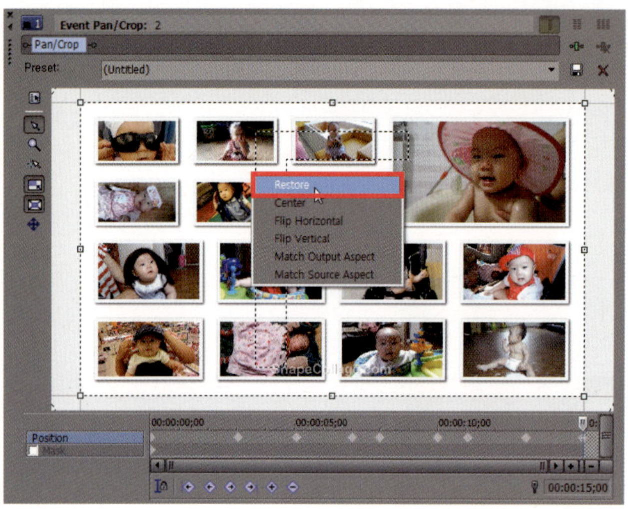

16. 여러 사진이 담긴 콜라주 이미지의 영역을 이동하면서 작업하였습니다. 크기나 F 영역의 위치는 원칙이 있는 것이 아니며 일단 프리뷰를 통해 결과를 확인해보고 부자연스럽거나 마음에 들지 않는 부분은 수정해줄 필요가 있습니다. 어찌되었건 여러 사진을 불러와 작업하는 것보다 이렇게 큰 콜라주 이미지로 작업하면 훨씬 간편하면서도 변화되는 결과를 얻을 수 있습니다. 또한 이벤트의 앞/뒤 부분은 다른 이벤트와 겹치게 하고 트랜지션을 적용하여 자연스럽게 전환되도록 하는 것이 좋습니다.

28 CHAPTER

영상과 합성해 잔잔한
엔딩 타이틀 만들기

프로타입 타이틀러에서 입력된 문자가 하나씩 나타나도록 하고 이것을 다른 이벤트와 합성하여 멋진 엔딩용 화면을 만들어보겠습니다. 실제 성장 동영상에서 엔딩용으로 많이 사용되고 있는 예제로 비교적 빠르고 쉽게 완성할 수 있습니다.

01. 새 프로젝트를 시작하고 Media Generator 윈도우에서 ProType Titler를 트랙으로 드래그합니다. 타이틀 작업을 위한 Video Media Generator(타이틀러 윈도우)가 나타나면 [Add New Text Block] 버튼을 클릭합니다.

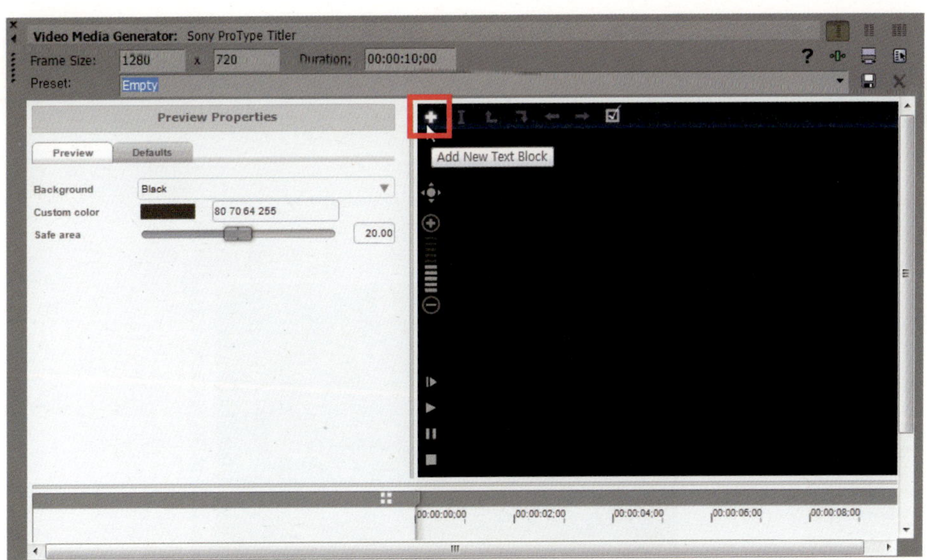

02. 기본적으로 나타나는 문자를 드래그하여 문자 전체 영역을 선택한 상태에서 다음과 같이 예문을 입력합니다.

예문 사랑하는 우리 천사 고은아
　　　언제나 지금처럼 밝고 건강한 모습으로
　　　예쁘게 커가길 바란다
　　　너와 함께라서
　　　엄마 아빠의 하루하루는
　　　기쁨과 행복으로 가득하단다

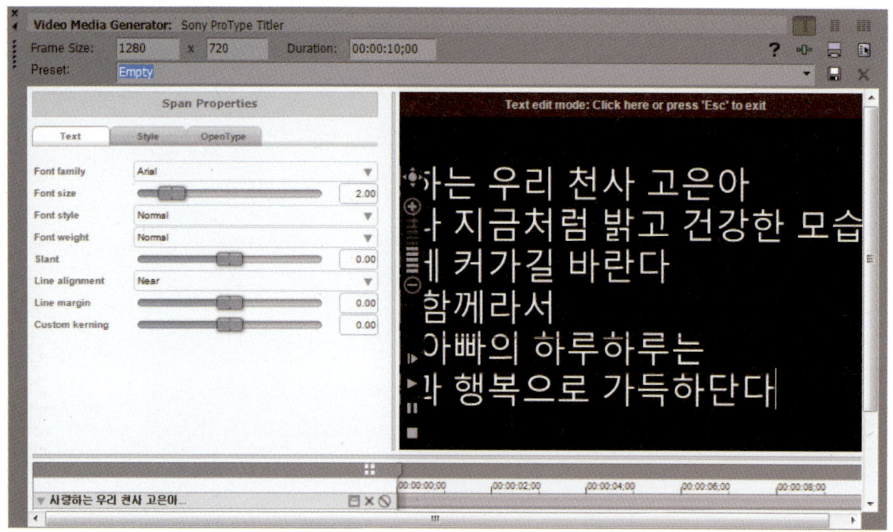

03. 입력된 문자가 모두 선택된 상태에서 원하는 폰트를 선택하고 ESC 키를 눌러 문자 입력을 마친 후 핸들을 드래그하여 문자의 크기도 적절히 조절합니다.

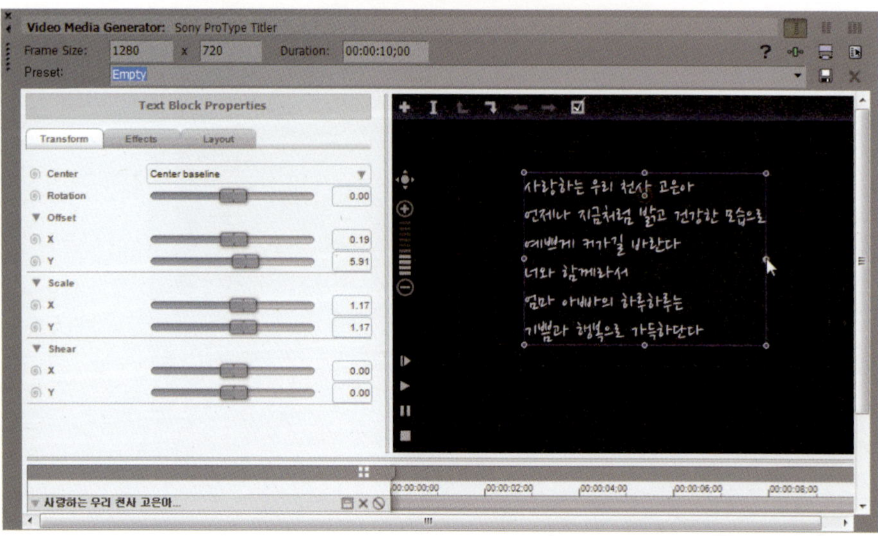

04. 입력된 문자가 선택된 상태에서 좌측의 [Layout] 탭을 열고 Selection 속성의 [Toggle Automation]을 클릭합니다.

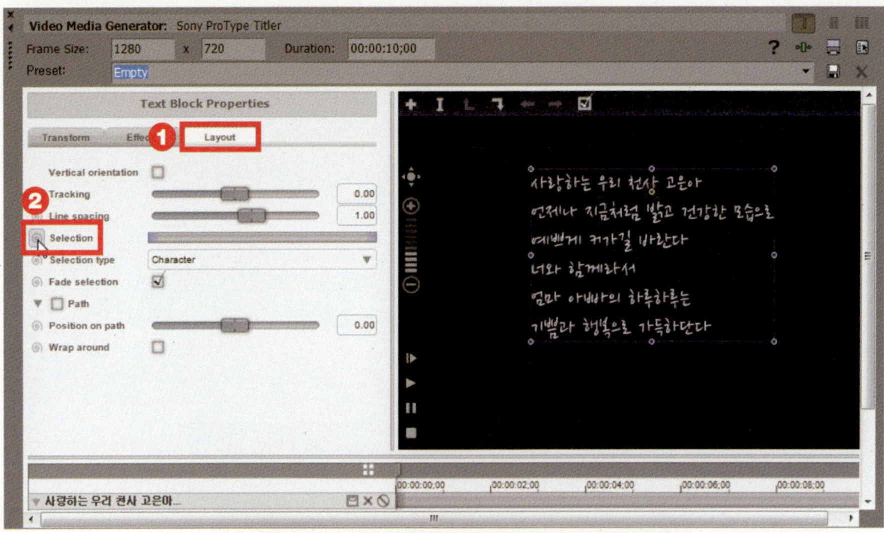

05. 리스트에 속성이 추가되고 현재 타임 마커 지점에 키프레임이 생성됩니다. Selection type에 [Character]가 선택되어 있는지 확인하고 상단의 Length에서 타이틀의 재생 시간을 20초로 변경합니다. 기본적으로 지정된 시간은 문자가 너무 빨리 지나가기 때문입니다.

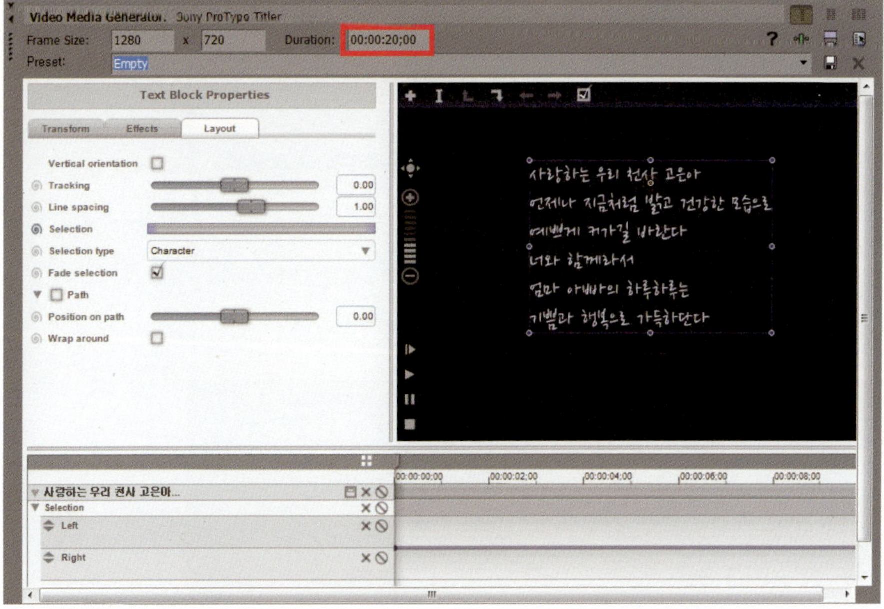

06. 타임라인에서 엔벌로프의 15초 지점을 더블클릭합니다.

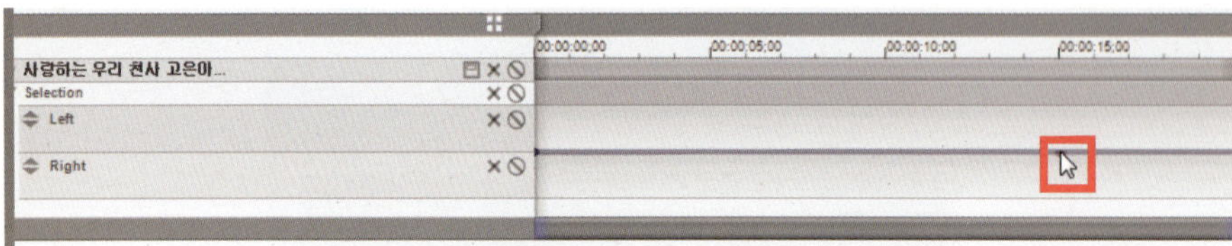

07. 해당 지점에 키프레임이 생성됩니다. 시작 지점의 키프레임을 가장 아래로 드래그합니다. 키프레임을 드래그하면 이에 해당하는 Layout 탭의 Selection 속성값도 함께 작아지며 문자 입력창에 입력되어 있던 문자는 하나도 보이지 않는 상태가 됩니다.

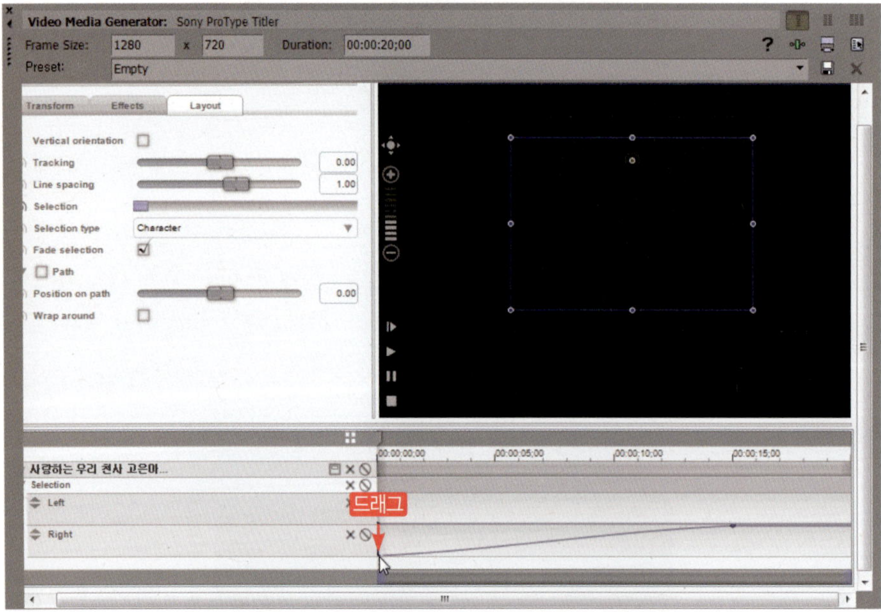

08. 메인 화면의 트랙에 놓인 타이틀 이벤트의 길이를 20초로 늘려줍니다.

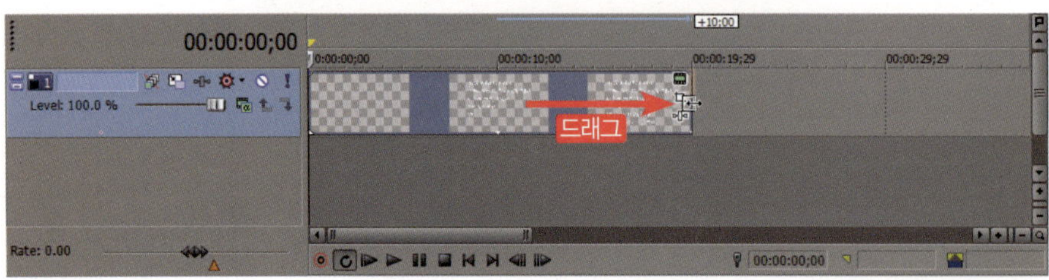

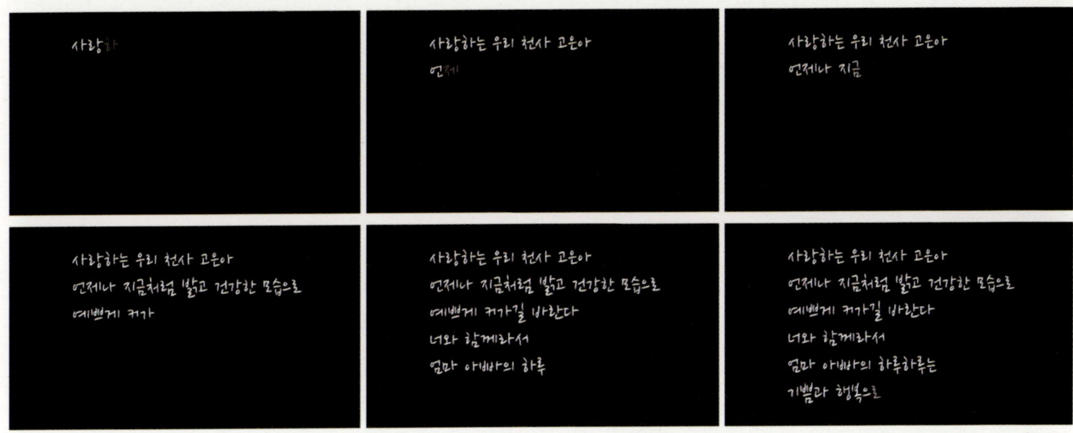

09. Enter 키를 누릅니다. 한 문자씩 나타나는 결과를 볼 수 있을 것입니다.

▶ **참고하세요!**

타이틀의 길이를 변경하면 문자가 나타나는 속도로 변경됩니다. 이때, 중간에 생성된 키프레임은 동일한 시간 비율로 이동됩니다. 예를 들어, 20초의 길이를 가졌을 때 15초 지점에 생성된 키프레임은 전체 길이의 75% 지점에 있으므로 30초로 변경했다면 동일한 비율 지점인 22.5초 지점으로 이동됩니다. 키프레임은 좌우 방향으로 드래그하여 이동시킬 수 있으므로 문자 전체가 나타나는 지점을 사용자 임의로 변경할 수도 있습니다. 물론 변경된 길이에 의한 효과가 제내로 적용되어 나타나게 하려면 트랙에 등록된 이벤트의 실제 길이도 동일하게 변경시켜 주어야 합니다.

10. 타이틀에 다른 영상을 합성해보도록 하겠습니다. 카페 자료실(http://cafe.naver.com/babyvideo365)에서 '솜털.wmv' 파일을 받아서 타이틀 아래 트랙에 등록하고 [Event Pan/Crop] 버튼을 클릭합니다. 솜털이 흩날리는 영상입니다.

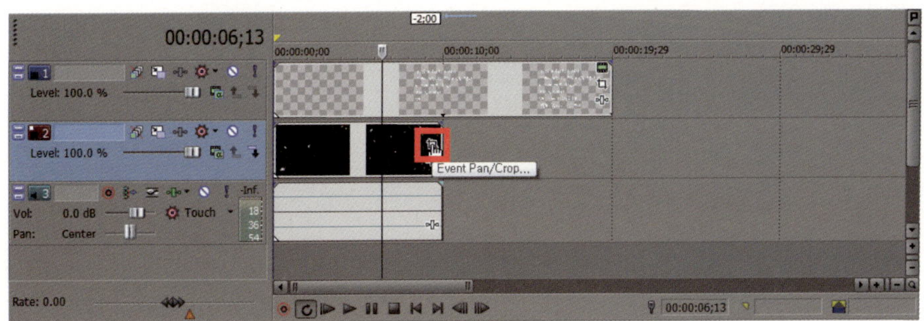

11. [Pan/Crop] 윈도우가 나타나면 마우스 우측 버튼을 클릭하고 [Match Output Aspect]를 선택합니다. 프로젝트의 화면 비율과 동일하게 나타나도록 하려는 것입니다.

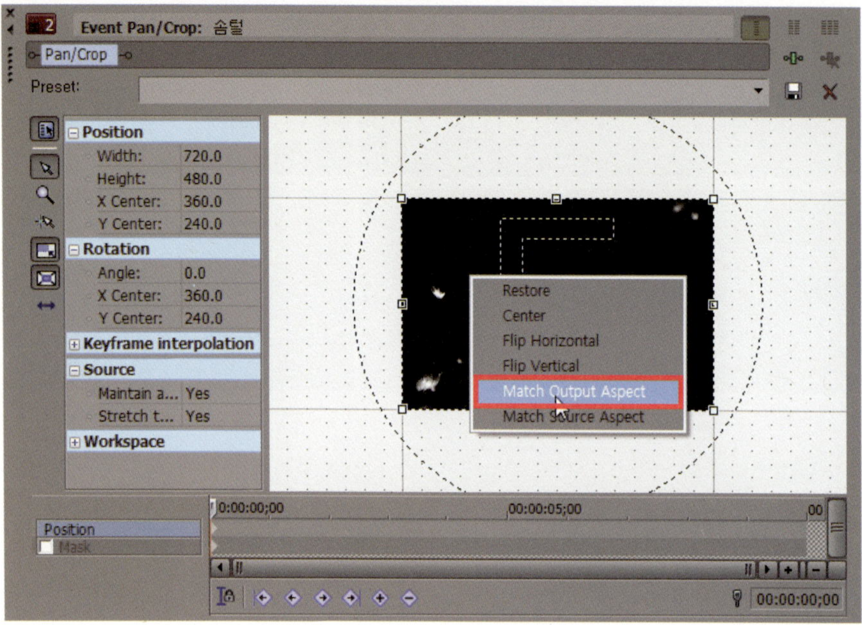

12. 이 영상은 10초의 길이를 가지고 있습니다. 동영상 이벤트의 길이를 늘이면 원래의 길이를 넘는 부분부터는 처음부터 다시 재생되는데 이 부분에서 솜털 날리는 모습이 끊겨보이므로 어색합니다. Ctrl 키를 누른 상태에서 영상을 클릭하고 우측으로 드래그합니다.

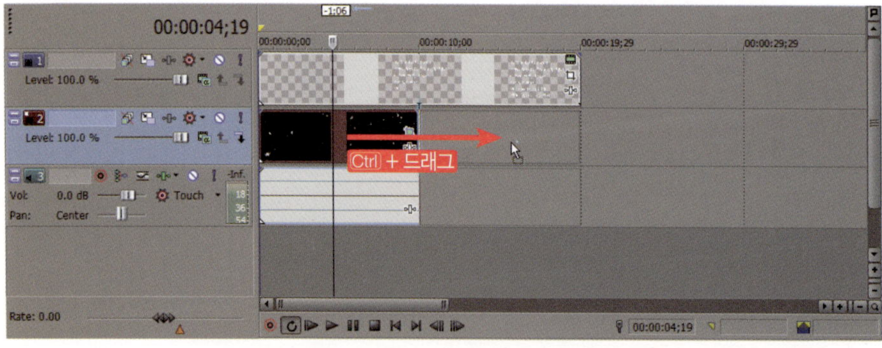

13. 동일한 이벤트가 복사되어 나타납니다. 한 번 더 반복해서 총 3개의 영상을 만들어주고 그림과 같이 길이를 조금씩 줄여 1초 정도 겹치도록 합니다. 단순히 늘인 것보다 훨씬 자연스럽게 나타납니다.

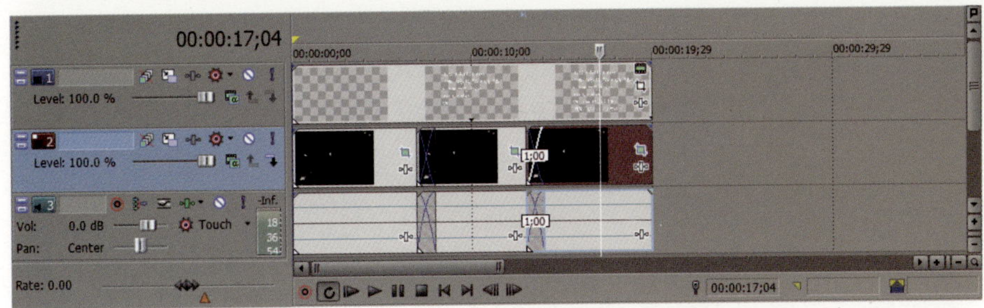

14. 또 한 가지 방법은 영상의 속도를 늦춰주는 것입니다. Ctrl 키를 누른 상태에서 이벤트의 우측 끝 부분을 드래그하여 타이틀과 같게 맞추어줍니다.

15. 이렇게 늘여준 이벤트는 이벤트 위에 물결 모양으로 재생 속도가 변경되었음을 표시합니다. 단순히 길이만 늘인 경우에 비해 자연스러운 결과를 보여주지만 늘어난 만큼 느리게 재생되므로 솜털이 천천히 흩날리게 됩니다. 따라서 길이를 많이 늘려야 하는 경우에는 부자연스럽게 보이므로 두 방법 중에서 마음에 드는 쪽으로 작업하면 됩니다.

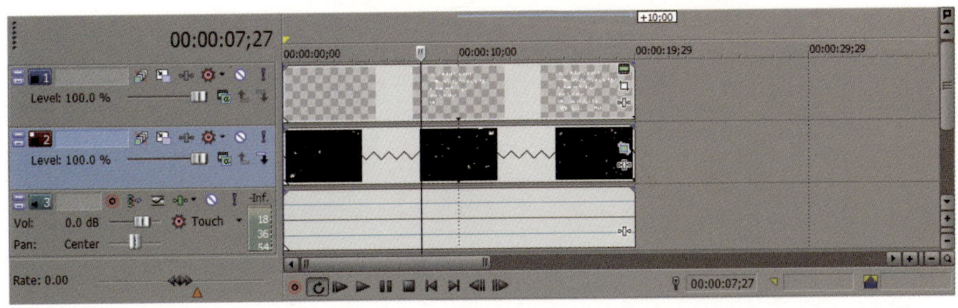

16. 이제 또 하나의 이벤트, 즉 사진을 추가하여 합성해보도록 하겠습니다. 가장 아래 트랙에 사진을 등록하고 이 구간에 타임 마커를 두면 사진이 보이지 않습니다. 이것은 꽃잎 영상이 사진 위에 놓여있기 사진을 가려버리기 때문입니다.

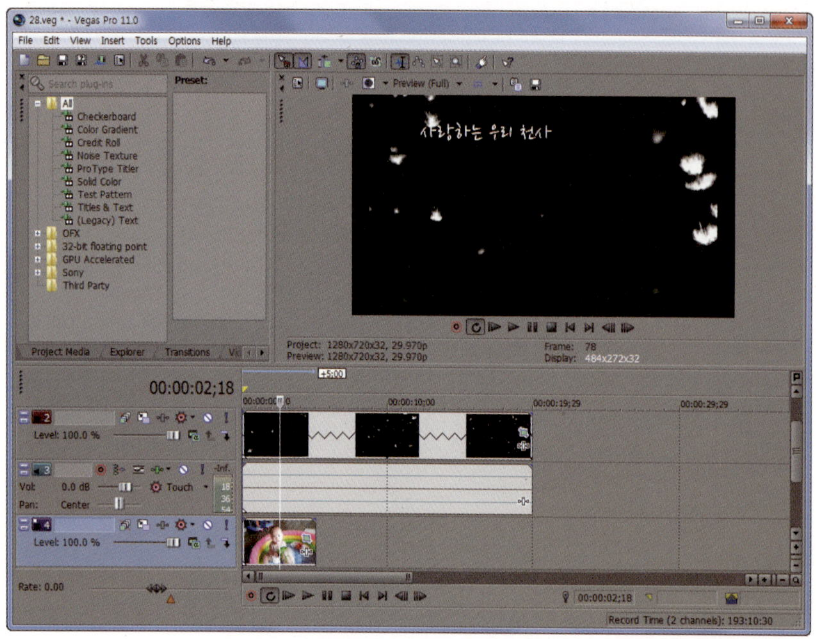

17. 그렇다고 사진을 꽃잎 영상 위에 놓을 수는 없습니다. 그러면 꽃잎이 보이지 않을 것이기 때문입니다. 이럴 때는 위에 놓인 이벤트의 특정 색상만 제거하여 투명하게 처리해주면 됩니다. Video FX 윈도우에서 [Chroma Keyer] 이펙트를 꽃잎 영상으로 드래그합니다.

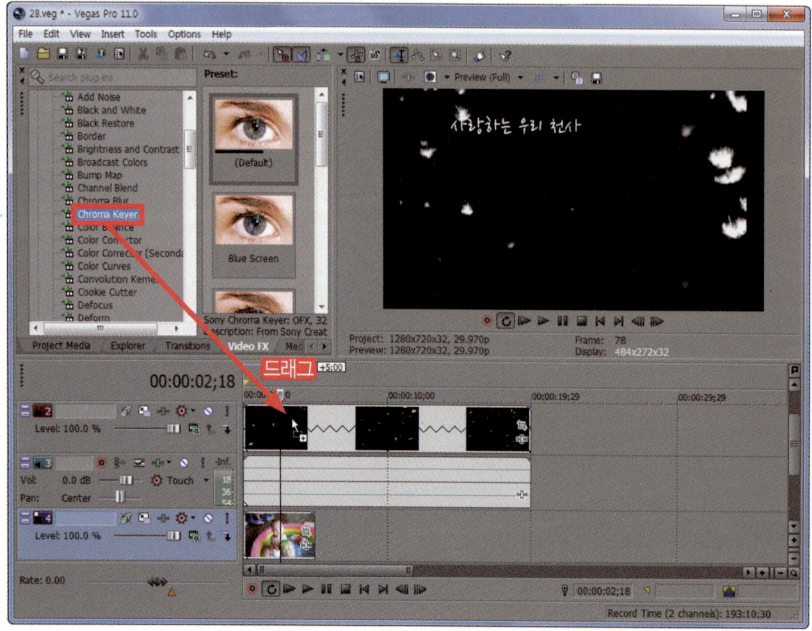

18. Video Event FX 윈도우에서 Chroma Keyer 이펙트의 Color 속성 좌측에 있는 확장 버튼을 클릭합니다.

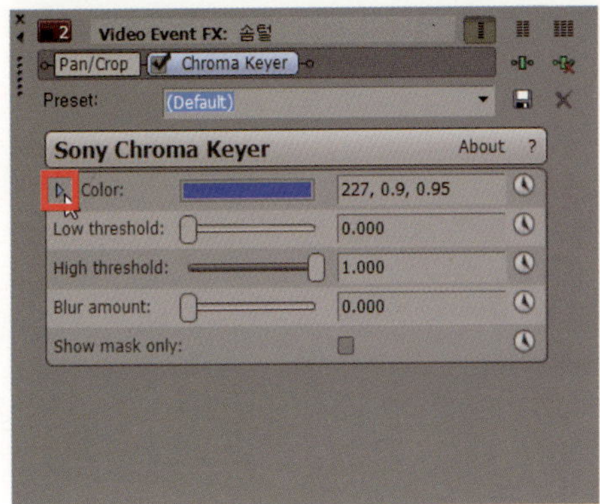

19. 그림과 같이 아이콘을 클릭합니다. 이것은 스포이트 툴이라는 것으로 특정 지점의 색상을 선택하는데 사용합니다.

20. 이어서 프리뷰 윈도우에서 솜털 영상의 검은색 부분을 클릭합니다. 스포이트 툴로 클릭한 지점의 색상이 투명하게 처리되어 아래 트랙에 있는 사진이 나타나게 됩니다. 물론 흰색의 솜털은 그대로 나타납니다. 솜털 주위에 검정색이 제대로 빠지지 않았다면 Chroma Keyer 이펙트의 Low threshold 슬라이더를 드래그하여 조절해보도록 합니다.

CHAPTER 29

젖혀지는 사진과 흐르는 타이틀로
엔딩 화면 만들기

수직 방향으로 흐르는 타이틀을 롤링 타이틀이라고 하는데 이러한 타이틀을 만들고 타이틀이 위쪽으로 서서히 올라가면서 아래에 있는 이벤트가 한쪽으로 젖혀졌다가 돌아오는 영상을 만들어 봅니다. Video FX와 트랙 모션이 함께 사용되며 엔딩용으로 적합한 영상입니다.

01. 새 프로젝트를 시작하고 Media Generator 윈도우에서 [ProType Titler]를 트랙으로 드래그하여 등록합니다. 타이틀러 윈도우가 나타나면 [Add New Text Block] 버튼을 클릭하고 기본 문자 영역을 드래그하여 모두 선택한 상태에서 다음과 같이 예문을 여러 행에 걸쳐 입력합니다.

예문   고은아
       널 기다린 40주간의 시간은
       엄마, 아빠에게
       영원히 지워지지 않을
       참으로 귀한 시간이었단다
       그토록 기다리던 네가
       우리 곁에 와준 그 순간부터
       엄마, 아빠의 하루하루는
       온전히 고은이 것이 되어버렸지
       하늘이 보내준 소중한 선물
       소중한 우리 천사 고은아
       지금처럼 밝고 건강하게 자라서
       사랑을 나눌 줄 아는
       따뜻한 사람으로
       예쁘게 커가길 바란다
       사랑한다
       사랑한다
       사랑한다

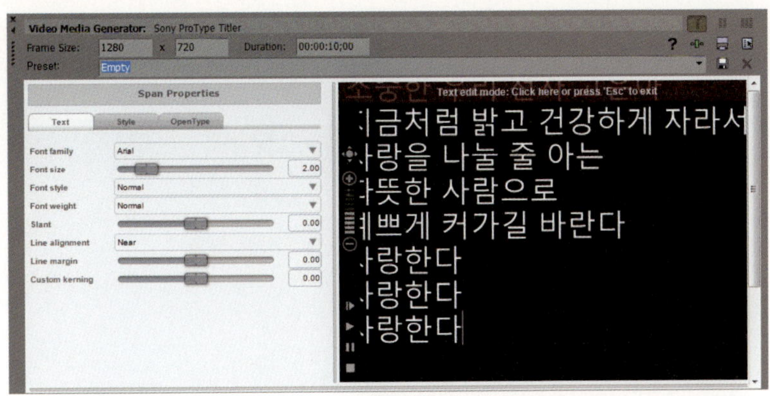

02. 폰트를 원하는 것으로 적절히 선택하고 ESC 키를 눌러 문자 입력을 마칩니다. 이어서 선택 상태로 나타나는 문자 내부를 드래그하여 입력창 하단에 위치시킵니다. 문자의 다른 부분을 살펴보려면 [Pan] 버튼을 드래그하거나 문자 입력 창 내부를 드래그하면 됩니다. 크기도 적절히 변경해주도록 합니다.

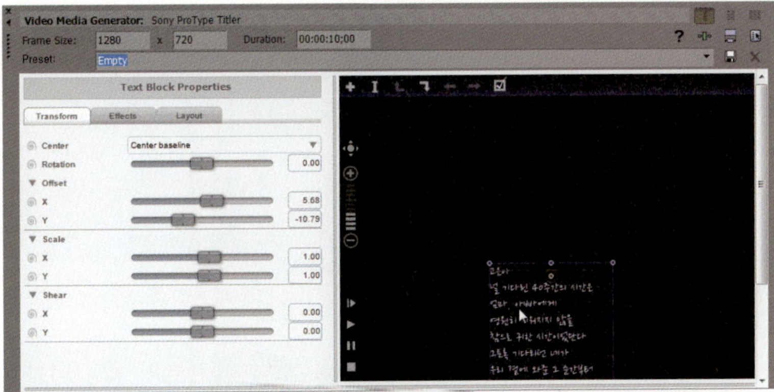

03. 좌측의 속성 창에서 Offset 〉 Y 속성의 [Toggle Automation] 버튼을 클릭합니다. 좌측 아래의 리스트에 해당 속성이 추가됩니다.

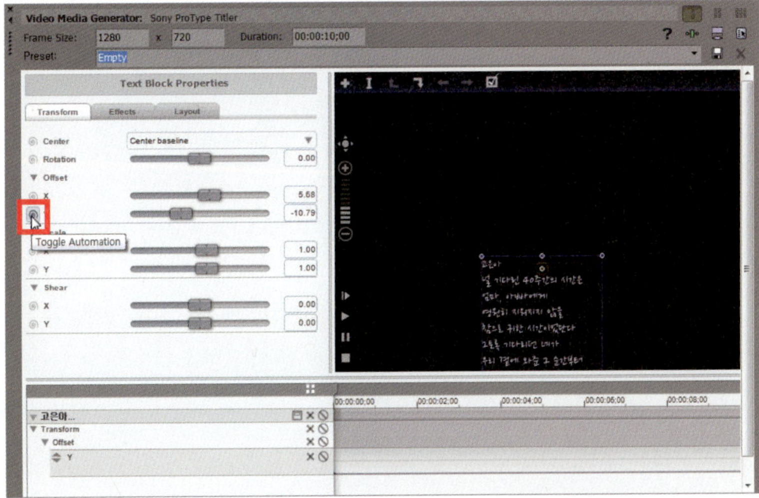

04. 타임라인의 가장 위에서 우측 끝 지점을 클릭하여 타임 마커를 이동시킵니다.

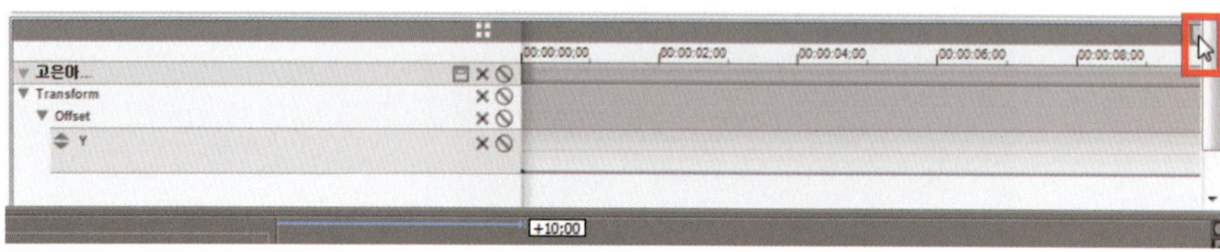

05. 문자 내부를 드래그하여 입력창 상단으로 이동시킵니다. 이때, 가로 위치는 변함이 없어야 하므로 Offset〉X 값이 처음과 같게 해주어야 합니다. 타임라인을 보면 현재 타임 마커가 위치하고 있는 지점에 작은 점이 생성되어 있습니다. 즉, 값이 변화가 발생하였으므로 키프레임이 생성된 것입니다. 아울러 문자의 수직 위치가 변경됨에 따라 Offset〉Y 값도 함께 변경된 것을 볼 수 있습니다.

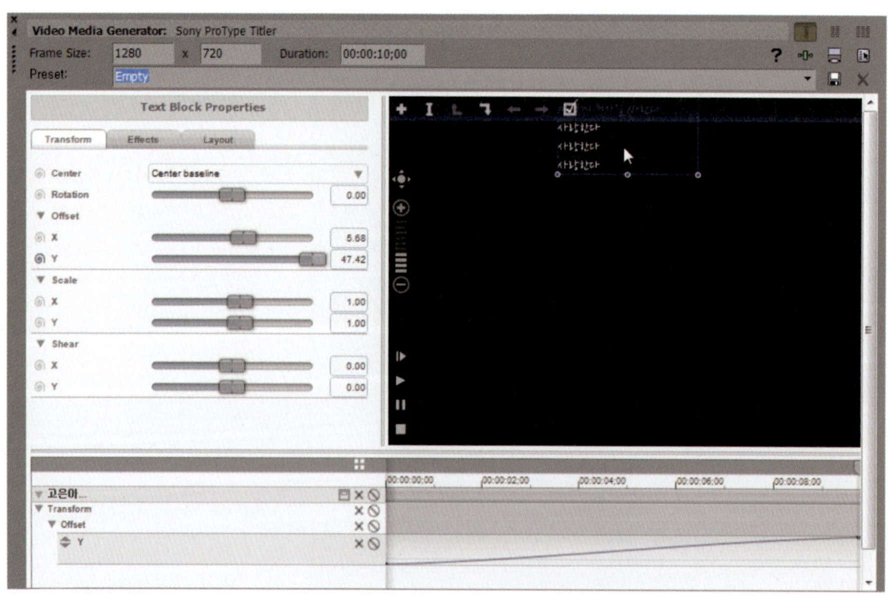

06. 문자 입력 창의 [Play from Start] 버튼이나 메인 화면의 프리뷰 윈도우를 통해 결과를 확인합니다. 아래에서 위로 흐르는 타이틀을 볼 수 있습니다. 롤링 타이틀에서 문자가 흐르는 속도는 메인 화면의 타임라인에서 Ctrl 키를 누른 채로 이벤트를 드래그하여 변경할 수도 있지만 이벤트의 길이 자체를 변경해주는 것이 더욱 정확합니다. 현재 상태는 다소 빠르게 흐르게 되므로 문자의 내용을 알아보기 힘듭니다. 느리게 흐르도록 변경해보겠습니다. 기본적으로 프로타입 타이틀은 10초의 길이를 갖습니다. 따라서 20초로 변경하면 1/2의 속도로 천천히 흐르게 될 것입니다.

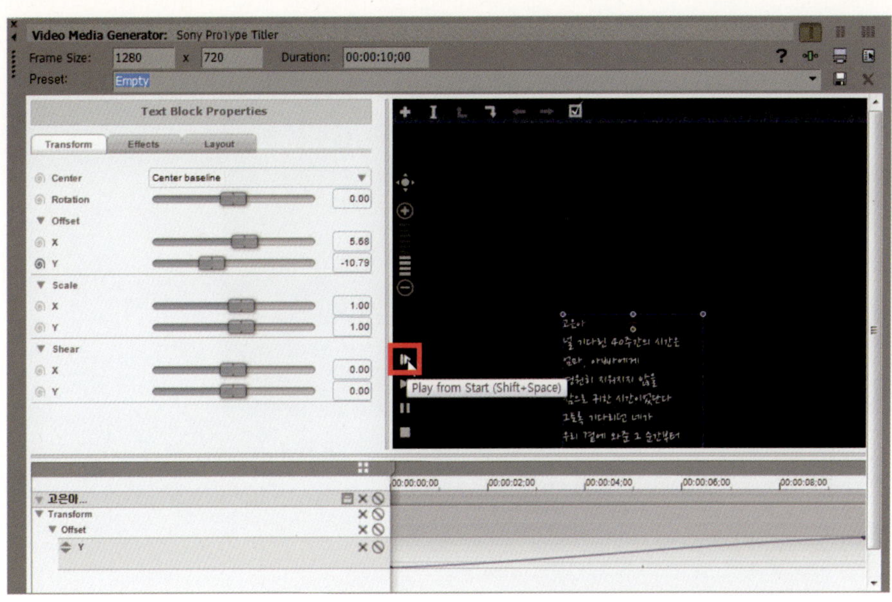

07. 윈도우의 상단에서 Duration 값을 10초에서 20초로 변경하고 Enter 키를 누르거나 윈도우의 다른 영역을 클릭합니다.

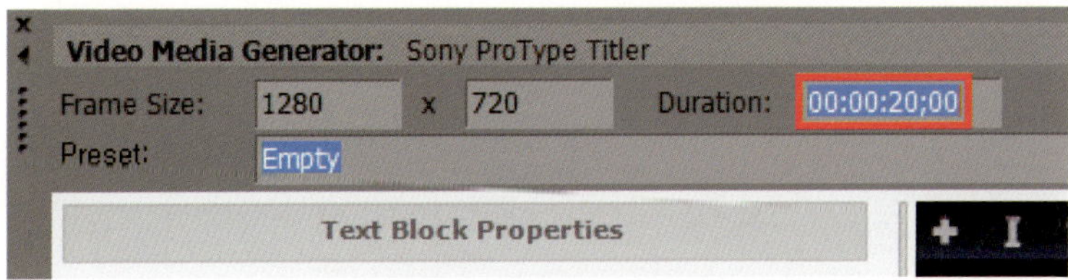

08. 타임라인을 보면 전체 길이가 20초로 변경됨과 동시에 뒤에 생성된 키프레임도 20초 위치에 자리하게 됩니다. 이벤트의 길이는 변경되었지만 메인 화면의 트랙에는 10초의 길이로 등록되어 있으므로 이벤트의 우측을 드래그하여 20초까지 오게 합니다. 그렇지 않으면 문자가 중간 정도만 스크롤되다가 사라져버리게 됩니다.

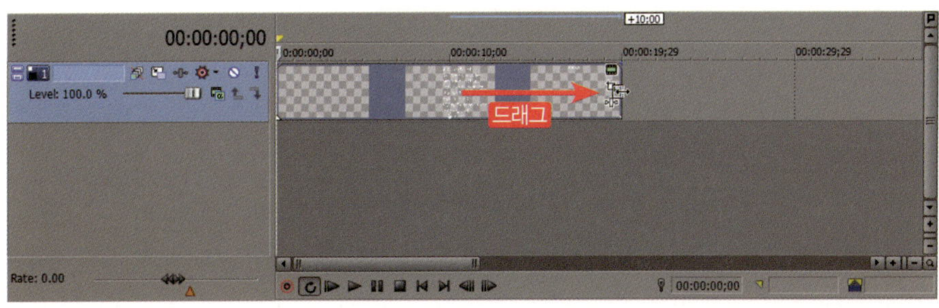

타이틀러 윈도우에서 길이를 변경했지만 이벤트 속성 창에서 변경할 수도 있습니다. 트랙에 놓인 이벤트 위에서 마우스 우측 버튼을 클릭하고 [Properties]를 선택합니다.

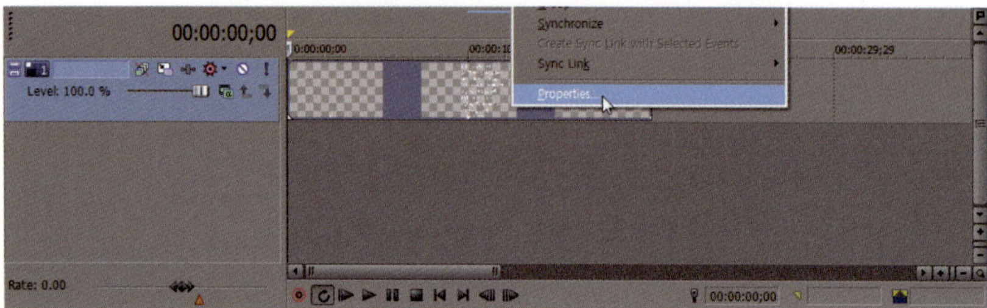

Properties 창이 나타나면 [Media] 탭을 클릭하고 Length 속성에 원하는 값을 입력하고 [OK] 버튼을 클릭하면 됩니다.

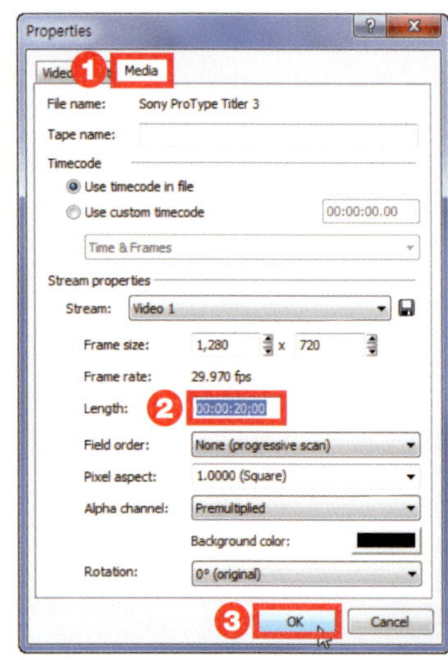

09. 동영상 파일을 타이틀 이벤트 아래 트랙에 등록합니다. 20초를 넘는 동영상일 경우 우측 끝을 드래그하여 타이틀 이벤트의 길이와 동일하게 맞추어줍니다.

10. 비디오 이벤트가 등록된 2번 트랙의 트랙 리스트에서 [Track Motion] 버튼을 클릭합니다. 트랙 모션 윈도우가 나타나면 타임라인의 1초 지점을 더블클릭합니다. 시작 지점과 동일한 설정값을 갖는 키프레임이 생성됩니다.

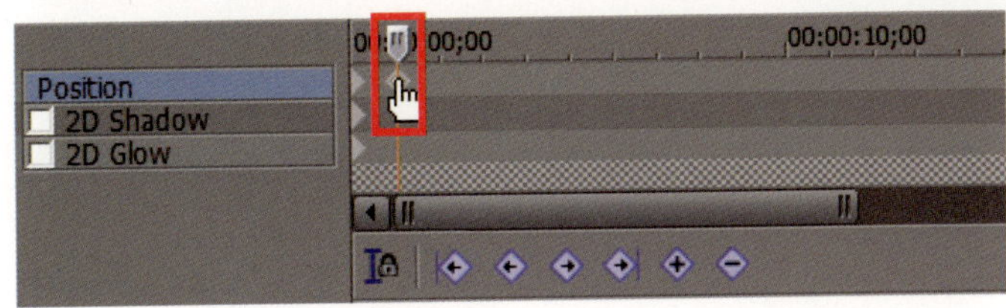

11. 타임라인에서 3초 지점에 타임 마커를 위치시키고 상단의 툴바에서 [Lock Aspect Ratio]와 [Scale About Center] 버튼을 클릭하여 이들 옵션을 모두 해제합니다.

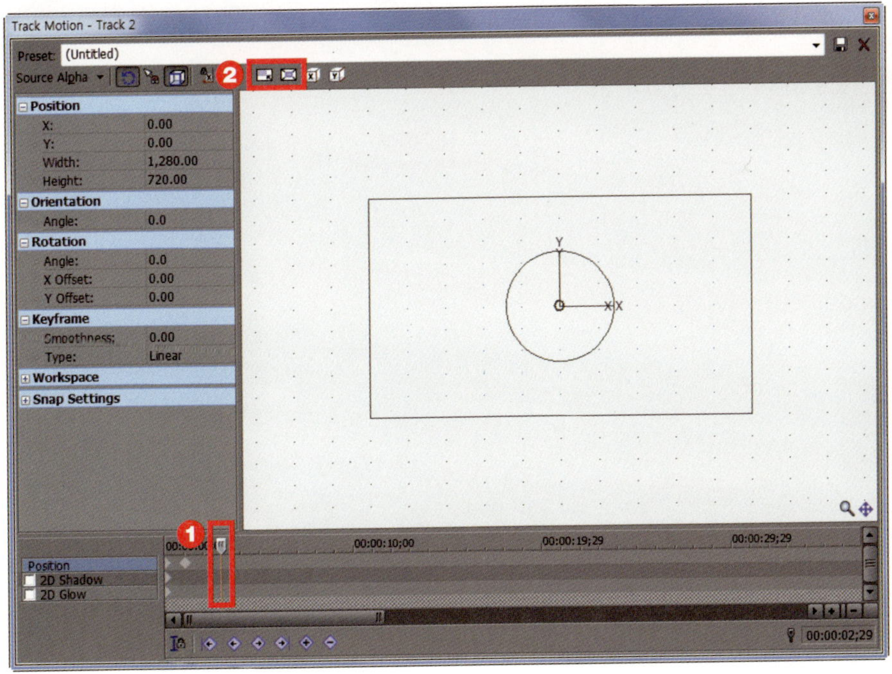

▶ **참고하세요!**

[Lock Aspect Ratio]는 이벤트의 크기를 변경하더라고 원래의 종횡비를 그대로 유지하도록 하며 [Scale About Center]는 이벤트의 중앙을 기준으로 크기가 변경되도록 합니다. 이벤트의 한쪽 영역을 변경할 것이므로 이들 옵션을 모두 해제해 주는 것입니다.

12. 이벤트의 가로 크기만 줄여줄 것인데 드래그할 때 자칫 세로 크기도 변경될 수 있으므로 툴 바의 가장 오른쪽에 있는 [Prevent Scaling (Y)] 버튼을 클릭합니다.

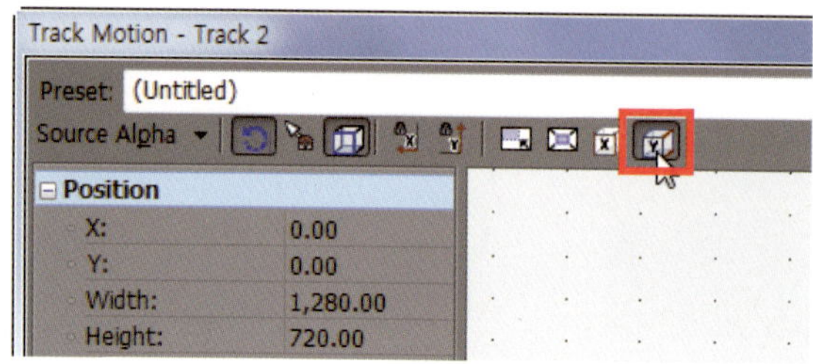

13. 이벤트의 우측 모서리를 좌측으로 드래그하여 그림과 같이 절반 정도의 크기로 나타나도록 합니다.

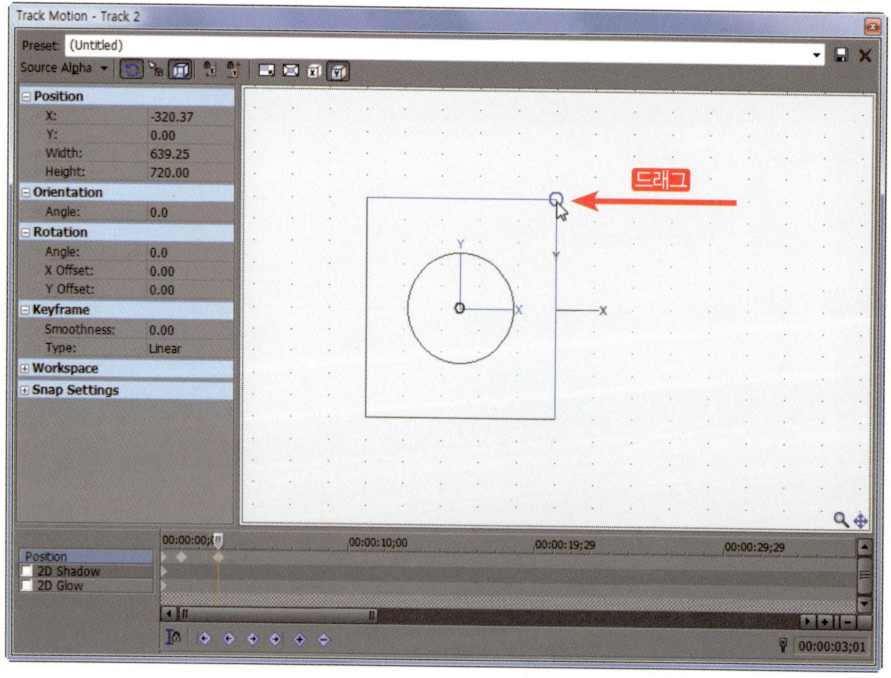

14. 타임라인의 7초 지점을 더블 클릭하여 동일한 값을 갖는 키프레임을 생성합니다. 3초에서 7초까지 이벤트가 세로로 길쭉하게 재생되도록 하려는 것입니다.

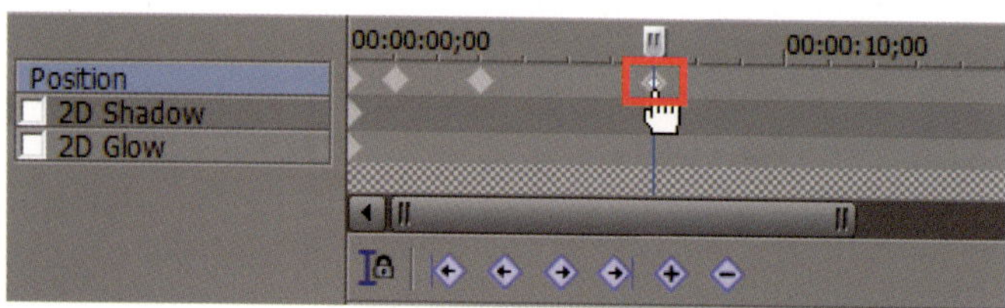

15. 타임라인의 9초 지점을 클릭하여 타임 마커를 위치시키고 팝업 메뉴를 열어 [Restore Box]를 선택합니다.

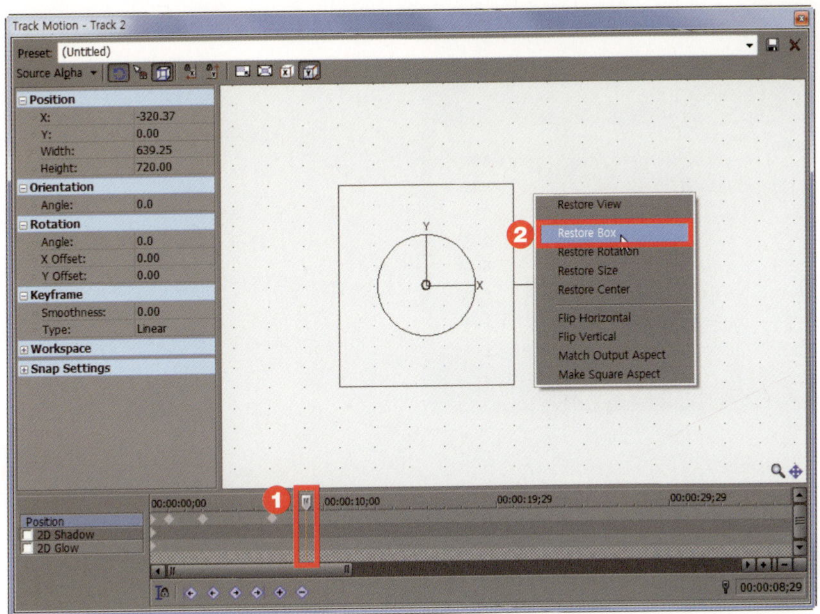

16. 9초 지점에 새로운 키프레임이 생성됩니다. 여기에서는 이벤트가 원래의 상태로 나타나도록 설정한 것입니다. 트랙 모션 윈도우를 닫고 Video FX 윈도우에서 Deform〉Reset to None 프리셋을 2번 트랙의 비디오 이벤트로 드래그합니다.

17. 트랙 모션에서 키프레임을 생성했던 지점과 동일한 지점에 각각 다른 설정값을 지정해 줄 것입니다. Video Event FX 윈도우에서 [Animate] 버튼을 클릭합니다.

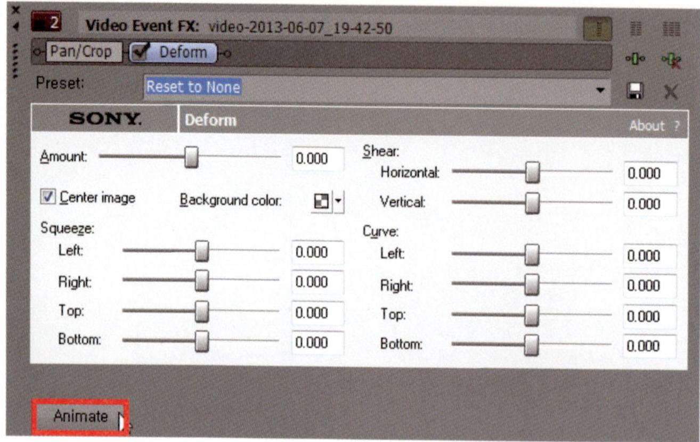

18. Deform 이펙트의 타임라인이 나타납니다. 1초 지점을 더블클릭하여 키프레임을 생성합니다.

19. 타임 마커를 3초 지점에 두고 Amount 값을 '1'로, Squeeze의 Right 값을 '0.5' 정도로 설정합니다.

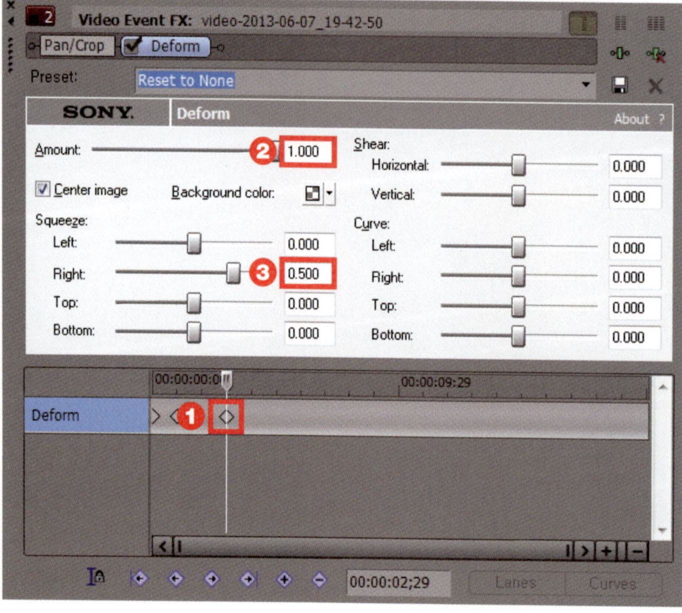

20. 메인 화면의 트랙에서 타임 마커를 3초 지점에 두면 프리뷰 윈도우에 비디오 이벤트의 우측 부분이 좁아져 나타날 것입니다.

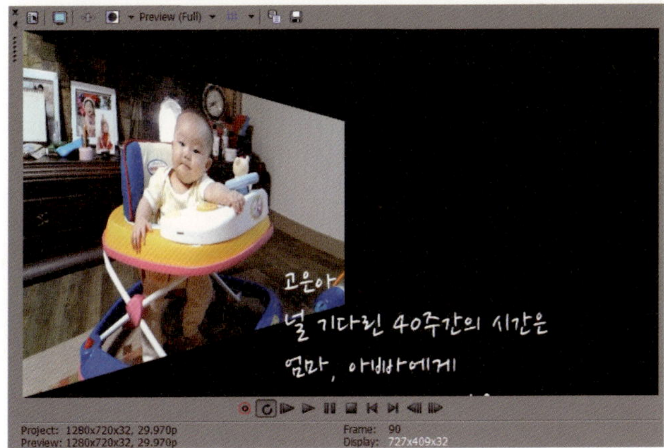

21. 이어서 Curve의 Top 값을 '-0.1'로, Bottom 값을 '0.1'로 각각 설정하여 비디오 이벤트의 상단과 하단이 약간 들어간 형태로 나타나게 합니다.

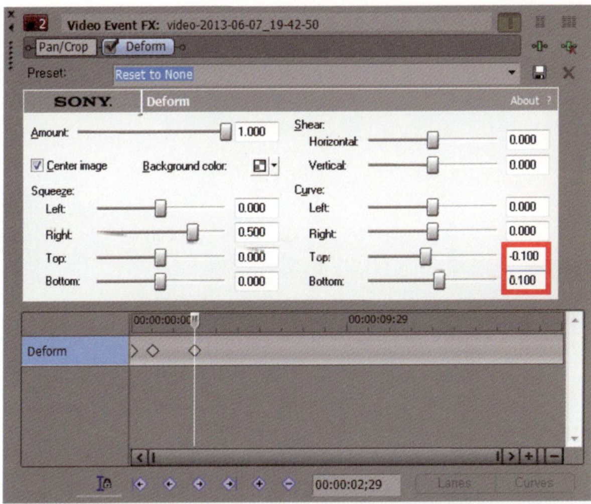

22. 3초 지점에 생성된 키 프레임을 마우스 우측 버튼으로 클릭하여 팝업 메뉴를 열고 [Copy]를 선택하여 현재 키프레임의 설정값을 복사합니다.

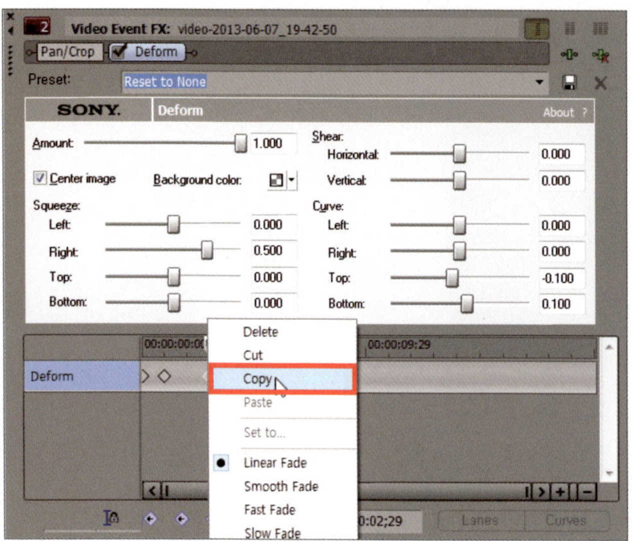

23. 타임라인의 7초 지점을 클릭한 다음, 팝업 메뉴를 열고 [Paste]를 선택하여 앞에서 복사해둔 키프레임의 속성값을 붙여 넣습니다.

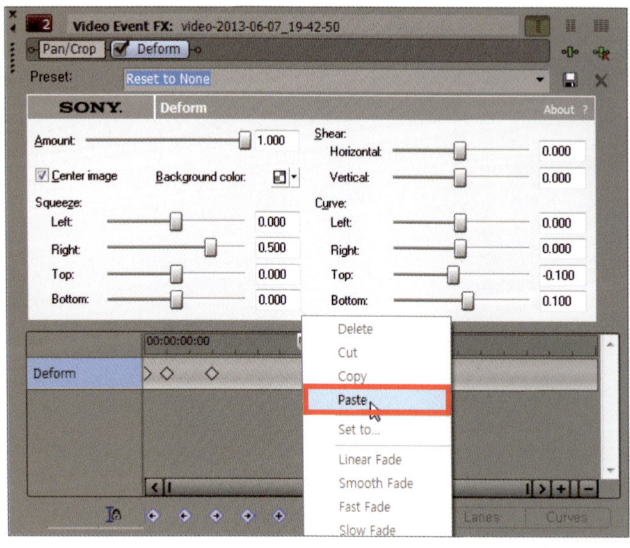

24. 타임 마커를 9초 지점에 두고 Preset 메뉴에서 [Reset to None]을 선택하여 현재 지점에 대한 속성값을 초기화해 줍니다.

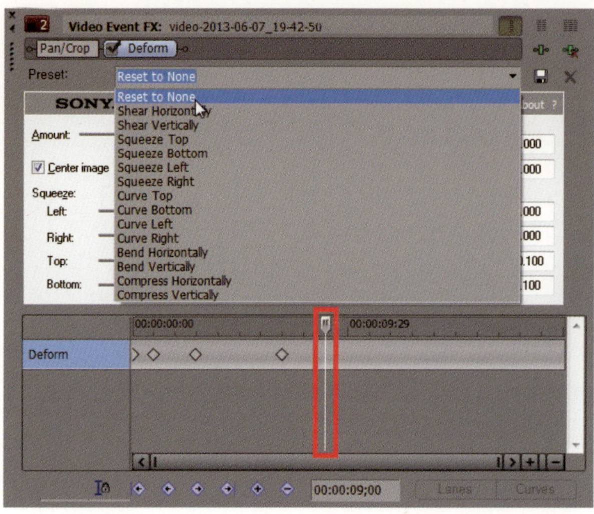

25. 작업 결과를 확인합니다. 방송이나 영화에서 종종 볼 수 있는 엔딩화면을 볼 수 있습니다.

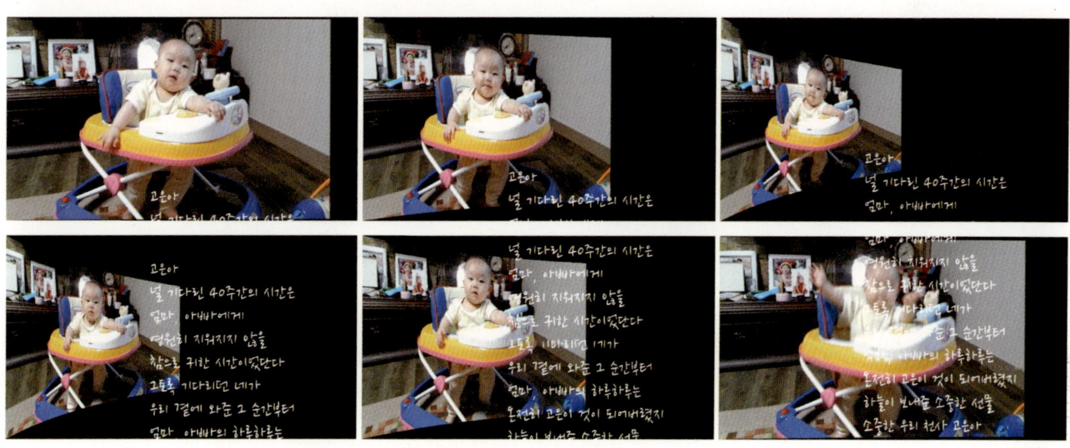

▶ **참고하세요!**

예제를 통해 보아왔듯이 키프레임을 복사, 붙여넣기할 때는 다음과 같이 여러 가지 방법
중 하나를 사용합니다.

❶ Ctrl + 드래그 : 키프레임을 클릭한 다음, Ctrl 키를 누른 채로 드래그하면 동일 속성
을 갖는 키프레임이 추가로 생성되어 나타납니다.

❷ 팝업 메뉴를 사용 : 키프레임을 선택하고 마우스 우측 버튼을 클릭하여 메뉴에서
Copy를 선택하여 복사한 다음, 다른 지점에서 Paste를 선택하면 복사해두었던 키프
레임이 생성됩니다. 새로 추가된 키프레임은 복사해두었던 키프레임과 동일한 속성
을 갖습니다.

❸ 더블클릭 : 특정 타임라인 지점에서 더블클릭하면 이전 키프레임 지점과 동일한 속
성을 갖는 키프레임이 생성됩니다. 즉, [Copy] → [Past]와 동일한 결과를 갖습니다.

30 CHAPTER

작업 결과를 동영상 파일이나 DVD로 만들기

편집한 결과는 다양한 포맷의 파일로 생성할 수 있으며 다양한 장치로 출력할 수도 있습니다. 일반적인 동영상 포맷의 파일로 생성하는 과정을 알아 본 후, 정지 이미지와 오디오 파일로의 생성, 오디오 파일을 오디오 CD로 레코딩하는 방법 그리고 시스템과 연결된 디지털 장치로 출력하는 방법 등을 차례로 살펴보도록 하겠습니다.

1. 작업 결과를 파일로 생성하기

01. 베가스 프로를 종료하고 카페(http://cafe.naver.com/babyvideo369)에서 Xvid Codec 파일을 설치합니다. 베가스를 통해 작업한 프로젝트를 열고 작업 결과를 파일로 생성하기 위해 [File] → [Render As]를 선택합니다.

02. Render As 대화상자가 나타납니다. 가장 호환성이 좋은 코덱인 XviD 코덱의 동영상으로 생성하는 과정을 살펴보도록 하겠습니다. 포맷 목록에서 [Video for Windows] → [NTSC DV]를 선택하고 포맷과 기타 옵션을 변경하기 위해 [Customize Template] 버튼을 클릭합니다.

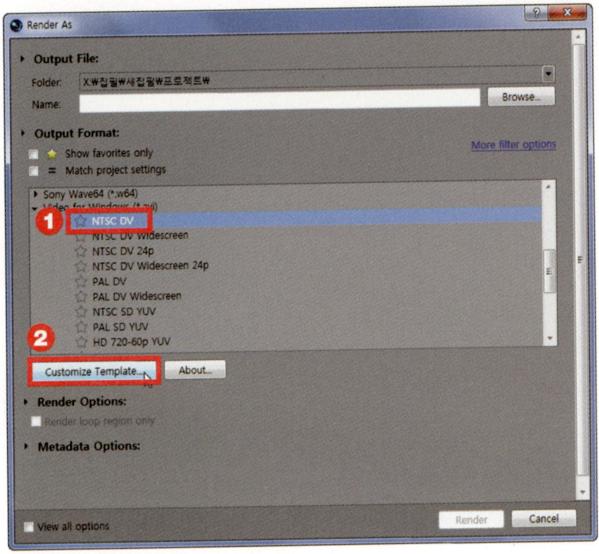

▶ **참고하세요!**

영상 데이터는 용량이 방대하기 때문에 특정 방식으로 압축하여 저장하는데 이러한 압축 방식을 코덱(CODEC)이라고 합니다. Compression-Decompression, 즉 압축–비압축을 의미하는 용어에서 머리글자만을 따 온 것입니다. 코덱은 윈도우와 함께 설치되는 것이 있으며 추가로 설치할 수도 있습니다. 같은 AVI 포맷의 영상이라 하더라도 어떠한 코덱을 사용하였는가에 따라 화질과 용량에 있어서 차이가 나므로 용도에 따라 적절히 선택하도록 합니다.

03. Custom Settings 대화상자가 나타납니다. 기본적으로 열려져 있는 Video 탭에는 비디오와 관련된 옵션들을 설정할 수 있습니다. 먼저 Video format 메뉴를 클릭합니다. 현재 시스템에 설치된 코덱 목록이 나타납니다. 이 중에서 [Xvid MPEG-4 Codec]을 선택합니다.

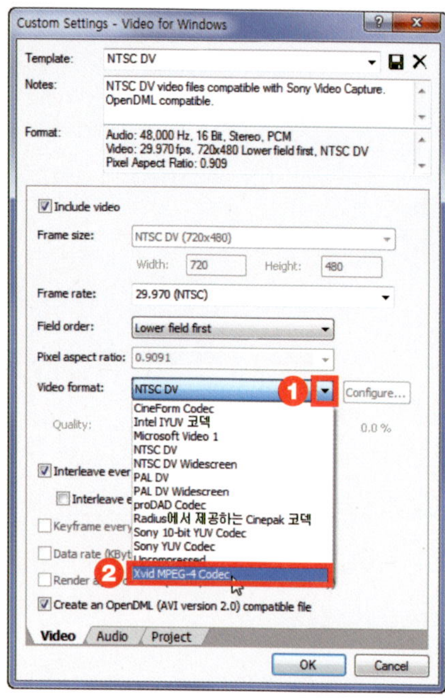

▶ 참고하세요!

Video format 목록에는 현재 시스템에 설치되어 있는 코덱 목록이 나타납니다. 따라서 XviD 등의 코덱이 적용된 동영상으로 생성하려면 해당 코덱이 설치되어 있어야 합니다.

04. NTSC DV 코덱이 선택되어 있는 경우에는 프레임 사이즈를 변경할 수 없었으니 다른 코덱을 선택하면 Frame size 옵션이 활성화되어 드롭다운 메뉴를 열 수 있습니다. 메뉴에서 'Use project settings'를 선택합니다. 이것은 프로젝터에서 설정한 크기로 생성하려는 것입니다.

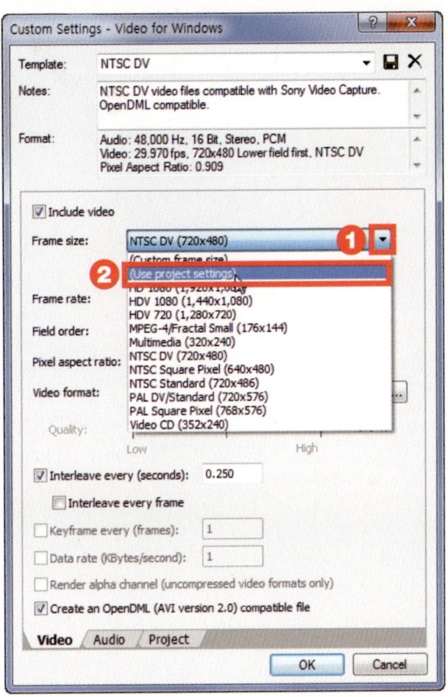

05. 코덱과 프레임 사이즈를 지정했다면 Field order는 'None(progressive scan)'을 선택합니다. 컴퓨터와 같은 디지털 출력 장치로 재생할 경우 잔상 없는 화질을 보여주기 때문입니다.

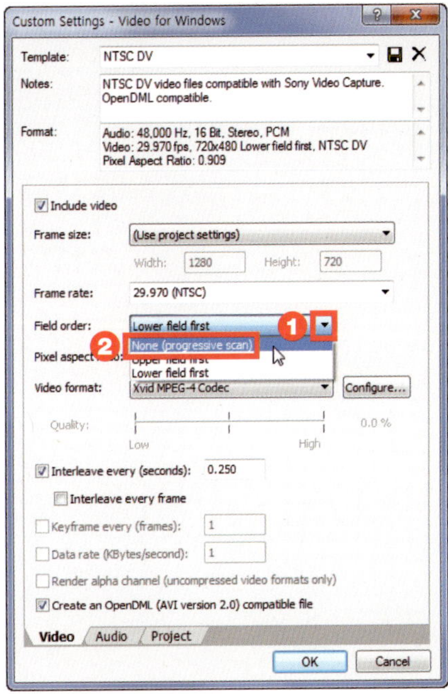

06. Pixel aspect에서 픽셀 종횡비를 일반적인 동영상 비율인 '1.0000'을 선택하고 설정값을 별도의 프리셋으로 저장하기 위해 Template 옵션에 적절한 이름을 입력하고 [Save Template] 버튼을 클릭합니다.

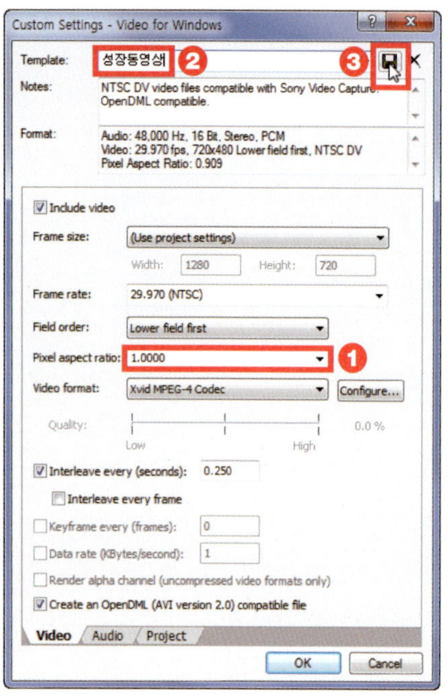

07. [OK] 버튼을 클릭하여 Custom Settings 대화상자를 닫고 다시 Render As 대화상자로 돌아옵니다. Template 목록에 새로 저장된 템플릿 이름이 나타납니다. [Browse] 버튼을 클릭합니다.

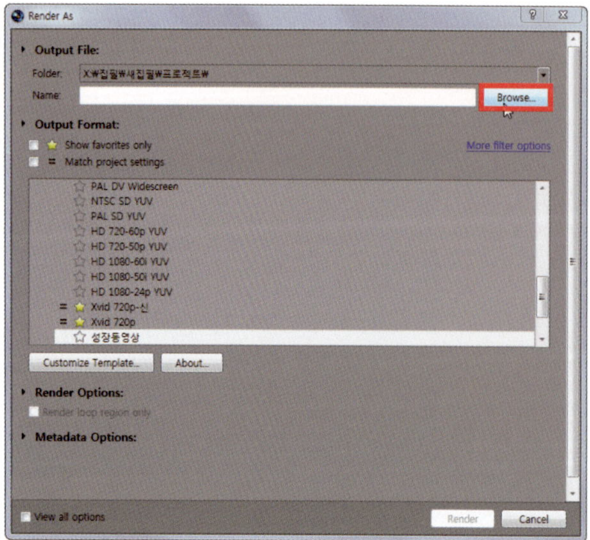

08. Save As 창이 나타나면 동영상 파일이 생성될 폴더로 이동하고 파일 이름을 입력한 다음, [Save] 버튼을 클릭합니다.

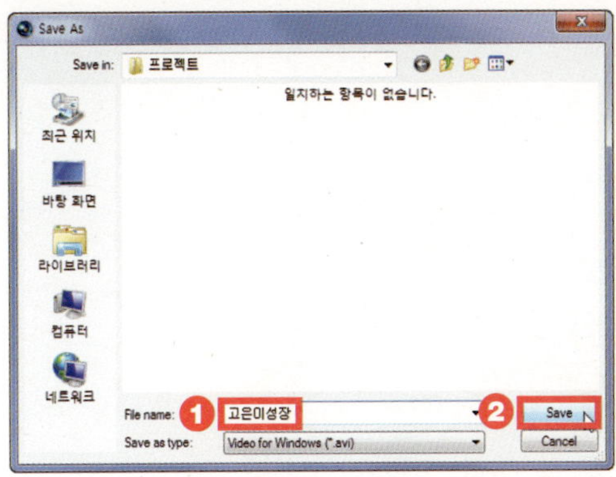

09. 다시 Render As 대화상자로 돌아와 [Render] 버튼을 클릭하면 설정된 옵션에 의해 파일 생성 과정(렌더링)이 나타납니다. 100%로 표시되면 완성입니다. 지정해둔 폴더에 생성된 파일을 확인하면 됩니다.

2. DVD 제작하기

DVD도 베가스 내에서 자체적으로 간단히 제작할 수 있습니다. 단, 시스템에 DVD 레코더가 장착되어 있어야 하며 공 DVD 미디어를 삽입해야 합니다.

01. 원하는 작업을 마친 다음, [Tools] → [Burn Disc] → [DVD]를 선택합니다.

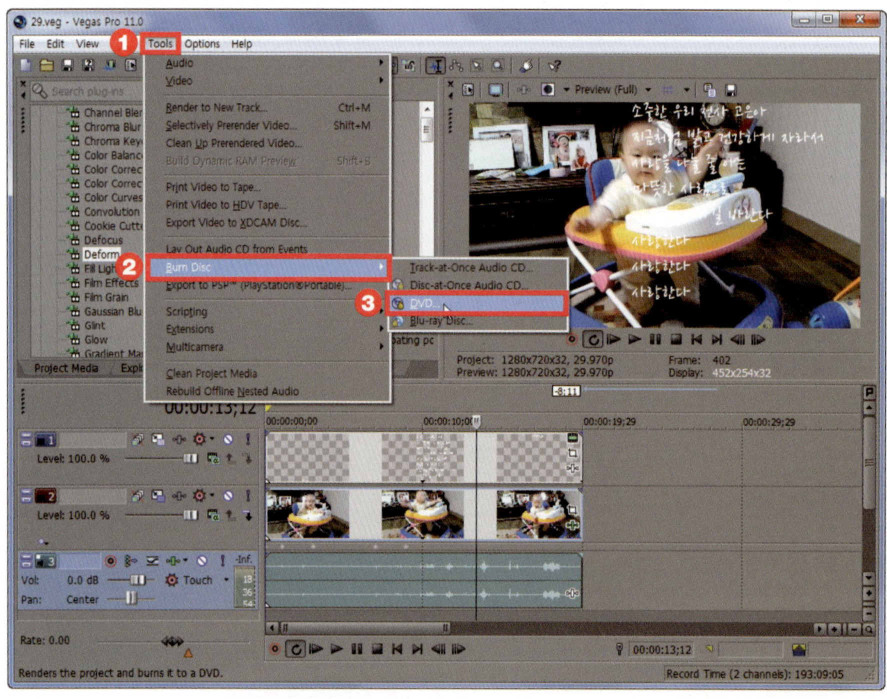

02. Burn DVD 창이 나타납니다. 특별히 옵션을 수정할 필요는 없으며 컴퓨터에 장착된 DVD 레코더에 공 DVD 미디어를 삽입하고 [OK] 버튼을 클릭합니다. 파일 생성 작업과 DVD 레코딩 과정이 순차적으로 진행되며 완성된 DVD는 DVD 플레이어나 컴퓨터에서 재생할 수 있습니다.

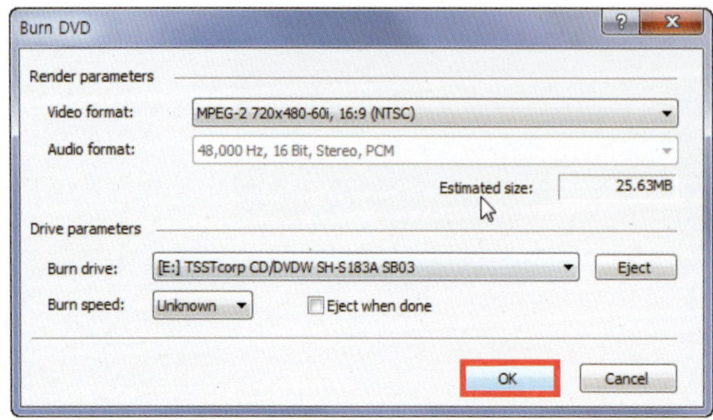